日本小売企業の国際マーケティング

アジア進出の軌跡と国際知識移転プロセス

柳 純 著

同文舘出版

はしがき

　小売企業が海外へ進出してから1世紀以上が経過しているなかで，世界的規模で事業展開を行う小売企業（いわゆるグローバル・リテイラー）の国際展開を脅かす事象が生じている。それは2019年後半から顕著となった「新型コロナウイルス（COVID-19）」の世界的大流行（パンデミック）による感染拡大をはじめ自然災害（火事・水害・地震など）や人的災害（テロ，ウクライナ危機など）の顕在化・増大化である。具体的な懸念事項として考えられるのが，短期的には進出先国・地域における店舗の営業時間の短縮あるいは店舗の一時的な閉鎖，長期的には海外店舗の縮小や撤退，新規出店計画の見直し等である。もちろん，日本の小売企業もその影響から免れることはできないであろう。

　現在，今般の新型ウイルスの感染拡大防止とそれに伴う市場対応が求められている。世界的な商品の生産から流通を経て消費に至るまでのグローバル・サプライチェーンが構築される時代において，小売企業の実店舗での販売行動は，インターネットを媒介とした販売行動に一部置き換わっている。このような現象は世界的な潮流となっており，われわれ消費者からすれば，購買行動として「利便性の向上」や「経済的合理性」を優先する面とマッチングしているともいえよう。

　さて，本研究を本格的に始めてから約15年以上が経過している間に「小売国際化研究」は，国内外ともに転機を迎えていると考えられる点がいくつかある。第1に，グローバル・リテイラーの国際展開を観察するなかで，進出先国・地域からの撤退も見受けられるようになっている。冒頭で述べたように，コロナ禍で各種の要因が撤退現象を加速させている可能性も否定はできないが，撤退研究は不十分である。第2に，グローバル・リテイラーの国際展開では，今日「グローバル化」と「ローカル化」の融合が求められている。この点はようやく研究が進み始めている。第3に，本書では，日本の小売企業にスポットを当てているが，海外進出の量的拡大とともに質的変容を伴う変化が散見されるようになっている。具体的には地理的側面で東アジアから東南アジアへのシフトがあり，東アジア域内においても新たな局面として成長・成熟化傾向

がうかがえるが，その実態解明はこれからである。

　本書は，小生が研究職を得て20年の節目に当たる2022（令和4）年を目標として企画・出版するに至っている。あえてこれまでの研究経過を振り返ると，大学卒業時から流通・マーケティング分野に興味をもったことが起点となっているように思われる。長崎県立大学大学院経済学研究科における修士論文は「日本型流通システムと内外価格差問題」であった。当時の恩師であった故鈴木武先生（長崎県立大学名誉教授）には，その後，久留米大学大学院比較文化研究科へ所属先を移られてからもご指導をいただいた。本格的な研究は，2002年4月より専任講師として着任した福岡女子短期大学秘書科から同大学ビジネス学科准教授に至るまでの数年間で，サプライチェーンやSCM（サプライチェーン・マネジメント）に関する研究から始まるが，その途中で大きなターニングポイントがあった。それは，佐賀大学名誉教授である岩永忠康先生を研究代表者とする文部科学省科学研究費の研究分担者として共同研究に加えていただいたことである。当時の共同研究から与えられたテーマと向き合ううちに，日本の小売企業の海外進出プロセスや現地適応行動に関心をもつようになった。

　幸いなことに，その後も継続して研究に邁進できたのは，長崎県立大学大学院時代から同門として研究を深めてきた中村学園大学流通科学部教授の西島博樹先生を研究代表者とする科学研究費の共同研究に加えていただいたことに依るところも大きい。また，現在のテーマである日本の小売企業の国際展開に係る研究に繋がっているのが，タイミングとして同時期に採用された科学研究費助成事業（学術研究助成基金助成金）による研究成果である。改めてそれら研究成果と各章の関係を挙げるとすれば，以下の通りである。

　平成16〜18年度（2004〜06年度）科学研究費補助金（基盤研究(B)(2)）『流通外資参入下の小売業の国際化戦略変化が地域流通構造に与える影響に関する研究』（課題番号：16330084）（研究代表者：岩永忠康）および，平成19〜21年度（2007〜09年度）科学研究費補助金（基盤研究(C)）『グローバリゼーションと商業構造の変容に関する比較研究（東アジアと日本の比較）』（課題番号：19530389）（研究代表者：西島博樹）の研究成果の一部が第3章である。

　そして，平成23〜25年度（2011〜13年度）科学研究費補助金（基盤研究

(C))『東アジア地域の小売行動と小売構造の動態分析（国際化と地域化との相克を課題として）』（課題番号：23530538）（研究代表者：西島博樹）および，平成23 ～ 25年度（2011 ～ 13年度）科学研究費助成事業（挑戦的萌芽研究）『日系小売企業の「台湾経由中国出店モデル」と「中国直接出店モデル」の検証』（課題番号：23653111）（研究代表者：柳純）の研究成果の一部が第1章と第4章ならびに第6章である。

　さらに，平成29 ～ 31年度（2017 ～ 19年度）科学研究費助成事業（基盤研究(C)）『アジアにおける日本小売企業の進出プロセスと撤退インパクトに関する研究』（課題番号：17K03993）（研究代表者：柳純）の研究成果の一部が第7章と第8章である。

　以上のような共同研究をベースとして，本書はこれまでに執筆してきた研究論文を取り纏めたものであるが，博士論文「台湾における日系小売企業の市場適応行動に関する研究」（佐賀大学大学院工学系研究科）の一部も含まれている。なお，各章における専門用語や表記の統一に努めたつもりであるが，例えば「日本小売企業」と「日系小売企業」，「業態」と「営業形態」のように，なかには同義であるにもかかわらず統一できなかった部分も残存している。この点は筆者の編集の至らない点である。

　本書の特徴は，とりわけ東アジアと東南アジア地域に展開している日本小売企業の進出プロセスおよび現地における市場適応行動を明らかにすると同時に，国際展開する際に採用されてきた戦略について解明する点にある。これまでの小売企業の国際展開に係る研究（その多くはグローバル・リテイラーの分析）では，国際マーケティングにおける「進化モデル」であるDouglas and Craig [1995] の「初期参入」→「現地化」→「グローバル統合」を経たモデルを1つの例として，小売国際化プロセスのモデルが示されてきた。しかし，現実的にはグローバル・リテイラーですら最終段階とされるグローバル統合の段階には到達していないとの見解が多く，そのような成長プロセスをたどる小売企業は皆無であることも事例を通じて明らかになっている。そのことを踏まえた上で，本書のオリジナリティは，これまでの「進出→撤退」で完結していた小売国際化モデルを「進出→撤退→再進出」という新たな軸を設定した上で，日本

の主要小売業である百貨店，スーパー，コンビニエンス・ストアの各業態で採用されてきた国際戦略に注力しながら，日本小売企業の国際展開における新たなモデルを構築する点にある。

　本書は，大学等の研究者向けの専門書として企画したものであるが，大学や大学院の開講科目（国際商学，国際流通論，国際マーケティング論，グローバル・マーケティング，グローバルビジネス研究など）におけるテキストとしても想定している。また，一般読者の方にも理解していただけるようわかりやすく三部構成にし，専門用語等も平易な表現に努めた。

　本書を上梓するにあたり，多くの先生方からご指導ご鞭撻をいただいた。まず，恩師である岩永忠康先生（佐賀大学名誉教授）には，佐賀大学大学院工学系研究科博士後期課程でご指導をいただいてからも，常にお気遣いをいただいている。本書の執筆に際しては目次構成から各章の細部に至る部分にまで的確なご助言をいただいた。また同門である西島博樹先生（中村学園大学流通科学部教授）には，あらゆる面において相談にのっていただき，共同研究を通じて貴重な機会をご提供いただいている。菊池一夫先生（明治大学商学部教授），鳥羽達郎先生（富山大学経済学部教授）には，本書の出版構想から企画立案時まで大変お世話になるとともに，日頃より研究に関する刺激をいただいている。所属学会の関係では，片山富弘先生（中村学園大学流通科学部教授），宮崎卓朗先生（佐賀大学経済学部教授），真部和義先生（久留米大学商学部教授），山口夕妃子先生（佐賀大学芸術地域デザイン学部教授）には，常に心温まるアドバイスをいただいている。本書の紙幅の都合上，お世話になったすべての先生方のお名前を挙げることはできないが，この場をお借りしてお礼申し上げたい。

　最後に，本書の出版を当初より快くお引き受けいただいた，同文舘出版株式会社専門書編集部の青柳裕之氏，有村知記氏には，編集全般にかけてご配慮を賜った。ここに心から深くお礼申し上げたい。

2022年9月

海峡のまち下関の研究室から

柳　　純

目 次

第 III 部　小売企業の海外撤退・再進出研究とその影響

第 7 章　小売企業の撤退研究と検討課題 ——————— 155

第 8 章　日本小売企業の海外撤退インパクト ————— 173

第 **9** 章
日本小売企業の海外再進出の実態と課題 ——— 193

初出一覧

■序章
　書き下ろし

■第1章
　「日系小売企業の海外展開と戦略」『佐賀大学経済論集』第45巻第1号，2012年4月，193-218頁。

■第2章
　「日本小売企業の国際マーケティングの再考」『下関市立大学論集』第65巻第2号，2021年12月，83-102頁。

■第3章
　「台湾における日系百貨店の比較分析」『福岡女子短大紀要』第69号，2007年7月，13-26頁。

■第4章
　「中国内陸部に展開する日系小売企業の店舗戦略—平和堂を事例として—」『日本産業科学学会研究論叢』第18号，2013年3月，111-115頁。(査読付論文)

■第5章
　書き下ろし

■第6章
　「本研究のまとめ」『日系小売企業の「台湾経由中国出店モデル」と「中国直接出店モデル」の検証』(平成23～25年度日本学術振興会科学研究費助成事業(学術研究助成基金助成金)(挑戦的萌芽研究)研究成果報告書・研究代表者：柳純)2014年3月，65-71頁(第6章所収)。

■第7章
　「小売企業の海外撤退研究とその課題」『消費経済研究』(日本消費経済学会)第8号，2019年6月，145-154頁。(査読付論文)

■第8章
　「日系小売企業の撤退インパクトに関する試論」『消費経済研究』(日本消費経済学会)第9号，2020年7月，13-24頁。(査読付論文)

■第9章
　「日本小売企業の海外再進出モデルに係る検討」『日本産業科学学会研究論叢』第27号，2022年3月，101-108頁。(査読付論文)

■終章
　書き下ろし

日本小売企業の国際マーケティング
―アジア進出の軌跡と国際知識移転プロセス―

序　章

問題の所在と
研究視角

第 1 節　研究背景と問題意識

1　研究背景

　小売業は製造業とは異なり，その活動領域が地域限定的で国際展開も遅く
現れると考えられてきたが，1980年代後半から本格的に地球規模で活動領
域を拡大しているグローバル・リテイラーと称される世界的大規模小売企業
の存在が顕著になっている。地理的活動領域を一国・一地域に限定せず，越
境しながら国際展開をする多国籍企業は，商業分野においても存在してお
り，例えば，世界最大の小売企業であるウォルマート（アメリカ）を筆頭に，
シュワルツ（ドイツ），テスコ（イギリス），オーシャン（フランス）などの欧
米諸国の大規模小売企業を挙げることができる。

　Deloitte［2021］の「世界の小売企業ランキング2021」によれば，2019
年度の小売売上高上位250社のうち，トップ10社の全体（250社）に占める
売上高の割合は32.7％であり，事業展開している国・地域は平均して13カ
国・地域に上っている。また，この調査結果ではランキング上位250社の総
小売売上高に占める国外事業の割合は22.2％となっている。この250社の
なかでも特筆するべき点は，インターネット通販を武器に年々ランキングの
順位を上げ，2015年度に第10位にランクイン[1]した無店舗小売業のアマゾ
ン（アメリカ）が，2019年度には第2位にまで躍進しており，有店舗小売業
の国際展開にインパクトを与えるとともに，その牙城を崩す状況となってい
る。ちなみに，同データによれば日本の小売企業ではイオン（第14位），セ
ブン＆アイ・ホールディングス（第18位）が50位圏内に位置している。そ
もそも，小売業の国際展開は，古くは18～19世紀のイギリス，スペインの
貿易商の活動から，20世紀に入り北米や欧州の小売企業による近隣諸国の

小売市場への参入を経て，徐々にその活動範囲を拡大させてきた点において「国境を越える商業活動」や「商業の地理的拡大」として理解されている。

　小売国際化研究では，小売業の国際活動の動向や事象把握に注力（Jefferys, 1954; 鈴木，1968; Hollander, 1970）がなされてきたが，第二次世界大戦後（具体的には1970年代以降）においては，国際展開する小売企業の飛躍的な増加を背景に，研究者の間では小売業の国際的活動を俯瞰しながら，その一方で独自領域としてのフレームワークの構築，理論化に向けたマクロ・ミクロの分析が行われてきた（Kacker, 1986; Treadgold, 1988; Alexander, 1990; 向山，1996; 川端，2000; Alexander and Doherty, 2010; 白，2019など）。例えば，そのアプローチ方法は，学問体系として「商学」，「経営学」，「国際経済学」をベースとしながら，研究対象としての小売業の国際化を製造業の国際化との比較，国際展開のパターン化・類型化，また進出動機・参入要因による分類化を試みるものから，進出形態（市場参入モード），進出プロセスの分析等に至るまで，今日において非常に多様化している。これらのアプローチは，今日，「小売国際化研究」として進められている（Dawson, 1993; Fairhurst, 1998; Alexander and Myers, 2000; 川端，1999; 矢作，2007; Mo, 2015; 鳥羽，2017など）。

　しかし，学問上では小売国際化研究が当初から独自領域を獲得していたわけではない。その背後の研究には伝統的な「商業論」や「小売経営論」，「小売マネジメント論」，「小売マーケティング論」および「国際マーケティング論」があることを忘れてはならない。また，ここ30年ほどの「流通・マーケティング研究領域」では，小売国際化研究は「比較流通論」，「国際流通論」，「グローバル・マーケティング論」のなかで論じられることが多いことに加えて，「国際戦略論」，「環境適応論」，「イノベーション論」，「資源ベース論」，「コンティンジェンシー理論」，「ケイパビリティ論」などからのアプローチもなされている。

　上述した各研究分野を紹介する紙幅はないが，少なくとも本研究分野は「小売国際化研究」，すなわち「小売商業研究」≒「商業学」と「国際マーケ

ティング」に係る研究に属すると考えている。しかも，本研究自体は日本の小売企業に焦点を当てていると同時に，「小売企業の国際マーケティング」というミクロな視点からのアプローチを試みている。

　ところで，日本の小売業が初めて海外へ進出してから1世紀以上が経過している。初期の進出先はアジアであり，向山［1996］によれば，戦前からアジア市場へ進出していた日本小売企業の代表格である百貨店は，現在のような複数の店舗を展開する状況にはなく，出張所や支店設置による現地の在留邦人への商品供給を担い，また川端［2005］では，百貨店の海外進出が戦時中は物資の調達や日本への輸出業務，つまり卸売機能として重点が置かれていたことが明らかになっている。第二次世界大戦前の日本小売企業の海外進出研究は，現存する資料や公開データが非常に少なく，したがって，戦後の日本小売企業の海外進出事例の増加とともに，国際的な小売ビジネスモデルの解明およびその関心の高まりを背景に研究が進められてきた。

2　問題意識

　小売分野における国際マーケティング研究は遅々として進展していない。その詳細は別章で述べることにするが，本研究の基本的な問題意識は「なぜ日本の小売企業は国際展開することができたのか？」である。より細かい関心事としては，「日本の小売企業はどのようなマーケティング戦略を実践した結果，国際的な小売事業の継続ができているのか？」という点に尽きる。経済産業統計協会編［2021］のデータが示すように，海外の進出先国・地域から早期に撤退したり，すでに企業そのものが法人として存在していなかったりする日本小売企業が相当数あるが[2]，現時点で先行研究ならびに小売各社のアニュアルレポート等の公表データ，調査結果等から進出先国・地域における店舗数の拡大，事業継続年数を更新している日本小売企業が多数存在することも事実である。

　そこから浮かび上がる日本小売企業の国際展開に係るキーワードは，以下

の2点である。

　第1に，日本小売企業の優れた小売経営能力と戦略である。この点は，すでに日本小売企業の市場戦略と組織能力による競争優位を示す実証研究（Meyer-Ohle, 2009; 川端，2010; 矢作編，2011など）があり，具体的に海外事業を行う小売企業の優れたマーケティング事例が蓄積されつつある。

　第2に，日本小売企業の国際知識移転およびイノベーションである。これは，これまでの小売国際化研究でも指摘されることが多い小売企業が保有する小売技術（小売ノウハウ）の国際移転とその活用，そして新たな価値創造を含む小売技術，販売方法やその仕組みの変革を意味する。この分野でのアプローチは比較的新しい研究で見られる（Dinu, 2015; 鳥羽，2016; 白，2019など）と同時に，国際マーケティング研究においても大きく進展している分野である（川端，2021）。

　さて，日本小売企業の本格的な海外進出は，1970年代であり，欧州（主にフランス），アジアでは香港を中心に飛躍的に進展する。その背景として，1970〜80年代は日本の国内市場の成長およびその成熟化がベースにあり，同時に世界的に対外自由貿易の伸張，海外市場の開放・自由化等，国際的な時代変化のなかで，政治・法律的，社会経済的ないし文化的環境変化の下，量的質的にも変容した時期であったことが関係している。しかし，少なくとも1990年代からは，日本小売企業の国際展開状況に大きな変化が現れている。

　小売営業形態（小売業態）によって異なるが，端的には海外進出の件数が鈍化し，各国・地域において閉店や撤退が目立つようになるのである。そして，21世紀（2000年代）に入り，日本小売企業の海外からの撤退も一段落しているなかで（柳，2019），国際進出プロセスにおいて「再進出」事例も見られるようになっている。

　ここであえて，小売業態を意識するのは，「業種（Kind of Business）」ではなく「業態（Type of ManagementあるいはType of Operation）」[(3)]ならびに，その分類の型としての「業態類型（Formats）」が小売国際化研究において，し

ばしば登場する用語であるとともに，実際に小売業の国際展開を議論する際の観察可能なキー概念であるからである。例えば，小売業態について，Kotler［1999］やLevy and Weitz［2009］では「Type of Retailers」の表現を用いており，Deloitte［2017］では「Operational format」と表現されており，小売経営，小売マーケティングに関して小売業態を意味あるものとして捉えている。また，小売業態を小売経営の場としての店舗における経営戦略を総合する見解（鈴木，1978）や，商品取扱い技術が新しいコンセプトの下に統合される点を指摘（石原，1999）していることを鑑みれば，小売業態は店舗を中心とした小売経営上の技術革新や方式であり，国際展開する小売企業のビジネスモデルの解明にとって，重要なポイントとなるであろう。なお，向山［2009］においては，グローバル・リテイラーの国際展開が固定的な一企業一業態ではなくなっている点から，多国・多地域における多企業多業態としての「Formula」概念を用いた分析が必要であるとの認識を示している。

　もはや，小売業が限られた地域や国内産業（ドメスティック産業）であるとの位置付けは，遠い過去の話となっている。時間経過とともに「市場環境」の変化にともない，グローバル・リテイラーの量的拡大と質的変化，つまり国際展開の仕方や戦略内容等が多様化しつつある。もちろん，小売業としての国際ビジネスモデル，つまり国際的に利益を上げる方法も市場創造も時代によって変化していることにも注意する必要があろう。

第2節 研究目的と方法

　2019年後半頃から世界的な猛威を振るっている「新型コロナウイルス（COVID-19）」の感染拡大は，現在，国際展開する小売企業にとっても，これから国際進出しようと計画している小売企業においても多大な影響を及ぼすと考えられる。とりわけ，Deloitte［2021］の分析では，コロナ禍で多く

の小売企業が経済活動の制限による悪影響を受け，消費者の購買活動の縮小，オンライン利用の増加，衣料・装飾品等の奢侈品購入の減少など，業種や業態によって差が生じていることが指摘されている。

　本研究では，日本の総合小売業である百貨店，スーパーマーケット（以下スーパーと略称），コンビニエンス・ストア（以下CVSと略称）を中心とした小売企業の国際マーケティング戦略の解明を念頭に置いている。小売国際化を「現象」として捉える立場から，小売業が進出先国・地域における政治経済・社会文化的な諸環境（構造）の下で，小売業の中心的な活動である仕入‐販売を通じた諸活動（行動）が，結果としての利潤増大や業績向上，市場拡大をもたらすのか（成果）という「産業組織論」における基本的パラダイム（SCPパラダイム）を意識しつつ，進出先国・地域における小売企業が採用したマーケティング戦略について分析を進める。

　そこで，本研究では，これまでの日本小売企業の進出先国・地域における「進出・撤退・再進出」という一連のプロセスを通じた国際展開の状況を，改めて精査するとともに，現在の日本小売企業の国際マーケティングについて明らかにし再評価することを目的としている。

　具体的には，第1に，日本小売企業の国際展開の現状について明らかにしながら，これまでの小売国際化研究を整理する。

　第2に，日本小売企業の海外市場へのアプローチの一般化を試みると同時に，進出先国・地域の小売市場において，日本小売企業が保有する有形・無形の小売経営資源をどのように活用し，また最適な市場適応化行動を採るのかについて解明する。

　第3に，最終到達目標として，限られた事例を通してであるが，日本小売企業の「国際化モデルの構築」を目指す。

　上記の目的を達成するために，①先行研究のレビューならびに文献調査，②これまでにいくつかの小売企業へ赴き実施してきたヒアリング調査を柱としながら研究を進めていく。すなわち，これまでの「小売国際化研究」を中心とした先行研究を精査し，経済産業省や東洋経済新報社等のさまざまなデ

ータを用いながら，日本小売企業の国際展開の動向や実態を把握し，過去数年にわたり実地調査をしてきた結果に基づきながら，国際展開している日本小売企業の現地適応行動の解明を試みることにする。

第3節　本研究の構成

そこで，本研究では序章に引き続き，以下のようなフレームワーク（図表序-1）に基づいて研究を進めることにする。

本書は大きく第3部で構成されている。まず，第Ⅰ部の「小売国際化研究の現状と理論」は2つの章で構成されており，小売業の国際展開とこれまでの先行研究のレビューを中心に理論研究として位置付けている。第1章「日本小売企業の海外進出プロセスと出店行動」では，これまでの日本小売企業の国際進出プロセスを大きく4期に分け，日本小売企業の出店行動を先行研究から探りつつ採用された戦略について考察する。第2章「日本小売企業の海外進出と理論的考察」では，日本小売企業の海外進出の現状について各種データから把握すると同時に，日本小売企業の小売マーケティングおよび国際マーケティング戦略について，先行研究を整理しながら再考する。

次に，第Ⅱ部の「アジアにおける日系小売企業進出の実証分析」は4つの章で構成されており，事例研究としてこれまでに行ったヒアリング調査を含む実地調査から得られた知見を踏まえた日本小売企業の各小売業態分析を行う。第3章「台湾における日系百貨店の定着と展開」では，これまで多くの業態進出が認められる台湾における日系百貨店である新光三越，遠東SOGO（太平洋崇光）の展開を取り上げる。第4章「中国における日系スーパーの現地化と課題」では，中国内陸部に進出した日系スーパーの平和堂（中国）について分析する。第5章「東南アジアにおける日系CVSの成長」では，日系CVSとして最も早く中国進出を果たした上海ローソンを筆頭に，成長途上にある東南アジア市場に積極的に展開しているローソンの活動につ

図表序-1　本研究のフレームワーク

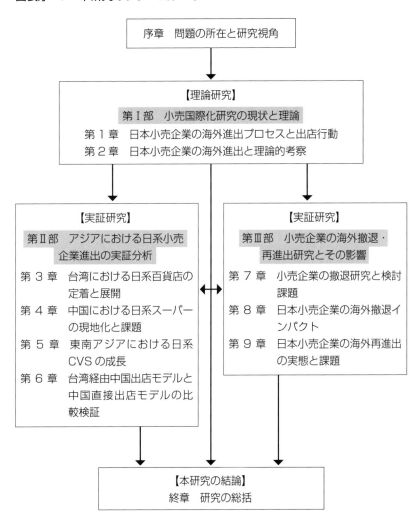

序章　問題の所在と研究視角

【理論研究】

第Ⅰ部　小売国際化研究の現状と理論

第1章　日本小売企業の海外進出プロセスと出店行動

第2章　日本小売企業の海外進出と理論的考察

【実証研究】

第Ⅱ部　アジアにおける日系小売企業進出の実証分析

第3章　台湾における日系百貨店の定着と展開

第4章　中国における日系スーパーの現地化と課題

第5章　東南アジアにおける日系CVSの成長

第6章　台湾経由中国出店モデルと中国直接出店モデルの比較検証

【実証研究】

第Ⅲ部　小売企業の海外撤退・再進出研究とその影響

第7章　小売企業の撤退研究と検討課題

第8章　日本小売企業の海外撤退インパクト

第9章　日本小売企業の海外再進出の実態と課題

【本研究の結論】

終章　研究の総括

いて言及する。第6章「台湾経由中国出店モデルと中国直接出店モデルの比較検証」では，小売企業の国際進出の新たなモデルケースとして，台湾と中国における日本小売企業の進出モデルの比較をしながら検証を試みる。

　さらに第Ⅲ部の「小売企業の海外撤退・再進出研究とその影響」は，3つ

の章で構成されており，近年の小売国際競争の激化による小売業の撤退・再進出およびその影響力について焦点を当てた内容となっている。第7章「小売企業の撤退研究と検討課題」では，小売企業の海外撤退に係る研究をレビューすると同時に，撤退における検討課題について言及する。第8章「日本小売企業の海外撤退インパクト」では，現地からの撤退が及ぼす影響について外部環境および内部環境に分けて論じる。そして，第9章「日本小売企業の海外再進出の実態と課題」では，日本小売企業の限られた海外への再進出の事例を通じて，そこから見えてくる課題と問題点を探る。

　終章「研究の総括」では，これまでの研究を振り返り，日本小売企業の保有資源と市場適応行動を業態ごとにまとめる。そして，日本小売企業の国際知識移転および成長プロセスの観点から新たな「日本小売企業の海外進出モデル」の構築を試みる。最後に，研究途上の問題点や検討課題について述べる。

注

(1)　Deloitte［2017, p.17］のランキングから抽出した。

(2)　海外へ進出した日本小売企業の追跡を困難にする最大の理由である。なお，川端［2011］の巻末の「海外店舗データベース」において，撤退済み企業が一覧として掲載されているので非常に参考になる。

(3)　日本では従来から①セルフサービス方式，②取扱商品，③売場面積，④営業時間の4つの分類基準により「業態」をいくつかに分類してきた（経済産業省商業統計による）。もっとも，業種や業態に係る明確な国際的統一区分はないとされるが，業態（営業形態）とは，店舗や販売形態，技術操作方法等の営業方式に着目した際に用いられる分類の総称である。

第 I 部

小売国際化研究の
現状と理論

第 **1** 章

日本小売企業の
海外進出プロセスと
出店行動

第1節　はじめに

　小売企業の海外進出の記述は，研究者の視点から欧米を主とした小売企業
の現象把握から始まる。その後，小売企業の海外出店・撤退研究は，1980
年代後半から90年代にかけて顕著となる欧米大規模小売企業の多国籍化と
東アジアへの出店加速現象とシンクロナイズするように，小売国際化をプロ
セスとして捉える研究へと移行しつつある。いい換えれば，小売国際化研究
は概念分析へとシフトしてきている。

　そもそも，多くの小売企業の海外出店研究は，海外（欧米）の小売企業を
主として取り扱ってきた。十分とはいえないが，事例研究だけでも研究蓄積
は相当存在する。それは，先進諸国の近代的小売企業の実態を，より注意深
く観察して理解しようとするアプローチと考えてよいだろう。しかし，それ
を考えると，日本の小売企業の海外出店に関する文献は，非常に少ないとい
わざるを得ない。日系小売企業が海外出店を始めた1960年代以降でも，
『日本経済新聞』や『繊研新聞』といった特定の紙面記事にて，断片的にそ
の実態が紹介されているようであるが，詳細な分析や研究としての蓄積は非
常に乏しい。そのような状況のなかで，鈴木［1968］，Malayang［1988］や
McGoldric and Ho［1992］の日系小売企業のアジア進出の研究は貴重な存
在である。

　本章では，過去の日系小売企業の海外出店・撤退の実態を把握・整理しな
がら，既存研究の再検討を試み，既存研究から導かれる日系小売企業の海外
展開の戦略性についてその方向を論じる。そこで，日系小売企業の海外出
店・撤退を一連の小売国際化プロセスと考え，また個別小売企業においては
成長戦略と位置付けられる点から，次節では，日本の小売企業の出店・撤退
研究を振り返り，主にアジア地域へと集中的に展開された日系小売企業の出
店・撤退の実態とその特徴に焦点を当てる。すなわち，日系小売企業の海外

出店が1950年代から60年代における萌芽期を経て，1970年代から80年代にかけて飛躍し，1990年代に成熟を迎え，そして2000年代以降に鈍化するまでを時系列で把握する。次に第3節および第4節において，川端［2009］の市場特性要素に関する先行研究と市場戦略の5類型に倣い，海外出店・撤退に影響を与える市場特性要素を抽出して，日系小売企業の出店戦略のパターンについて論じてみたい。

第 **2** 節 日系小売企業の 海外出店・撤退研究

1　第二次世界大戦前の出店・撤退研究

　日本の小売企業の海外進出は，1900年代前半の百貨店である三越の韓国や中国の出店に遡ることができる。しかし，日系小売企業の海外出店に関する記述は，商業史と個別小売企業の社史を除き，ほとんど見当たらない。三越以外にも髙島屋，大丸，松坂屋などがアジア市場の開拓を目指して出店を開始していた[1]とされるが，戦時体制の頃より，その進出の実像は，物資の調達と日本への輸出業務という卸売機能を担い，小売機能としては占領地への物資供給（配給）を担っていたにすぎない（川端，2005a，76頁）。

　つまり，第二次世界大戦前の日本の小売企業の海外出店は，出張所・駐在所における卸売業務の遂行が主であり，終戦と同時に消滅したことを受け，その出店・撤退研究も，ほとんど行われていないのが実情である。

　小売業の国際化について，木綿［1980，238頁］は，わが国の小売業は，本格的な近代的小売業態の展開が戦後になってからであり，百貨店を始めとする大規模小売業における仕入の卸売業への依存度が高いため，仕入活動の国際化は戦後になってからである，と言及している。付け加えれば，第二次世界大戦以前の海外出店・撤退研究があまり行われていない理由は，当時の

日本の小売企業の海外出店モデルが少なかったためとされる。

2 第二次世界大戦後の出店・撤退研究

　日本小売企業の国際展開については，第二次世界大戦後以降の下記の4期に分けることが可能である。主な日本小売企業のアジア市場における進出年および店舗数は，図表1-1の通りである。

（1）海外出店の萌芽期（1950〜60年代）

　第二次世界大戦後からの日系小売企業の海外出店は，上村［1993］の研究でも紹介されているように，1950年代後半以降であり，本格化するのは1980年代以降のことである。第二次世界大戦後，最も早く海外出店に着手したのは髙島屋である。1958年に地場市場の開拓を目的としてニューヨークに髙島屋が進出して以来，東急百貨店（1959年にハワイ），西武百貨店（1962年にロサンゼルス）がアメリカの地を踏んでいる。上村［1993］によれば，髙島屋は出店直後から苦戦を強いられ，次第に売場面積を縮小していき，日本人観光客向けのギフトショップとなっている。西武百貨店も出店してから2年後の1964年には閉店に至り，現地から撤退している。この事例紹介から日系小売企業の先進国への進出に関する困難性がうかがえる。

　欧州市場への出店からやや遅れて，日系百貨店のアジア市場への出店が開始されるのが1960年代である。その先陣を切ったのが大丸であり，大丸は戦前および戦時中に中国，東南アジア地域へ出店した経験を生かして，いち早く1960年に香港，1964年にはバンコクに出店[2]している。また松坂屋は1966年にマニラに出店した。1950年代から60年代にかけての日系小売企業の海外出店は，番場［1997，81頁］も指摘しているように，各小売企業のそれぞれの事情によって出店の意味が異なっている点が特徴である。

　また，この時期の日系小売企業の海外出店は，百貨店に限定されており，その他の小売業態の出店は見られない。その理由は，日本国内における百貨

図表 1 - 1　主な日系小売企業のアジア市場への出店

企業名＼国・地域	タイ	マレーシア	シンガポール	インドネシア	その他東南アジア	中国大陸	香港	台湾	韓国
伊勢丹	1992(1)	1988(3)	1972(3)			1993(5)	1978(2)	1992(1)	
近鉄						1991(1)			
西武				*2007(1)*		*1993(1)*	*1989(2)*	1989(3)	
そごう	1984(2)	*1989(1)*	1986(3)	*1990(11)*		*1998(2)*	*1985(2)*	*1987(7)*	
大丸	1964(2)		1983(3)			*2015(1)*	1960(1)	1999(2)	
髙島屋	2018(1)		1995(1)		ベトナム2016(1)	2012(1)		*1994(1)*	
東急	1985(2)		1987(2)				1982(1)	1990(3)	
阪急	1991(1)					2021(1)		*2007(2)*	
阪神								1995(1)	
松坂屋				1962(1)	フィリピン1966(1)		1975(2)		
三越			1977(1)			1989(1)	1981(2)	1991(20)	
名鉄			1984(1)						
イオン	1985(47)	1985(43)		2015(4)	ベトナム2014(29) カンボジア2014(14) ミャンマー2016(11)	1996(65)	1987(13)	2003(2)	
イズミヤ						2011(1)			
イトーヨーカ堂						1997(10)			
西友	1996(4)		1995(4)	1995(1)	ベトナム1999(1)	1988(6)	1990(1)		
ダイエー						1995(20)			
ニコニコ堂						1997(1)			
平和堂						1998(2)			
マイカル						1998(1)			
ヤオハン	1991(4)	1987(7)	1974(6)	1992(1)	ブルネイ1987(2) マカオ1992(1)	1991(44)	1984(9)	1988(2)	
ユニー						2014(1)	1987(4)		
ヨークベニマル						2005(2)			
セブン・イレブン・ジャパン						2004(535)			
ファミリーマート	1992(1,035)	2016(83)		2012(122)	ベトナム2009(149) フィリピン2013(69)	2004(2,569)		1988(3,357)	1990(6,682)
ミニストップ				2013(6)	フィリピン2000(459) ベトナム2011(120)	2009(65)			1990(2,602)
ローソン	2013(150)			2011(68)	フィリピン2015(67)	1996(3,958)			

注 1 ：出店年の横ないし下カッコ内数字は，2022年 7 月末現在の筆者が把握する店舗数であり，店舗数は川端 [2011] の2011年 9 月末時点データを基本として，筆者把握データである柳 [2017b] の2017年 2 月末時点データをアップデートした。

注 2 ：網掛け部分は撤退済の閉店・撤退までの総店舗数を示している。なお西武，そごう等の斜体太字部分は技術提携・商標貸与等による資本関係にない出店を意味する。

出所：川端 [2011] 82-83頁，柳 [2012] 196頁および柳 [2017b] 71-72頁を修正加筆。

店以外の小売業態が発展途上でかつ未成熟であり，それゆえに海外進出までには至っていない点と，各アジア市場における外資参入への市場開放が未整備であった点を挙げることができる。したがって，1960年代は日系小売企業の海外出店萌芽期と位置付けることができよう。

（2）海外出店の飛躍期（1970〜80年代）

　1970年代からは，日系小売企業の海外出店行動は，1960年代までと比べて飛躍的に活発化する。それは欧州への日系百貨店の出店に象徴されており，1971年に三越がパリに「上得意」である富裕層顧客の休憩所・接待所を整備するところから始まる（川端，2000，135-136頁）。ここで注意したいのが，川端［2000］が指摘しているように，当時の欧州における日系百貨店の出店は，①日本人旅行者を対象とした市場（ツーリスト市場），②当該国に居住する駐在員やその家族を対象とした市場（在外邦人市場）という「民族的飛び地」としての市場を意識したものであったことである。そのほとんどは，前者のツーリスト市場を目的とした出店であるが，特に日本食品の豊富な品揃えをするなど，後者の在外邦人市場を意識して商品販売を進めたのが大丸であった。

　出店した店舗も伊勢丹（1988年にロンドン），三越（1971年にパリ），大丸（1973年にリヨン），そごう（1989年にローマ）のように自社で仕入れた商品を店頭で販売するタイプと，髙島屋（1973年にパリ）や松坂屋（1978年にパリ）のように地場有名百貨店の一角にカウンターを設け，免税手続き代行による手数料収入（家賃は発生しない）を糧とするタイプがあった。

　この時期の欧州における「飛び地市場」は，日本の得意客に対して海外旅行先でさまざまな便宜を図るという意味で非常に重要な役割を果たしたが，日本国内における経営活動の延長線上であり，「土産物屋」の域を脱していない（番場，1997，82頁）。

　一方，日系百貨店のアジアへの進出では，日本人観光客をターゲットにした「飛び地市場」としての香港が注目され，伊勢丹（1973年），松坂屋

（1975年），そして三越（1981年），東急百貨店（1982年），そごう（1985年）が相次いで香港に出店し，ハンドバッグや高級衣料品，香水・化粧品の高額なブランド品の売上を増大させた（川端，2000，145頁）。しかし，1970年代においては，その他アジア市場への日系百貨店の出店は，シンガポールの伊勢丹（1972年），三越（1977年）にとどまる。

　それが1980年代に入ると日系百貨店の出店様相が一変する。伊勢丹がマレーシア（1988年），そごうがタイ（1984年），シンガポール（1986年），台湾（1987年），大丸がシンガポール（1983年），名鉄百貨店がシンガポール（1984年），三越が中国（1989年〈小規模ショップ〉），東急百貨店がタイ（1985年），シンガポール（1987年）へと出店することで，アジアにおける店舗数が急速に増加する。この時期の傾向は，大手日系百貨店の多くが複数のアジア市場を目指して出店したことである。

　またこの時期には食品スーパーにも海外出店の動きが生じる。欧米へはダイエー（1972年にハワイ），ヤオハン（1979年にアメリカ）と小売企業としての数は少ないが，その特徴として在外邦人を意識した出店であり，在外邦人の生活拠点・情報交換拠点として機能していたことが明らかになっている（川端，2000，155-156頁）。

　アジア市場へは，先頭を切っていち早く出店を進めたヤオハンは，総合スーパー（General Merchandising Store：GMS）を主軸にシンガポール（1974年），香港（1984年），マレーシア（1987年），台湾（1988年）へと次々に店舗数を増やした。そして，大手スーパーではイオンがタイ（1985年），マレーシア（1985年），香港（1987年），続いてユニーが香港（1987年）へと出店した。基本的に他の食品スーパーは，一国・一地域へのチェーン展開を試みて出店しているが，この上記3社のうちでヤオハンとイオンに加えて1990年代にアジア出店を開始する西友は，複数の国や地域へ出店している。これらの小売企業は，積極的にアジア市場への展開を試みているが，いずれも一部の現地在住の日本人ならびに日本人観光客よりも，現地消費者が販売対象であった。

　1980年代には中堅食品スーパーの出店も始まる。川端［2000，157-160頁］の調査結果からは，フジ・スーパー（1985年にバンコク）やミキサワ（1983年にマレーシア，1985年にシンガポール）では，完全に現地消費者を意図した出店であったが，後に販売先は在外邦人へと移行したという興味深い示唆が得られている。台湾では，日系食品スーパーの出店加速が1980代後半に集中して起こっている。例えばフレッセイ（1986年），サミット（1987年），いなげや（1988年），カスミ（1988年）などの出店である。劉［2001，199-202頁］によれば，一気に進められた台湾の流通・サービス業の外国資本の自由化を日系スーパーの出店理由として示しており，その大半がすでに撤退しているが，この時期のスーパーがもたらした生鮮食品処理技術が，台湾スーパーの発展に貢献したことを述べている。

　この1970年代から80年代にかけての日系百貨店の出店は，1990年代前半まで日本人海外旅行者の増加を視野に入れて断続的に続く。一方で，百貨店より約15年遅れて日系スーパーがアジア市場を意識した出店を開始した。矢作［2007，124-125頁］によれば，特にイオンは経済発展において格差のある東南アジアに対して，政府および企業，仲介者からの誘致を契機として経営技術移転を図り，進出先国の流通近代化への貢献，国際事業機会を探る目的により出店を開始している。

　海外出店の飛躍期の特徴は，日系百貨店においては，欧米市場では「飛び地市場」としての需要に応える形で出店数を増加させ，アジア市場では「飛び地市場」の要素を残しつつも現地消費者への販売を確実に増加させたのである。この点に関しては，少なくとも台湾においては百貨店のそごう，CVSでは大手で初めて1988年に出店したファミリーマート，そしてニコマートが現地消費者への販売を主とした目的で出店されている。なお，その他の店舗ではマイショップ（1984年にシンガポールおよびマレーシア），サークルK（1985年に香港）が先行して出店を試みているが，前者は日本本社側の倒産，後者は技術支援にとどまる状況（川端，2010，61-62頁）であり，本格的な展開は1990年代以降となる。

　他方，日系スーパーの出店では1974年のヤオハンのシンガポールへの出店を端緒として，現地消費者の生活水準の向上，消費欲求の増大を受けて現地販売を志向した。番場［1997，83頁］の分析によれば，とりわけ東南アジア市場における日系小売企業のこの時期の出店は，安価な労働力を供給する生産拠点としての機能も備えていたが，1979年の大規模小売店舗法改正にともなう規制強化，1982年以降の行政指導による新規出店規制の強化による日本国内の出店投資へと回る資金が海外への出店資金として資本蓄積されていったところに特徴を見いだせる。

　なお，この時期で撤退行動に至った日系小売企業は，1987年に三越がパリ店舗を閉店している記述が見られるが，それ以外はごく限られたデータしかない。

（3）海外出店の成熟期と撤退前期（1990年代）

　日系小売企業の出店の転機が訪れるのが1990年代である。出店行動よりも撤退行動が顕著となるのがこの時期からである。それは1990年代前半と後半でさらに明確になる。特に日系百貨店の出店数では，欧州，アジアともに最大期を迎える。欧州では伊勢丹がウィーン（1990年），バルセロナ（1993年），三越がマドリッド（1990年），バルセロナ（1991年），ベルリン（1992年），そごうがローマ（1991年），ミラノ（1991年），ロンドン（1992年），バルセロナ（1993年），小田急百貨店がパリ（1991年）へと出店している。1990年代前半の日系百貨店の欧米出店状況は，上述の通りであるが，当時の日系百貨店の趨勢は出店数の拡大とともに，1970年代後半から増え始める日本人旅行者に向けて，百貨店内にカフェや日本料理店を併設するケースが増えたことである。川端［2000，138頁］によれば，欧州に出店した日系百貨店は無料トイレの提供，店内には為替表示と円建て正札，日本円での販売，日本への配送など日本人旅行者に対して，日本と同様の店舗環境を提供している。これはまさに日本店舗の欧州市場での標準化と考えられる。

　アジア市場へ向けた日系百貨店のプレゼンスも見逃せない。アジアの日本

人旅行者および地場中間層の消費者を対象として，三越が台湾（1991年），伊勢丹がタイ（1992年）と台湾（1992年），そして中国（1993年），西武百貨店が中国（1993年），そごうがインドネシア（1990年），マレーシア（1994年），中国（1998年）などへ出店している。日系百貨店でアジア進出の後発組である髙島屋は，台湾（1994年），シンガポール（1995年），阪神百貨店は台湾（1993年）へと出店した。日系百貨店の欧州市場への出店は1990年代前半でほぼ止まるが，アジア市場への出店は1990年代前半・後半ともに1980年代後半を上回る水準を維持する。しかも台湾市場においては，日系百貨店は1990年代前半よりも後半に出店数を増大させるという，アジア市場でも極めて特異な現象を引き起こしている。

　一方，日系スーパーも日系百貨店と同様にアジア市場への展開を加速させる。代表的な出店は香港（1990年），インドネシア（1995年），シンガポール（1995年），タイ（1996年），中国（1996年），ベトナム（1999年）と最も広範囲に出店した西友や，タイ（1991年），中国（1991年），インドネシア（1992年），マカオ（1992年）に出店を伸ばしたヤオハンである。またその特徴を挙げれば，アジア市場において，1990年代に出店したスーパーの全店舗数の半分は中国への出店であり，しかも90年代後半にダイエー（1995年），イオン（1996年），イトーヨーカ堂（1997年），ニコニコ堂（1997年），平和堂（1998年），マイカル（1998年）の出店が相次いだ。このように，1990年代前半までの出店を境として90年代後半には出店数が半減し，むしろ撤退件数が多くなる日系百貨店に対して，逆にスーパーは1990年代前半から後半にかけて出店数を倍増させるのである。

　とりわけ，1990年代の前半と後半とで海外出店の様相が百貨店とスーパーで大きく異なり，撤退時期にもずれが生じているのは，スーパーが百貨店に遅れること約15年という業態ライフサイクルの差異による，出店時期の差異が大きく反映されているとも見て取れるが，実のところは違う。この百貨店とスーパーの撤退には，共通して店舗の業績悪化があり，閉店時期や撤退状況が異なるのは個々の企業の事情がある。既述のように百貨店の場合，

欧州市場およびアジア市場は「飛び地市場」としての性格が強いが，川端
[2005a，85〜87頁］によれば，アジア市場での業績悪化には，第1に店舗家
賃の高さと変動の大きさ，第2に流通システム上の問題と粗利益の構造的な
低さ，第3に市場のモザイク性と立地の読み誤り，第4として日本人団体観光
客の激減を挙げている。また，この1990年代後半の時期に，各日系小売企業
は，アジアの通貨危機を経験しており，体力的に厳しい日系スーパーのなか
にはその影響を大きく受け，閉店・撤退へとつながったとの分析も見られる。

　なかには，香港の事例のように急激な家賃および人件費の高騰の理由によ
り，やむを得ず撤退を強いられたケースもある。しかし，日本との関係を指
摘すれば，撤退の多くは，日本のバブル経済崩壊後の不況により事業再編が
急務となり，海外での赤字経営を戦略的な意図でもって閉鎖に踏み切った，
いわば日本本社の意思決定による要因が大きいと考えられる。

　1990年代の日系CVSの海外展開は，1988年に台湾への出店を開始した
ファミリーマートが，1990年に韓国，1992年にはタイへと出店地域を拡大
した。ファミリーマートの海外でのエリア・フランチャイズ展開[3]は，韓
国において最も多くなされたが，2014年には韓国からの撤退を表明した。
その後は，1996年のローソンによる中国上海市への出店を除き，大手CVS
の海外市場への参入は見られない。

（4）撤退後期と新市場（2000年代以降）

　日系小売企業にとって2000年代は，出店鈍化と撤退を余儀なくされる厳
しい局面を迎えると同時に，新市場の開拓が始まる時期と位置付けられる。
日系百貨店では伊勢丹，髙島屋，三越，東急百貨店，阪急百貨店等が海外展
開をしているが，2000年代前半の新規出店は，中国，台湾のみであり，多
国籍化しているのは伊勢丹だけであった（川端，2005a，87頁）。

　この出店状況からすれば，日系百貨店の海外出店はターニングポイントを
迎えているように思われる。しかし，台湾市場においては，オーバーストア
（過剰出店）傾向にあるにもかかわらず出店を開始した阪急百貨店（2007年に

高雄市，2010年に台北市に新規出店）は，三越とそごうの日系二大百貨店の競争激化のなかで，すでにパートナー企業（統一企業）と業務提携を解消している（柳，2017b，78頁）。2020年代に入ると，タイ市場では2020年に伊勢丹，2021年には東急百貨店が現地から相次いで撤退しており，老舗百貨店の苦戦が顕在化している。

　一方，1990年代前半に撤退が相次いだ日系食品スーパーのその後の出店および撤退は，2000年代に入り一段落した。ただし，台湾市場では最上位の全聯福利中心や美廉社などの多数のスーパーが存在するなかで，大手食品スーパーによる中小食品スーパーの買収や合併が頻繁に行われている状況にある。

　対照的であるのが中国ならびに東南アジアへの出店シフトである。例えば，イオンがショッピングセンター（以下SCと略称）を開発しながら核店舗としてGMSの出店を加速させている（とりわけベトナム，マレーシア）。またイトーヨーカ堂の中国出店は，北京市への出店（1997年）以来，初期の頃は遅々としていたが，成都市において堅実に出店を重ねている。

　日系CVSは，業態生成が遅く始まったこともあり，アジア市場においては特定国への参入にとどまっていた。しかし，2004年4月にはセブン‐イレブンが北京市に1号店を開店させ，同年7月にはファミリーマートが上海市に1号店を出店している。その後，積極的な海外展開を意図するファミリーマートは，アメリカに伊藤忠商事との共同出資で「Famima!!」で参入し（2005年），また中国においても主要都市である広州市（2006年），蘇州市（2007年）にそれぞれ合弁会社を設立して出店を加速させた（柳，2011，10頁）。さらに杭州市や成都市（2011年），深圳市（2012年），無錫市・北京市・東莞市（2014年）へと出店地域を拡大させたファミリーマートとは異なる都市（重慶市（2010年），大連市（2011年），武漢市（2016年），海口市（2020年）等）へと進出したローソンは中国で最も多くの店舗数を保有する日系CVSとなっている。

　なお，1990年代から海外展開を試みているミニストップは，2000年にフ

ィリピンにFC（フランチャイズチェーン）で再進出したり，韓国でのパートナーを子会社化（2003年）したりする動きを見せ，中国での展開では2009年に青島市に合弁会社を設立させている。

　大手CVS各社の東南アジア市場への出店は，ファミリーマートではベトナム（2009年），フィリピン（2013年），マレーシア（2016年），ローソンはインドネシア（2011年），タイ（2013年），フィリピン（2015年），ミニストップはベトナム（2011年）へと確実に広がっている。

　ちなみに最大手CVSのセブン - イレブンは，2009年に中国上海において，台湾でセブン - イレブンを運営する統一超商とエリアライセンス契約にてFC展開を図り，中国でもCVS激戦地のエリア拡大を模索している。ここに至って，日系CVSの海外出店は新たな局面を迎えている。それは，店舗特性からすれば小規模零細店舗であるゆえに，その多店舗展開のゆくえは，当該市場におけるFC戦略が鍵となっている。直面している問題は，直営店ではなくFC店の増加をいかに達成していくかである。

第3節　日系小売企業の出店理由と影響要因

1　海外出店の必然性と規模の利益

　日系小売企業の海外出店・撤退を時系列に述べてきたが，当該小売企業が国境を越える必然性については，製造業との比較が常になされてきた。先行して多国籍化してきたのは製造業であるし，近年ではマイクロソフト社を筆頭とする情報関連企業，あるいはIT産業のグローバル連携，東アジア市場を軸とした半導体産業のグローバル競争やイノベーションなどに見られるようなボーダレスな企業活動の実践事例は枚挙にいとまがない。企業の多国籍化を市場創造という視点で捉えれば，どの産業に属する企業も国内市場にと

どまらず国際市場へ向けたアプローチがあってもよいはずである。

　木綿［1980，239頁］は，小売業は，①小売業の性格上，製造業，卸売業など他の企業活動の影響を受けやすいため，積極的に海外出店する条件を整えることが困難であり，②製造業のように自社の製品ラインの市場確保，そして，その競争力を維持するために多国籍化する必然性がほとんどないことを指摘している。他方で，小売企業が国境を越える必然性を端的に示しているのが，19世紀中葉からの欧州小売企業の諸研究である。特に，近年ではドーソン［2008，9-15頁］が，欧州と北アメリカにおいてモデルとなる店舗を複数の地方市場で利用できるようにすることで規模の経済を追求し，また新業態開発によって登場した大規模小売企業の規模の経済性実現への目的が想定されていたことを述べている。

　しかしながら，考察してきた通り，小売企業に関する国際市場への活動領域の拡大は，現実的には海外の欧米大規模小売企業の活動例がほとんどであり，先行研究のレビューでは，10カ国以上に出店して多国籍化を志向する欧米の小売企業が存在する一方で，日系小売企業の多国籍化は進展していない状況である。ここには欧米小売企業と日本小売企業とで，基本的に国境の捉え方に差異があるように思われる。そして個別企業の海外出店・参入動機にも欧米企業と日本小売企業とで大きな隔たりがあるように感じられる。

2　出店・参入動機

　日系小売企業のみならず，外資を含む小売企業が国際展開する際には，必ず進出動機が存在している。岩永［2009，12-13頁］は，日系小売企業の海外出店の背景には，国境を越えるために解決しなければならない諸条件やリスクがあり，①小売企業を取り巻く国際環境等の外的要因と，②意思決定すべき小売企業自体の経営ビジョンないし経営組織・経営技術の革新などの内的要因があると言及している。岩永［2009］は，この動機研究や参入要因分析は，ミクロな企業レベルでも分析されるが，マクロ的な分析が必要である

ことを主張する。

　小売企業の海外出店に関して，外的・内的要因が重要であることを明らかにし，日系企業の現地市場への進出理由を解明したJETRO［2008］のアンケート調査がある。このアンケート調査によって，日系小売企業の海外出店行動の動機部分をある程度つかむことができる。JETRO［2008］によれば，例えば台湾へ進出している非製造業の「進出理由」の上位は「進出国市場の成長性・潜在性（74.5%）」，「進出国の市場規模（49.0%）」，「進出国内市場での安定した取引先（47.1%）」，「進出国市場における自社競争力（45.1%）」という結果となっている。

　最上位の「進出国市場の成長性・潜在性」の回答が「成長性をどの部分で判断するのか」や「潜在性をどこに見いだすのか」までは明らかではないが，この調査結果では，2位以下の理由を大きく引き離す結果となっている。これまでに，小売企業の海外進出動機や市場参入要因は，個々の小売企業によって，さまざまであるとの見方や見解が研究者のうちで散見していたが，この調査結果は非常に興味深い。

　多かれ少なかれ，海外進出する日系小売企業にとって，出店する際に当該分野の競争相手を意識するであろう。そこで，競争相手が保有する競争優位となる経営資源が日系企業の出店を妨げたり，出店後の撤退要因となったりすることが，洞口［1992］によって次第に明らかになっている。進出先国における競争相手は「進出先の地場企業」であり，その競争相手である企業が保有する競争優位の源泉の上位3つは，「価格」，「進出先での有力な企業ネットワーク／人脈」，「ブランド」という，JETRO［2008, 36-39頁］の調査結果の通り，今後の研究には有益な示唆を与えている。

　また海外出店を意図する小売企業は，少なくとも出店予定の当該市場をある程度勘案して，出店の意思決定を行い，出店準備を進めるであろう。本章では，進出動機において重視すべき点を市場特性要素として考えている。

3　川端氏の市場特性要素研究

　日系小売企業の出店行動を分析するうえで欠かせないのが，進出先国における市場特性である。川端［2009, 33頁］は，「海外出店行動の諸側面とそれに影響する市場特性要素」を分析し，特定の海外市場の特性を小売経営との関係において捉え，「海外市場で小売店舗を開発し運営していくことで利益をあげる」という一連の小売経営行動の視点から，どのような市場特性が存在するのかという疑問を自ら投げかけ，アジア市場の特性を明確化している[4]。すなわち，小売国際化現象を把握するために，小売企業の戦略（進出主体）と市場特性（進出先市場）に着目している。

　図表1-2では，海外出店の諸側面の第1局面である「進出の意思決定」に影響を与える市場特性要素が最も多い。川端［2009, 36-46頁］が言及する日系小売企業のアジア市場への進出意思決定に影響を及ぼしたと考えられる要素を以下で挙げてみたい。

　まず「進出の意思決定」では，1980年代から香港，シンガポール，バン

図表1-2　海外出店行動の諸側面と市場特性要素

	海外出店の諸側面	市場特性要素
1	進出の意思決定	人口規模，日本人市場規模，平均所得，消費市場の成長性，都市開発状況，国民性，宗教，政治的安定度
2	1号店の店舗開発	都市開発状況，商業施設開発状況，立地規制，不動産慣行
3	従業員の雇用	労働法規制，労働慣行
4	商品調達	関税，輸入規制，流通システムの態様，中間流通の状況，取引慣行，輸送インフラの状況
5	商品販売	気候特性，所得，人口密度，民族構成，宗教構成，住宅事情，生活習慣
6	2号店以降の店舗開発	人口密度，都市計画，立地規制，不動産慣行，消費者モビリティ，資金調達，金利動向
7	店舗運営・管理	家賃変動，テナントリーシング環境

出所：川端［2009］33頁を一部修正。

コクで顕著な「日本人市場規模」や「消費市場の成長性」が挙げられる。「都市開発状況」の進展にともなう商業施設の核テナントとして誘致された例では，具体的には都市別でバンコク（そごう，東急，伊勢丹），シンガポール（大丸），高雄（阪神，大丸）の各都市における日系百貨店の出店が該当する。スーパーの出店に関しては，1980年代のマレーシア，タイ，香港における「現地市場の成長性」や「平均所得」上昇に加えて，1990年代中盤以降中国では「人口規模」も出店の決め手となっていた。そしてカントリーリスク特性とされる「国民性」，「宗教」，「政治的安定度」は，国民感情が親日（台湾市場）か反日（韓国市場）かで，出店の状況が異なっていたり，タイが仏教国であり日本と近い存在と判断されたり，マレーシアでは政治的安定度が評価されていた。

　一方で，「従業員雇用」では，東南アジアでは民族問題が背景としてあり，「雇用政策」，「労働慣行」が影響を及ぼしている。例えば，政治経済的な確執があるマレーシア，インドネシア，比較的安定的なタイ，シンガポールとでは市場特性が異なる。

　また「商品調達」では，WTO加盟国は多少緩和されているが輸入品に関しては関税障壁が存在する（「関税」，「輸入規制」）。タイの衣料品（平均40％の関税），台湾の中国大陸からの輸入規制がそうである。そして「流通システムの態様」や「中間流通の状況」も大きな障壁となり得る。実際にメーカーの寡占的生産構造（供給サイドの優位）ないしメーカー資本の卸売企業の支配下においては，商品調達の不安定さ（納期の不備，欠品の続出，価格硬直など）からは逃れられない。品揃え機能や物流機能を持った卸売業が少ない市場では，情報システムやロジスティクス等のインフラ整備から始めなければならない。

　さらに「商品販売」面では，「気候特性」が衣食住の売れ行きを左右（東南アジアは常夏，日本は四季の存在など）したり，「宗教」が衣料品，食料品の購入に影響を及ぼすこともある。

　続いて「2号店以降の店舗開発」においては，シンガポール，香港のよう

に規制が厳しい市場への出店は，「都市計画」に委ねられる傾向があり，店舗開発の自由度では概ね大型店を対象としたタイ（バンコク），マレーシア（クアラルンプール），中国（上海，北京），台湾（郊外市場）における「立地規制」などが挙げられる。同時にタイ，韓国，中国のようにテナント出店および賃貸借などで「不動産慣行」が出店に影響を及ぼしたりすることもある。現地調達の場合などで影響が大きい「資金調達」，「金利動向」も海外出店では看過できない要素である。

　最後に「店舗運営」の要素では，香港における日系百貨店の撤退要因とされる「家賃変動」なども上昇時に問題となり，出店後に大きく影響を及ぼす（合弁先が店舗物件オーナー企業である場合はその限りではない）。

　改めて確認すれば，川端［2009］では，現実市場では多くの市場特性要素が1つのセットとなって小売業の一連の海外出店行動（店舗経営）やビジネスモデル（利益を上げる仕組み）に影響すると説明し，市場要素群の総体を「フィルター構造」と呼んでいる。つまり，市場特性とは市場要素群のセットであるという解釈をしている。例えば，調達コスト高要素（寡占的生産構造など）と，販売価格下落要素（低価格競争の常態化）が同時に市場に存在した場合は，結果として売買価格差（粗利益）の縮小をもたらすことを挙げている。

　以上，川端［2009］の「市場特性要素研究」を考察してきたが，その研究内容や方向性に関して大筋で賛同するものの，各要素群をセットとして捉え，海外出店の諸側面へ影響を及ぼす市場特性要素を均質的に取り扱ってしまっているように思われる。そのために，小売企業の海外出店の各諸側面において大きく影響を及ぼす市場特性要素と，そうでない市場特性要素が混在している。そこで，より明確な市場特性要素の分類が求められる。

第 **4** 節 | 市場特性要素の重みと 出店戦略

1 出店意思決定の重要性

　日系小売企業が海外出店する際に勘案しなければならない市場特性について，川端［2009］のモデルについて考察した。本章において，日系小売企業の市場適応を分析するうえで重要なファクターとなるのが，進出意思決定部分と考えている。小売企業は製造企業とは異なり，進出先の現地にて商品販売を行うことを前提としているので，現地の市場環境および市場特性からは影響を受けやすい。また出店後も環境変化に応じた市場適応が求められる。

　小売国際化プロセスにおいて，市場要素研究は，矢作［2007］の小売国際化プロセスの「初期参入」，「現地化」，「グローバル統合」の3段階のうちの「初期参入」段階に該当しており，彼に依拠すれば，まずは進出初期段階の意思決定に与える市場特性への理解が，出店戦略として重要な意味をもつことがわかる。

　本章では，とりわけ出店プロセスにおける第1局面である進出意思決定部分に強く影響を及ぼすと思われる「パートナーの存在」と「競合相手の有無」の2つの要素に着目しており，それが当該市場に存在しているか否かによって，出店後の展開が大きく異なってくる点を主張したい。さらに現地参入面においては，「進出時期」と「参入モード」および「商標貸与の有無」を戦略的に取り入れるかどうかで，進出後の展開が変わってくると考えている。ちなみに，ここで取り上げる上述した2つの市場特性要素は，川端［2009］のモデルでは取り上げられていない。

2 出店プロセスと市場特性要素の重み

　図表1-3は，海外出店プロセスにおける市場特性要素の重みである。出店プロセスを「出店前行動」，「1号店の出店前後行動」，「多店舗展開行動」，「撤退行動」の大きく4つの段階に分け，①進出の意思決定，②店舗開発，③商品調達，④商品販売，⑤店舗運営・管理，⑥撤退の意思決定の各局面を取り上げた。市場特性要素は，川端［2009］のモデルに倣っているが，小売企業に影響を及ぼすと考えられる程度を「市場特性の重み」としてそのレベルを大と中に分割して表示している。

　まず言及しておきたいことは，出店前行動は，小売企業にとって出店する国や地域，都市，地区を決定するばかりか，出店後の展開を左右する非常に

図表1-3　海外出店プロセスにおける市場特性要素の重み

海外出店プロセスと各局面		市場特性要素	
プロセス	局面	大　←　　　　　　　　　→　中	
1　出店前行動	①進出の意思決定	市場成長性，市場規模，**パートナーの存在**，**競争相手の有無**，政治・経済的安定度，国民性，立地規制	人口規模，平均所得，都市開発状況，商業施設開発状況，宗教
2　1号店の出店前後行動	②店舗開発	開発業者の有無，不動産慣行	**什器等の調達・適合度**
	③商品調達	流通システムの態様，中間流通の状況，取引慣行，輸送インフラの状況	関税，輸入規制
	④商品販売	気候特性，商圏人口，生活習慣，**購買慣習**	住宅事情，民族構成
	⑤店舗運営・管理	家賃変動，テナントリーシング環境	**光熱費等の公共料金コスト**
3　多店舗展開行動	②から⑤	上記に加えて，消費者の分散状況，**他店舗の立地状況**	継続的資金調達
4　撤退行動	⑥撤退の意思決定	上記に加えて，市場でのマッチング状況	

注：太字部分は川端氏のモデルに加筆した箇所。
出所：川端［2009］33頁をベースに筆者作成。

重要なプロセスということである。この進出意思決定の局面で大きな影響を及ぼす市場特性要素には，先のJETRO［2008］の調査結果が示す通り，当該国・地域の政治・経済的安定度，国民性はもとより，市場成長性や市場規模以外にも，出店の可否を決める当該政府の立地規制がある。本章では，パートナーの存在や競合相手の有無も付け加えた。市場参入する際，仮想競合相手がいるかどうかは存続問題と関係してくる。また，出店前行動に関して人口規模，平均所得，都市開発状況，商業施設開発状況，宗教は，中レベルの影響要素として位置付けた。

　次に1号店の出店前後行動として，店舗開発，商品調達，商品販売，店舗運営・管理の4つの局面を見ていく。店舗開発はどの小売業態で出店するかによっても及ぼされる影響が異なると考えられるが，イオンのSCの核店舗としての出店などでキーとなっているのが，デベロッパーの存在である。開発業者が手がける土地，店舗物件は不動産や建設業者との連携や関係構築が不可欠である。したがって，GMSに限らず百貨店であれば都市中心部への出店をスムーズにする市場要素として開発業者を筆頭に挙げた。店舗開発でも店内の什器等の問題は，本国仕様であれば問題ないが，そうでない場合には什器そのものを入手・調達できるかがポイントとなる。

　続いて商品調達は，現地の流通システムの態様や中間流通の状況，あるいは歴史風土的に行われているような取引慣行に左右される。あえていうならば，当該出店先国のメーカーを含めた商品供給先の存在や商品別流通における卸売業者等の役割までを含める必要がある。また輸送インフラは，CVSの研究で証明されているように，物流網が未整備であったり，配送センターが機能していなかったりする場合は，現地で店舗展開よりも先にインフラ整備に着手することで市場適応する必要性がある。一方，輸入品を取り揃える百貨店の場合は，特に出店先である当該国の関税の問題や輸入規制を熟知する必要に迫られよう。

　商品販売面における市場特性要素は，現地における販売を主として想定している小売企業にとって，特に民族構成，商圏人口の程度から始まり，消費

者の生活習慣や購買慣習を無視することはできない。また取り扱う商品によっては気候特性が商品販売に影響を与えることも多々ある。食品スーパーやCVSにとっては商圏が限られるので，消費者の住宅事情を考慮せざるを得ない。

　1号店の出店時以降では，店舗運営・管理に関して物理的制約が生じることがある。それは店舗の家賃契約，テナント契約，不動産物件に関する側面であり，香港における日系百貨店の直接撤退要因となった市場特性要素である。また店舗運営上で生じる光熱費等の公共料金は，国・地域別に異なる都合でコスト増になる場合がある。

　以上が，出店前行動から1号店出店前後行動という出店プロセスの初期の重要な段階に影響を及ぼす市場特性要素である。次は多店舗展開行動と撤退行動である。多店舗展開は2号店以上の開店を意味しているが，これは小売業態によって若干捉え方が異なるであろう。例えば，百貨店は多店舗展開するといっても，食品スーパーやCVSのそれとは大きく異なる。むしろ，百貨店にとっては多店舗展開よりもフロア内のテナント誘致やブランド選定に係る1号店のマネジメントの方が重要であることが多い。この点は，台湾市場において多店舗展開している日系百貨店が苦慮している要素と考えられる。また資金調達も継続的に行い，場合によっては見直しを余儀なくされる。なお，食品スーパー，CVSでは小商圏を対象とするため，消費者の分散状況のみならず，競合する他店舗の立地状況の把握は必須である。

　最後のプロセスは撤退行動であるが，撤退の意思決定は上述してきたすべての市場特性要素が関係しているが，市場でのマッチング状況を挙げることができる。出店戦略なるものがある一方で，撤退戦略は明確ではないのは，前向きの積極的な撤退なのか，予期せぬ消極的な撤退なのかが，市場での適応度に委ねられているからである。

3　川端氏の出店戦略の分析

　川端［2000，237-239頁］は，市場特性をフィルターと捉え，各国で異なるフィルター構造に着目し，当該小売企業が育った母市場の「フィルター構造」と進出先国のフィルター構造との差異や共通部分によって，出店戦略の5パターンを提示している。今一度，その戦略について検討しておくと，第1に母市場と共通性が高い市場を目指す「飛び地戦略」，第2に母市場と共通市場において，母市場の競争優位を生かす「競争優位戦略」，第3に母市場と異なる「特定の市場」において適応化を目指す「特定市場適応化戦略」，さらに第4に母市場と異なる「特定の市場」において成功した戦略を複数の市場において適応化させる「複数市場適応化戦略」，そして第5に多くの異なった市場のフィルター構造へ適応するべく自己のシステム特性を変化させ地球規模の拡大を意図する「グローバル戦略」である。

　第1の「飛び地戦略」は，欧米市場を中心として，アジア市場の一部で，日本人ツーリストや駐在員家族などの在外邦人を対象としていた。販売対象が日本人であるという点は非常に大きく，フィルター構造をそれほど意識する必要はない。その意味で日系百貨店の戦略は歴史的にそれなりの成果があったと思われる。しかし，販売対象相手の日本人が少ない市場ではその戦略効果も半減する。仮に母市場と同じフィルター構造の市場があったとしても，今の日本市場を見てもわかるように，母市場で生かされない百貨店システムをそっくりそのまま導入したとしても，果たして利潤獲得に結び付くかは定かではない。これには時間軸の検討が必要である。

　第2の「競争優位戦略」は，現地消費者を対象とした百貨店，スーパーが採用した定石の戦略である。日系小売企業の多くは，母市場で得られた経験やノウハウを生かして海外出店を試みるので，母市場での競争優位性が成功の鍵となる。この競争優位戦略の有効性については，とりわけ台湾日系百貨店の組織学習（柳，2009，49-50頁）に見いだすことができるが，この戦略枠

組みにも落とし穴がある。製造業の海外進出戦略でしばしば採用される戦略であるが，小売業の場合は，販売対象の基本はあくまでも現地消費者との認識から，母市場と大きく異なる異質市場では同じような効果は期待できないであろう。したがって，この戦略も生かせる市場も限定的といわざるを得ない。

　第3の「特定市場適応化戦略」はどうであろうか。ここでの特定市場とは，小売企業が進出意思決定する際に特定化する市場のことであり，限定された市場を意味するのではない。小売企業にとって異質市場において採用するこの戦略では，利益を獲得する仕組みそのものを変化させることを「適応」と指しているが，何をどの程度適応化させるかについて，川端[2000]のモデルでは明確ではない。そして，事例としてカルフールのアジア戦略を挙げているが，適応化戦略は母市場と進出先市場とで業態および経営システム特性が適合した結果との単線的な見方をしているところには疑問は残る。

　ただし，次の第4の「複数市場適応化戦略」については，成功した「特定市場」の「適応化戦略」を複数の市場において適応化させることは，欧米企業の実践から十分ではないにしても知見は得られている。なお日系小売企業では，この戦略を採用して国際展開している例はごく一部の百貨店とCVS等を除いて見当たらない。

　最後の「グローバル戦略」は，多国籍化が進んでいるといわれるウォルマートやカルフールにおいても，この戦略を採用するまでに至っていないと判断している。日系小売企業においても，この戦略を当面のところ，採用する企業はなさそうである。

　小売企業の海外出店においては，自国の商品の販売，現地の商品販売の2つの側面が見られると同時に，そこには国内・海外市場をどのように捉えるかという小売企業の市場観が存在している。ともあれ，小売企業が採用する戦略的ウェイトは，出店初期段階において，①出店地域，②出店方式（進出形態・市場参入モード），③出店業態（市場参入フォーマット）の点において問題となってくるであろう。

4 日系小売企業の出店行動と戦略

　上述してきたことを踏まえて，日系小売企業の出店時期および対象者別の出店行動とその戦略を論じてみたい。図表1-4は，日系小売企業の出店行動と戦略を示している。縦軸は出店趨勢により出店時期を区分し，横軸は販売対象を大きく日本人消費者か現地消費者かで分けている。ここでの戦略についてはマーケティング戦略を意図しており，矢作［2007］のモデルを参考に4つに類型化した。すなわち，①完全標準化，②部分適応化，③連続適応化，④完全現地化である。

　日系百貨店は1950年代以降，欧州市場およびアジア市場に向けて出店を行ってきた。その販売対象は，①日本人旅行者，②在外駐在員とその家族が主であった。海外出店が本格化した1980年代においても，その傾向は大きく変わることはなく，1990年代前半頃には出店行動ではなく撤退行動が目

図表1-4　日系小売企業の出店行動と戦略

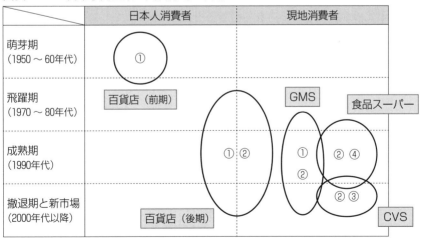

注：丸で囲んだ部分が主要小売業態ごとのマーケティング戦略を意味し，①完全標準化，②部分適応化，③連続適応化，④完全現地化で分類した。
出所：柳［2012］214頁を一部修正。

立つようになっている。本来であれば，現地消費者を対象とした出店であるところが，本国とほとんど変える必要がないフォーミュラにて出店したという意味で，先発者優位の下で競争優位戦略が有効であったと思われる。

　ここで例外を取り上げてみれば，台湾市場では，日系百貨店は現地消費者を対象とした販売を意図していたが，1970年代からの技術提携によって事前の組織学習によって得られた経験から，本国仕様での販売を積極的に導入することで，台湾消費者とのマッチングに成功したと考えられる。これは台湾ならではのケースに当たる。

　この状況から日系百貨店においては，早い段階（先発者優位戦略）から飛び地戦略を採用する一方で，本国仕様の競争優位戦略が十分機能したといえる。

　日系食品スーパーや日系GMSは，百貨店の出店より約15年遅れて海外出店を開始したが，その撤退も約15年遅れて生じているわけではない。販売対象者は，①現地消費者が大多数であったが，なかには，②在外駐在員とその家族に提供するための品揃えないし価格設定がなされている商品も取り扱っていた。出店場所はアジア市場がほとんどであり，出店時期は1980年代後半から1990年代に集中する傾向にあった。とりわけ中国への出店は1990年代後半であり，出店数の約半分を占める。

　この点に着目すれば，日系食品スーパーは，チェーン展開をそのビジネスモデルとする意味で多店舗出店戦略や場合によっては集中出店戦略を採り，販売対象者が現地消費者ということで現地適応化戦略を採用していたのである。一方，GMSの採った選択は，出店面からSCの核店舗としての出店が多く見受けられることから「SC核店舗戦略」と呼ぶことができる。これは，矢作［2007］が提唱している新規業態開発戦略と呼ぶことができよう。

　CVSはどうであろうか。百貨店，スーパーから遅れて海外出店が始まったが，そのほとんどは1990年代と2000年代になってからである。CVSの商品販売対象は主に現地消費者である。それゆえに現地化が非常に重要なポイントとなっている。そもそもCVSは，アジア圏においては模倣されるケースがしばしばあり，その生成時からの特徴は小規模零細であり，生業的性

格を有し，消費者に密着した最寄品の取り扱いをする店舗である。

　またチェーン展開においていかに迅速に行い，FC 店比率を増加させるかがビジネスモデルとなっていることから，FC 戦略が鍵を握る。商圏の狭さからして競合する店舗が多ければ，集中出店戦略を採る場合もある。CVSの成長モデルには，ハイテク技術を駆使した情報武装型店舗としての近代的総合商品小売業としての店舗運営が問われている。

第 5 節　おわりに

　本章では日系小売企業の海外出店プロセスに重きを置き，前半部分で時系列に日系小売企業の出店・撤退を把握することに努めた。第二次世界大戦後における日系小売企業の出店は，1950 年代の百貨店のアメリカへの出店で幕を開ける。そして，1960 年代の萌芽期を経て，1970 年代の本格的出店時期を迎え，その後，国内外の諸事情の目まぐるしい変化により，百貨店，スーパーともに出店数を増加させていく。やがて，1980 年代を経て 90 年代前半に百貨店は出店のピークを迎え，約 15 年遅れて海外出店が始まったスーパーは 1990 年代後半に出店のピークを迎える。

　日系小売企業のアジア市場を中心とした発展・成長過程を探ることにより，ある程度小売国際化プロセスを把握することができたが，2000 年代以降の出店・撤退動向の事象把握は，継続課題として残っている。また小売企業の海外出店の諸側面では，当該進出先国の現地固有あるいは独自に形成されている流通構造の分析や競争企業間関係の掌握を緻密に行う必要はあるものの，川端氏が提示した「海外出店行動の諸側面とそれに影響する市場特性要素」を挙げることで，進出時の意思決定部分を中心に欠落している市場特性要素を認識することができた。

　そして，海外出店プロセスにおける 4 つの段階を「出店前行動」，「1 号店の出店前後行動」，「多店舗展開行動」，「撤退行動」とし，各段階の詳細な局

面を6つ挙げた。また，市場特性要素の重みを大と中レベルで二分割にすることで，出店に影響を与える要素を明確にした。

　最後に，これまでの日系小売企業の出店・撤退を踏まえて，川端氏の市場戦略パターンにしたがって検討を行った。その結果，先学研究で知る限り，グローバル戦略を採用して，海外出店を進めている日系小売企業は皆無であることが明らかとなった。そして矢作氏のモデルを参考に，出店時期と販売対象者および販売戦略の類型化を試みた。海外への出店・撤退のパターンは，個々の企業によってさまざまであるが，今後は出店前あるいは出店後においても，市場を意識した戦略が問われるであろう。

　日系小売企業の海外出店・撤退研究は，まだまだ発展途上にあると思われる。海外へと出店，そして撤退した小売企業が保有する経営資源が，①日本から現地へと移転するプロセス，②現地から経営資源を退かせるプロセスを，それぞれ出店プロセス，撤退プロセスとして捉えながら，実地調査を中心に時系列でその動向を追うことは，今後重要となってくるであろう。

注

(1)　三越は1906年に韓国京城に，1907年に中国大連にそれぞれ出張員詰所を設けていた（いずれも1929年に支店へ改組）。また髙島屋は1938年に中国の南京店，1940年には北京店などを設置，大丸においては，1938年に天津店，奉天店（現在の瀋陽），沼南店（現在のシンガポール）などへと支店を開設していたが，そのほとんどは現地在留邦人への商品供給とされる（向山，1996，73頁の注釈，元引用は『株式会社三越85年の記録』1990年および『髙島屋150年史』1987年および『大丸二百五拾年史』1967年である）。

(2)　ちなみに，香港への大丸の出店は現地駐在員およびその家族を対象とした出店であり，その後欧州で主流となる日本人観光客向けの出店ではない（川端，2000，144-145頁）。

(3)　当時の韓国における外資の市場参入規制（合弁会社の設立等の直接投資に制限が課されていた）により，地場企業の普光グループをパートナーとしてストレート・フランチャイジング契約を選択し，1998年の市場開放後に合弁・子会社化している。

(4)　川端［2009，34-35頁］によれば，ここでいう市場特性とは絶対普遍的なものではなく，主体と市場との関係性によって生じるものとしている。そして小売国際化は，小売企業の特性と市場との相互関係のなかで生起し，進行している現象であることから，市場特性は「主体特性との関係」と「参入タイミングとの関係」と「市場間の相対的関係」から把握されるべきだと言及した。

第 **2** 章

日本小売企業の海外進出と
理論的考察

第1節 はじめに

　小売企業の国際展開の歴史上，ここ30年ほどでグローバル・リテイラー（世界規模で活動する大規模小売企業）の多国籍化や国際競争の激化が見られるようになっている（Alexander, 1997; 川端, 2000; Sternquist, 2007; Harvi, 2017など）。

　日本小売企業の海外進出の歴史は1世紀を超えており，2000年代に入り代表格である百貨店，スーパーの海外進出が鈍化（一部閉店・撤退）するなかで（鳥羽, 2008; 坂田, 2009; 柳, 2019など），東南アジア市場に向けた多様な営業形態[(1)]による進出が見受けられるようになっている。

　この状況下で，2019年後半からの「新型コロナウイルス（COVID-19）」の世界的な感染拡大は，小売分野に対して多大な影響をもたらしていると考えられる。具体的には，①店舗の閉鎖・制限，②小売企業のオンライン強化・対応，③消費者の「ステイホーム」への対応に代表されるように，すべての小売企業ではないものの，多くの小売企業にとって最悪の事態をもたらしている（Deloitte, 2021, p.13）。このコロナ禍での消費者行動の変容により，国内外において有店舗を中心に営業時間の縮小，混雑を避ける意味での販売の自粛等を余儀なくされている部分も多く，進出先国・地域での閉店・撤退など，さらに深刻な影響が広範囲に及ぶことが推測されるが，その確かなデータはない。

　本章では，国内はもとより海外における急激な環境変化の下で，これまでとは異なるマーケティング戦略が小売企業には求められていることに鑑みて，日本小売企業の国際マーケティングの新たな分析枠組みの構築を目指す。そこで本章では，日本小売企業の海外進出状況を概観しながら，改めて日本小売企業の国際マーケティングを評価しつつ，国際展開する際の問題点や課題について明らかにすることを目的としている。

　次節以降では，日本小売企業の国際展開状況を，①既存データに基づき把握しながら，②小売マーケティングの再認識を踏まえて，③国際マーケティングの分析フレームワークを提示する。そして④主要業態（百貨店，スーパー，CVS）を取り上げて「標準化・適応化問題」の観点から評価を試み，最後に⑤国際進出の問題点と課題について分析・考察する[(2)]。

第2節　日本小売企業の国際展開状況

1　小売ランキング

　Deloitte［2021］の「世界の小売業ランキング2021」（2019年度）によれば，上位小売企業は，以下の通りである。

　①Walmart Inc.（523,964百万ドル）

　②Amazon.com,Inc.（158,439百万ドル）

　③Costco Wholesale Corporation（152,703百万ドル）

　④Schwarz Group（126,124百万ドル）

　⑤The Kroger Co.（121,539百万ドル）

　一方で，日本小売企業に着目すれば，上位企業10社は図表2-1の通りである。特に上位100社のなかには，イオン，セブン＆アイ・ホールディングス，ファーストリテイリング，パン・パシフィック・インターナショナルホールディングス，ヤマダホールディングスの5社がランキングしていることがわかる。

　これら上位5社が国内で展開する主要業態は，スーパー，CVS，SPA（製造小売），ディスカウントストア，家電量販店である。小売企業が国際展開する場合，本国市場で採用されている業態で出店を進めるケースが多いと考

図表2-1　日本小売企業の世界ランキング（上位250社中10社）

順位	企業名	売上高 （百万ドル）	事業 展開国数	売上高 成長率
14	イオン株式会社	72,711	11	0.5%
18	株式会社セブン＆アイ・ホールディングス	※58,552	18	-2.2%
51	株式会社ファーストリテイリング	※20,719	21	7.5%
66	株式会社パン・パシフィック・インターナショナルホールディングス	14,880	5	25.5%
67	株式会社ヤマダホールディングス	※14,821	5	0.7%
106	株式会社三越伊勢丹ホールディングス	9,997	8	-6.7%
128	ベイシアグループ	(e)8,255	1	5.9%
132	株式会社ビックカメラ	8,097	1	5.9%
135	株式会社ツルハホールディングス	7,758	2	7.5%
140	エイチ・ツー・オー・リテイリング株式会社	7,609	2	-4.0%

注：売上高の※印は，卸売および小売売上高を含む売上高を指す。また（e）は見通しである。
出所：Deloitte［2021］pp.19-22から抽出して表示。

えられるが，必ずしもそうではない。とりわけ，Walmartを代表とするグローバル・リテイラーは，これまでに多業態（多様なフォーミュラ）での国際進出を試みている。

2　小売現地法人の状況

（1）企業数および売上高の推移（2008～19年度）

　図表2-2は，2008年度から2019年度の間に海外進出した日本小売企業の小売現地法人企業数および売上高の推移である。経済産業統計協会編『我が国企業の海外事業活動』（2008～2019年版）[3]によれば，日本小売企業の海外進出先国・地域における「現地法人企業数」は，増加傾向にあるものの，2012年度以降は660社から737社の間で上下動を繰り返している状況がうかがえる（737社（2018年度）がピーク）。

　また，「現地法人の売上高」については，2009年度と2015年度の落ち込

図表2-2　小売現地法人企業数および売上高の推移（2008～19年度）

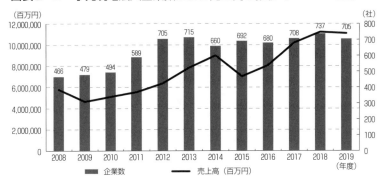

注：本数値は，海外現地法人に新規投資または追加投資を行った本社企業からのデータに基づいている。
出所：経済産業統計協会編［2019］194頁，196頁；同編［2020］162頁，164頁から抽出して表示。なお最新データは，経済産業統計協会編［2021］37頁，70頁から抽出して表示。

みを除けば，右肩上がりの増加を示している。2017年度以降は10兆円を超え，2019年度では10年前と比べて倍増している。

　なお，現地法人[4]は，小売企業として海外進出していながら，日本側の出資比率の低下により，進出先国・地域で設立された「海外子会社」や「海外孫会社」でなくなり，定義上現地法人とカウントされない場合がある。

　その点に関しては，以下のような「資本関係」の変化にも注意が必要である。例えば，①合弁から商標貸与への移行，②低出資率から高出資率への移行，③業務提携から合弁（出資へ変更）への移行などである。

（2）国・地域別の企業数

　図表2-3は，小売現地法人の国・地域別構成（2019年度）である。2019年度における日本小売企業の進出先国・地域で最も多いのが中国（本土）であり，21.6％と全体の約2割を占めている。またアジア地域に対象を広げれば，日本小売企業の現地法人の占める割合は6割を超えている。

　一方でアメリカへの進出が中国に次いで多く14.5％となっている。欧州

図表2-3　小売現地法人の国・地域別構成（2019年度）

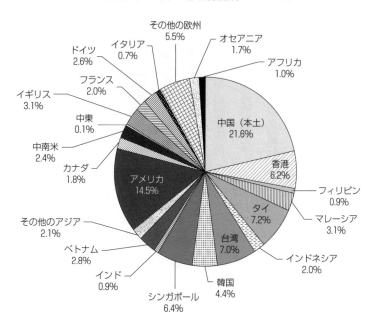

注：企業数の「その他のアジア」はブルネイ，ラオス，ミャンマー，カンボジアであり，
　　「その他の欧州」はオランダ，スペイン，ロシア等である。
出所：経済産業統計協会編［2021］37-38頁から抽出して表示。

における展開は，イギリス（3.1％），ドイツ（2.6％）を筆頭に全体で14％弱
となっている。

　このデータから中国，アメリカの二大大国を中心に，日本小売企業の国際
展開が行われており，近年はアジア市場においても地理的な進出先の広がり
を見せている。

（3）解散・撤退した企業数

　進出先国・地域から撤退した日本小売企業のデータについても確認してお
く。2017年度から2019年度における数値の推移を見てみると，全地域から
の解散・撤退した現地法人企業数は30社（2017年度），28社（2018年度），

15社（2019年度）であった[5]。2019年度における詳細データは15社中，中国（本土）から7社（46.7%），アメリカから3社（20.0%），香港，台湾，韓国等がそれぞれ1社（6.7%）ずつとなっている（経済産業統計協会編，2021）。

　ここ3年間で海外から解散・撤退した日本小売企業は減少傾向にあるが，そのうちアジア地域からの解散・撤退が6〜8割を占め，全地域に占める中国（本土）からの解散・撤退が約半数近くに上っている状況にある。

（4）小売現地法人の日本側出資比率

　小売企業の国際進出時に採用される投資パターンは，大きく直接投資か間接投資が選択される。前者は出資をともなうケースであり100%子会社，合弁会社（進出企業と現地企業等との出資）等が該当する。後者は証券投資による配当や金銭の貸し付けによる金利を目的としたもの等のケースが該当する。また，国際業務提携，国際商標貸与，国際フランチャイジングなど，基本的に出資を前提とはしていない市場参入もある。

　図表2-4は，2019年度の現地小売法人の日本側出資比率の割合（全地域）を示している。日本小売企業が海外進出する際の進出形態，つまり参入モードに関するデータとして，ここでは大きな特徴が見られる。最も多く選択されているのが，日本小売企業側が「100%」出資するケースであり，全705社中の68.9%で採用されており，続いて「50%超75%未満」（8.9%），「25%以上50%未満」（8.4%），「75%以上100%未満」（7.9%）となっている。

　前述したように，小売企業の国際展開では海外進出して数年後に，出資比率の変更や間接投資から直接投資へのシフトなど，カウンターパート（合弁相手や提携先）との資本関係の変化をともなうケースが考えられる。本データは業態区分で示されていないものの，直接投資のうちで7割弱の小売企業が100%出資を選択しており，国際市場への進出戦略の観点から，日本小売企業が資本投資を重視している点が浮かび上がる。その背景として，現地法人による迅速な市場対応および高コントロールが期待できる一方で，高リスク経営に直結する（菊池ほか，2019, 49頁）ことになる。今後とも，海外の小

図表2-4　日本側出資比率の割合（全地域）（2019年度）

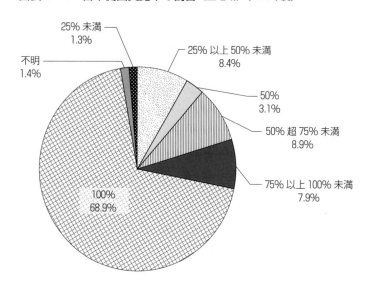

注：このデータには，「技術供与」や「フランチャイジング」等の出資をともなわない
　　ケースは含まれない。なお全地域は，アジア，北米，欧州，中南米，オセアニア，
　　アフリカ，中東の合計である。
出所：経済産業統計協会編［2021］43-50頁から抽出して表示。

売企業の国際進出における出資比率に関するデータとの比較が必要になるで
あろう。

（5）市場参入時における営業形態

　日本小売企業の国際市場参入時の営業形態（業態）を確認しておくことに
する。そもそも営業形態は，小売業の営業方法や業務ならびに運営の方法に
着目して区分されているが，国際的（各国・地域）に共通の認識がなされて
いるわけではない。しかも消費者にとっては，店舗選択の一判断材料にしか
すぎない。小売業が海外進出する際に選択した営業形態は，当初は本国市場
で認識されたものであって，必ずしも現地市場で同様に認識されるとは限ら
ないことに留意する必要があろう。

図表2-5　市場参入時における営業形態（2018年度）

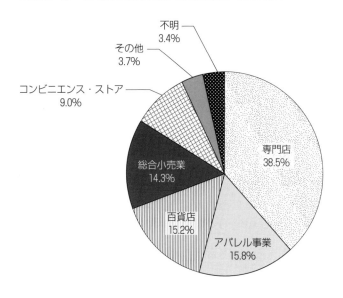

注：円グラフは割合の多い順に％で表示した。
出所：菊池ほか［2019］48頁（元データは東洋経済新報社編［各年度版］）。

　図表2-5は，菊池ほか［2019］による東洋経済新報社編『海外進出企業総覧』の会社別編（2018年度版）と国別編（1999〜2018年度版）に基づいた分析結果である。

　この分析によれば，日本小売企業の322の現地法人のうち，進出先国・地域の小売市場への参入で最も多い営業形態が専門店（124法人，38.5％）であることがわかる。その次にアパレル事業（51法人，15.8％），百貨店（49法人，15.2％），総合小売業（46法人，14.3％）が続いている。ちなみに，専門店は宝飾，眼鏡，靴，家電などの専門店を指し，総合小売業は主にGMSがカウントされている。

　各日本小売企業の海外進出時の業態は，国内市場で培われた業態が主として選択・採用されることが多いが，時系列で市場参入業態の推移を把握することも必要であろう。

第3節 小売マーケティングの再認識

　これまでの先行研究から，小売マーケティングは，独自領域である「①小売業論」，「②小売マネジメント論」，製造業との比較をベースとし再定義された「③小売マーケティング論」として分析されている（Walters and White, 1987; Kent and Omer, 2003; 佐々木, 2004; 渦原, 2012等）。

　例えば，Ghosh［1990］では，小売マーケティング戦略を「顧客分析」と「競争者分析」をベースに標的市場を選定したうえで，商品，立地，価格，店舗の雰囲気，顧客のサービス，広告，人的販売，販売刺激プログラムの組み合わせである小売ミックス計画の実施を，小売イメージのモニターを通じたフィードバックプロセスに組み込んでいる。

　保田［1992］では，McCarthy［1960］のマーケティング諸手段を援用して大手小売企業のマーケティング・ミックスを提唱している。そこで取り上げられているのが，商品，価格，促進，サービス，店舗，開発の6つのマーケティング諸手段であり，その組合わせが重要とされる。

　一方で，髙橋［1999］では，小売業と消費者との相互作用性に着目して，小売業者のマーケティング意思決定領域とそれに対応する消費者の購買意思決定領域を明確化している（図表2-6）。

　すなわち，メーカーとの比較を主とした小売マーケティング研究が先行してきたところに，消費者の購買意思決定に際して，「ニーズ，ウォンツ，買物動機」，「商品選択」，「価格選択」，「買物場所選択」，「情報選択」の各領域に対応した小売企業のマーケティング意思決定をそれぞれ「小売マーケティング全般」，「製品」，「価格」，「流通」，「プロモーション」として，その内容を精査してピックアップしている。消費者に最も近い立ち位置にある小売業は，メーカーの販売代理機能を担うと同時に，消費者の購買代理機能を有している。そこで，消費者の意思決定と小売企業のマーケティング行動におけ

図表2-6　小売マーケティング意思決定と消費者購買意思決定の各領域対応

小売マーケティング意思決定領域	消費者購買意思決定領域
小売マーケティング管理全般 　市場細分化，ターゲットの設定，ポジショニング（小売形態の決定）	ニーズ，ウォンツ，買物動機（解決すべき問題，目的）
製品 　品揃え，品質，サービスの質，陳列，雰囲気，付帯設備，営業時間等	商品選択（何を，どれだけ）
価格 　取扱商品の価格帯，他店との相対的価格水準	価格選択（いくらで）
流通 　立地，有店舗ないしは無店舗	買物場所選択（どこで）
プロモーション 　チラシ広告，商品カタログ，店員による売込や説得，特売・クーポン・無料サンプル提供等の販売促進，P.R.	情報選択（どのような情報に基づいて）

出所：髙橋［1999］5頁。

る意思決定との関係を明らかにした点は，非常に評価することができる。

　また薄井［2003］は，小売マーケティングについて，小売マーケティングの主体は，系列小売業ではなく自立的な小売業であり，標的となる顧客を選定し，4つのPから構成されるマーケティング・ミックスに代表されるマーケティング戦略を応用できると言及している。加えて，重要な要素は「業態」であり，近代小売マーケティングは業態革新の歴史であったとの認識を示している。

　片山［2017］は，ターゲット顧客に対して店舗での品揃え形成がストア・フォーマットとなり，同時に小売マーケティング・ミックスを展開することが「小売マーケティング戦略」であると述べ，その範囲は環境分析，消費者分析，市場セグメントの選定，小売マーケティング・ミックスの構築までを対象とする一方で，小売マネジメントは小売マーケティング戦略を受けての組織設計ならびにコントロールまでを対象としていることを明確化している。

　最近では，石川［2020］は，小売業のマーケティング活動は小売マーケテ

ィングとして扱われており，生産者のマーケティングと同様，小売ミックスとして商品品揃え，店舗立地・面積，販売価格，営業時間，顧客サービス等を適合させてきた点を言及している。

　以上のように，小売マーケティングは，寡占メーカーのマーケティングと同一でないものの，今日，顧客のニーズならびに社会的観点から，また小売企業の経営や技術的側面から高度化しており，独自領域として確立・発展してきたといえる。

第4節　国際マーケティングとしての分析

1　国際マーケティング概念の変遷

　小売企業はマーケティング活動をしており，また小売企業も国際展開することで，国際マーケティングの重要性が高まっている。ここで，簡潔にこれまでの国際マーケティング概念の変遷について触れてみたい。

　そもそも，企業における国内と海外に対する市場認識は異なっており，市場問題の解決手法としてアメリカでマーケティングが登場して以来，市場拡大や市場創造を意味してきたマーケティング概念は時代によって変遷してきた。国際マーケティングにおいても，企業の国際進出の事象変化とともに，その概念の変遷が行われてきた。

　大石［2009］によれば，横軸に「時間の経過」，縦軸に「管理・統合・調整の困難さ」を置くモデルでは，時間経過とともに「国内マーケティング」が「輸出マーケティング」，「海外マーケティング」，「グローバル・マーケティング」へと進化していることがわかる。そこで，輸出マーケティング，海外マーケティング，グローバル・マーケティングを国際マーケティングと捉え，とりわけグローバル・マーケティングは国際マーケティングの現代的姿

態であると述べている。

　例えば，第二次世界大戦以降，市場拡大を海外に求める動きは，メーカー
を主とした1970年代前半からの先進国向け輸出の拡大（家電メーカー，自動
車メーカーの製品輸出等）に見られる。いわゆる輸出マーケティングの進展で
ある。それが，1980年代中盤からの「プラザ合意」による為替相場の円高・
ドル安基調を背景に，日本企業の海外直接投資が急増（現地生産・現地販売）
する。この動きは海外マーケティングへの関心として現れている。さらに
は，1980年代後半から90年代にかけて，世界的な変革がグローバル化[6]を
後押し（情報技術，物流の高度化）するなかで，グローバル・マーケティング
が台頭してきたと考えられる。

　それが，2000年代になり，特に貿易分野ではEPA（経済連携協定）やFTA
（自由貿易協定）も拡大するなか，企業のグローバルな活動において国際的な
市場格差の認識や地域市場の見直しが図られている。つまり，世界市場を単
一の視野で求める見解と，国・地域別の特性に着目した見解の両面が，国際
マーケティングの再認識として醸成されている。ここに来て，2010年代以
降，GAFA[7]と呼ばれる世界的IT企業の台頭により，プラットフォーム（土
台・基盤）を通じた商品（モノ）やサービスが提供される時代となり，国際マ
ーケティングの新たな展開と課題が生じているのである。

　ここで，改めて国際マーケティングの概念を整理すると，国際マーケティ
ングの初期の研究では，2カ国以上の消費者もしくはユーザーに向けてのあ
る企業の財貨・サービスの流れを導く経営諸活動のパフォーマンスである
（Cateora and Hess, 1975）や輸出マーケティング，海外マーケティング，多国
籍マーケティングなどの総称である（角松，1983）との見解を嚆矢として，
人間の欲求満足を図るために，国境を越えて展開される取引活動である
（Jain, 1987）との認識や，国内マーケティング戦略・計画を世界市場に拡大
適用することである（Keegan, 1989）と理解されてきた。

　さらに国際マーケティングの重要性は，1990年代以降もグローバリゼー
ションの進展により，消費者行動の変容から捉える必要性が提示されるよう

になる（Samli, 1995）。それは単なる輸出マーケティングの国際的広がりではなく，多国籍企業の国際市場でのマーケティングとしての定着（竹田，1996）や，Kotabe and Helsen［2001］のように，広義において，輸出マーケティング，国際マーケティング，多国籍マーケティング，グローバル・マーケティングの4段階の進化過程に区分できるとの認識にまで至っている。

　つまり，国際マーケティングは，その現代的な形態であるグローバル・マーケティングを最終発展段階とし，グローバルな「調整」と「統合」（Douglas and Craig, 1995）ならびに「効率性」と「適合」（大石，2000），現地市場のイノベーションの活用（黄，2003）による競争優位の獲得プロセスと理解できる。

　他方で，上述した国際マーケティング概念の変遷の基本は，企業の「国際市場の捉え方」の変遷でもある。とりわけ，1980年代以降の多国籍企業による国際展開が加速するなかで，本国市場と進出先国・地域市場の同質性に着目し，国際市場を地球規模で単一的に捉え，効率的な経営を目指す考え方（Levitt, 1983）が台頭する。それは，まさにグローバルな視点から市場問題の解決が必要であることを意味している。例えば，Hamel and Prahalad［1985］は，国際市場競争下における親会社による統合ならびに子会社の独立性の調和問題に着目している。また同時期には，Porter［1986］でも，マーケティング活動の国際的配置における「集中-分散」次元の追加による国際的調整問題を提起している。これらの研究が示唆しているのは，国際市場の拡大とともに，メーカーを中心とした企業同士の国際的買収や合併（M&A）による経営効率化とコスト削減によるグローバル市場の統合が求められてきた一方で，その困難性の解決策として調和や調整という視点からの探索である。

　多国籍企業の国際進出においては，グローバル経営が欠かせないことは明らかであるが，グローバル戦略の他方で，マルチナショナル戦略も採用されてきた。つまり，国際展開する企業にとって進出先国・地域における現地適応の必要性に立脚した戦略である。この戦略は本国市場と進出先国・地域市

場の異質性に着目し，ローカル適合を必要とする戦略である。Kotler［1986］が各国市場の異質性を指摘しているように，進出先国・地域市場の独自性が本国市場のそれと大きく隔たれば隔たるほど，国際マーケティング（ここではグローバル・マーケティング）の困難性が増すのである。

　国際市場に接近する方法は，単純ではないものの，国際市場を「コスト削減の必要性」ならびに「ローカル適合の必要性」の2軸で4つに類型化を試みたのが，Bartlett and Ghoshal［1989］である。そこで強調されたのが，トランスナショナル型のグローバル経営戦略における統合ネットワーク化，グローバル学習の重要性である。上述した国際マーケティング戦略では，非常に高度と考えられるのがトランスナショナル戦略であるが，多国籍企業にとっての国際進出の一解決策として提示されている。

　グローバリゼーションの波は，1990年代以降では，国際市場における企業の持続可能な競争優位の考え方にまで影響を及ぼしている。例えば，Craig and Douglas［2000］は，グローバル市場における持続可能な競争優位を「資源」に求め，企業のオペレーションの地理的範囲と多様性，企業の資産，資源の空間的配置を分析している。ここで，国際市場における企業の保有する有形・無形の資源の構築とその活用が問われることになる。つまりメーカーであれば，パテントと呼ばれる特許や製法，商標など，小売業であれば小売ノウハウ，ストアブランド等の当該企業固有の知的財産による積極的な国際展開が志向されるのである。

　しかし，国際市場においてグローバル戦略が採用されたからといって，すべての企業が成功しているわけではない。グローバル戦略においても，当然ながら国・地域ごとに業界構造を分析することは必要であり（Ghemawat, 2007），グローバル市場における最適なマーケティング・ミックスの構成要素と決定要因を抽出（藤澤，2012）することも求められるのである。さらに，国際市場において採用される戦略では，エントリーモードの選択，企業の意思決定時に関するホスト市場への適切なアプローチ方法等（Calvelli and Cannavale, 2019）も無視することはできないであろう。

2　国際マーケティングの分析枠組み

　国際市場における多国籍企業間の市場獲得競争が激化するなかで，国際マーケティング研究の分析枠組みも構築されてきた。国際マーケティングの成功のキー概念は「適応」であるとしたCateora and Keavency [1987] は，企業が国境を越えて販売を行う際の成功の可否は，コントロール不可能な未知の環境の影響力を正しく評価し，適応する能力にかかっていると言及している。つまり，企業の国際市場への進出に際して，統制可能要素であるマーケティング・ミックスに影響を及ぼしている国内外の統制不可能要素の分析の重要性を説いている。とりわけ，国外の統制不可能要素として，文化，競争，政府，技術，法律，政治，経済を挙げている。

　上述の視点は，国際展開する企業が自社の理念に基づき事業領域（ドメイン）を選択し，マーケティング戦略を策定する際の「マーケティング環境分析」に該当する。外部環境に対する企業の適応行動をマーケティング戦略として見るならば，国内マーケティングと比べて国際マーケティングは，より異質な外部環境に対する適応が求められるであろう。

　さて，国際マーケティングを企業の戦略面から捉えた国際マーケティング戦略における，古くて新しい問題である「標準化・適応化問題」については，以前から議論がなされてきた。それは前出の通り，基本的には企業の国際市場の捉え方の違いから生じており，本研究においても小売企業の国際マーケティングを把握するうえで重要な課題となっている。

　国際マーケティング戦略における標準化を支持する立場の論者は，潜在的利益 (Buzzell, 1968)，市場環境の類似性 (Sorenson and Wiechmann, 1975)，市場の同質性 (Levitt, 1983) などを主張する。一方で，適応化を支持する立場の論者は，各国で高い文化的境界の存在 (Wiechman, 1974)，各国市場の異質性 (Kotler, 1986)，世界単一市場には無理がある (Douglas and Wind, 1987)，製品ライン等の管理の適応化が経営成果に正の影響 (Shoham, 1996)

などを主張する。

　さらに，両者の利点を支持する見解も存在している。例えば，双方の戦略諸要素の組込方式が必要（竹田，1985），配置と調整の重要性（Takeuchi and Porter, 1986），企業内部要因と外部環境要因の考慮の必要性（Jain, 1989），子会社の革新的イノベーションによる適応化とグローバル標準化（黄，1993），複合化によるメリット（大石，1996），4P から参加と統合まで（Zou and Cavusgil, 2002）などである。

　これらの研究成果では，標準化・適応化は程度差であるとの認識も含まれるが，これまでの国際マーケティング研究では，何をどれだけ，どのようにしてなどの行動主体のマーケティングプログラムとプロセスにおける標準化・適応化戦略に関心が集中してきた。大石［1996］では，国際マーケティングの諸戦略のうち，主なものとして「国際市場細分化戦略」,「国際市場進出戦略」,「国際マーケティング複合化戦略」を挙げ，3つ目に掲げる国際マーケティング複合化では，グローバル市場における標準化と同時に現地市場に合わせた適応化の必要性を唱えている。本章では大石［1996］に倣い，国際マーケティングの主要概念として，①標的市場の選定，②進出方法，③進出先でのマーケティング活動（4P）のうち，③に焦点を絞り，そのなかでも戦略面における小売企業の国際マーケティングについての分析枠組みを提示してみたい。

　ただし，その前に国際マーケティングにおける標準化・適応化戦略研究の系譜としていくつかの理論的背景にも触れておく。Bain［1956; 1968］を代表とする産業組織論の影響を受けた Cavusgil and Zou［1994］は，輸出マーケティング戦略に与える影響要因を内部要因（企業要因，製品要因）と外部要因（産業要因，市場要因）に分け，最終的に戦略結果が経営成果に現れる点に着目している。この研究では，4つの要因のうち製品要因，産業要因，市場要因が間接的に経営成果に繋がることを示唆する一方で，企業要因のみが直接経営成果と結び付くことを示した。また，Zou and Cavusgil［2002］においても，外部要因（主に産業構造）によって企業の戦略が影響を受け，その

成果が変わることを言及している。産業組織論における SCP パラダイムでは，産業構造（Structure）が企業行動（Conduct）を規定し，その結果として成果（Performance）が決定されることを主張しており，基本的に外部環境が企業の標準化・適応化戦略に影響を与え成果が決まると考えられている。

　他方で，内部環境が標準化・適応化戦略に影響を与える点については，Wernerfelt［1984］を嚆矢とする資源ベース論からのアプローチがある。資源ベース論，すなわち RBV（Resource Based View）では人的資源や技術的知識などの企業が保有する有形・無形の資源に着目しており，例えば，Prahalad and Hamel［1990］においては，「コア・コンピタンス」と呼ばれる企業の中核的な力を指している。また，Barney［1991］によれば，個別企業（内部組織）における資源が競争優位に作用するとの考えから，そこで前提とされる価値を生む資源，希少資源，模倣困難資源，代替可能性のない資源，具体的には能力，情報，知識，プロセスなどが該当するとされる。

　このように，産業組織論や資源ベース論からのアプローチにより，国際マーケティング行動における外部環境と内部環境が与える影響[8]を分析しつつ，企業の採用する標準化・適応化戦略とその結果としてもたらされる経営成果との関係を解明することが大きな課題となっている。その解決策として，金［2016］の「標準化・適応化戦略の概念フレームワーク」が非常に参考になる（図表2-7）。

　それは産業組織論の「市場構造」に当たる部分である「内部要因と外部要因」により，企業の「市場行動」に当たる「マーケティング戦略の標準化程度（プログラムとプロセス）」が規定され，その結果としての「市場成果」に該当する「経営成果」が決まるとされるモデルである。まず内部要因として考えられている「組織要因」は意思決定の権限，国際経験，グローバル志向，現地に対する知識などである。また「製品要因」は，マーチャンダイジング，立地選定などである。

　次に外部要因は，標的消費者，消費者ニーズ，購買慣習，マーケティングインフラ（流通，メディア関連等）などの「市場要因」と，進出先市場の競争

図表2-7　標準化・適応化戦略の概念フレームワーク

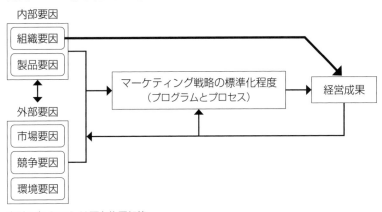

出所：金［2016］68頁を修正加筆。

程度，市場占有率などの「競争要因」に加えて，経済的環境（経済発展段階，金融と財政システム等），政治・規範的環境（価格・販売などの法的規制，製品安全法，政治的環境等）などの「環境要因」である。これらの5つの要因が，企業のマーケティング戦略の標準化程度に影響を与え，経営成果に結び付くことが示されているが，もちろん，資源ベース論の考え方を取り入れることで，組織要因から直接経営成果に結び付く点も考慮されている。さらには，経営成果からのフィードバックが戦略面と諸要因面へとなされることが，このフレームワークの大きな特徴となっている。なお本章では，組織要因から企業の経営成果に直接影響を与える「組織能力」を意識する意味で太い矢印で示すことにする。また，金［2016］のモデルでは示されていない内部要因と外部要因の間にも相互関係（双方向の矢印）があると考えている。

　企業のマーケティング行動に影響を与える環境分析は重要である。しかし，多国籍企業の国際マーケティング行動は多様化しており，小売企業でいえば営業形態は多岐にわたるため，単純に国際市場構造が国際市場成果に直結するわけではない。むしろ，積極的な戦略的国際マーケティング行動を採用できた企業が，周辺環境に影響を及ぼし，イノベーション等の創出により競争企業に対抗する手段を身に付け市場を拡大させることもあろう。

　小売企業の業態革新をともなうイノベーションと組織学習ならびに実行能力は組織要因として大きく経営成果に直結する。

　ここで問題となるのが，国際市場における小売企業が採用する戦略である。

3　小売企業が採用する標準化・適応化戦略

　製造業をベースとした「国際マーケティング」における「標準化・適応化問題」を，小売業が応用してこれたのかという問いに対して，Salmon and Tordjman［1989］は，主として欧米諸国の当該小売企業についてグローバル戦略とマルチナショナル戦略で説明した。すなわち，母国と同一のフォーミュラ（規格）を世界的に複製する方法を標準化と見なし，専門店を主としたグローバル戦略の有効性を提示し，フォーミュラ（規格）を各国・地域ごとに適応（現地化）させていく方法を適応化と見なし，百貨店，HM（ハイパーマーケット），SM（スーパーマーケット）の採用するマルチナショナル戦略（多国籍戦略）について言及した。これまでの研究と異なる点は，営業形態に関する国際化戦略を明確に分類して分析した点であり，小売国際化研究において「標準化・適応化問題」に焦点を当てた研究として評価することができる。

　Bartlett and Ghoshal［1989］は，小売企業に限定してはいないが，多国籍企業の「標準化・適応化問題」を「コスト削減の必要性」と「現地適応の必要性」の観点から捉えている。そして多国籍企業の国際市場戦略を，マルチナショナル，グローバル，インターナショナル，トランスナショナルの4つの企業類型にて提示している。この研究は，企業経営における組織の機能（役割）をより明確化した研究と考えられる。

　向山［1996］は，「商品調達行動」および「出店行動」のグローバル化度により，グローバル小売企業への道程（パス）を分析している。縦軸に「商品調達行動のグローバル化度」，横軸に「出店行動のグローバル化度」を採

用したこのモデルでは，「純粋ドメスティック」から直接「純粋グローバル」を目指したヤオハン，「純粋ドメスティック」から「ドメスティック志向型グローバル」を経て「純粋グローバル」を目指す良品計画，「純粋ドメスティック」から「タイムラグ利用型グローバル」を経て「純粋グローバル」を目指す百貨店や専門店が挙げられているが，その他にも方法論として業務提携やM&Aによるグローバル小売企業へのパスも想定されている。

　そこで着目するべき点は，小売企業として，その主要活動である仕入の仕組みの標準化と品揃え（商品）の現地化を提唱したところである。端的に，標準化した「中心品揃え」と現地適応化した「周辺品揃え」の統合により，小売企業のグローバル化の可能性を示した点で，これまで遅々として進んでこなかった小売国際化研究の進展に果たした役割は非常に大きい。

　一方で，前章で分析したように，川端［2000］は各市場特性の「フィルター構造」に着目して小売業の国際出店戦略を「①飛び地戦略」，「②競争優位戦略」，「③特定市場適応化戦略」，「④複数市場適応化戦略」，「⑤グローバル戦略」の5つに分類した。とりわけ「標準化・適応化問題」では，①と②が標準化，③から⑤において適応化が求められることになる。

　この分析からは，川端［2009］でも取り上げる「市場特性要素」が非常に重要なキー概念であることがわかる。それは出店前行動から撤退行動に至るまでのプロセス・局面において，該当する市場特性要素について小売企業が十分に理解したうえでマーケティング行動を行う必要性を説いている。つまり，国際市場における特定の要素が，国内市場のそれと比べてどの程度共通点を持ち合せており，現地市場においてどの要素がより当該選択業態にとって勘案しなければならないかを判断する必要性が出てくることになる。

　また，前章にて取り上げた矢作［2007］の研究では，Douglas and Craig［1995］の「初期参入」→「現地化」→「グローバル統合」に倣い，現地化段階における「小売事業モデルの標準化/適応化」を，「①完全なる標準化」志向，「②標準化のなかの部分適応」志向，「③創造的連続適応」志向，「④新規業態開発」志向の4つに分類している。具体的には，①に該当するのが

一部の高級ブランド・ショップである。また②に該当するのがHM，GMS（総合スーパー）であり中国イオン，中国イトーヨーカ堂が当てはまるとしている。③については，CVS（セブン-イレブン・ジャパン），マレーシアイオンが挙げられている。そして④としては，華人資本，テスコのHM戦略に着目している。この研究では，標準化と適応化は対立概念ではなく，標準化のなかに適応化があり，適応化の果てに標準化があるとの結論に至っている。

さらに，鳥羽［2017a］は，世界標準化と現地適応化を包摂する取組みの必要性を唱え，「グローバリゼーション（Globalization）」と「ローカリゼーション（Localization）」の両面を取り込んだグローカル（Glocal）な視点を強調する。すなわち「グローカリゼーション（Glocalization）」による国際展開する小売企業のマーケティング・マネジメントについて言及している。そこで彼が主張する「創造的適応」とは，マーケティング・マネジメントの具体的な手段となる製品，価格，流通経路，販売促進という「マーケティング・ミックス」の各要素を駆使することによって，①環境条件に対する適応行動，②環境条件の創造行動，③顕在的需要に対する適応行動，④潜在的需要に対する創造行動を含む概念である。もはや，創造的適応は，国際展開する小売企業の成長には欠かせない行動原理との認識が示されている。

高嶋［2020］では，小売企業のグローバル経営における「現地適応」と「グローバル統合」について小売戦略面から，仕入・販売活動の基本方法や計画を本部が集約し，補完的に地域事業や店舗に権限委譲する集権的組織のあり方を言及した（ただし，小売業は現地状況に適応することが基本との考えを示す）。すなわち，現地適応小売戦略において，①現地仕入先（生産者や卸売企業），物流企業の利用可能性や取引慣行等，PB商品企画等で，サプライチェーンを変える。②現地顧客が選好する地域性の高い商品の取扱い，また品揃えを現地需要に合わせて変える。③陳列方法や店頭における販売方法を購買慣習に合わせる。④店舗面積，店舗デザイン，販売員教育の方法や体制を現地に合わせることが必要であると言及している。他方のグローバル統合小売戦略では，海外需要や供給情報を本部が収集する必要があることを踏まえた

うえで，フランチャイズ店舗の例を挙げて標準的な販売・経営方法などを一貫して守らせることが小売戦略面で求められるとの考えを示している。

　以上のように，メーカーにおける「標準化・適応化問題」を小売企業の議論に置き換えた際に，見えてくることは，小売企業は基本的にドメスティックな産業に属するため，それゆえに基本原則として現地適応がかなりの部分で求められるという点であろう。それは，小売企業が国際展開する場合においても同様であることが再確認できる。ただし，国内の狭い市場よりも，より効率化やコスト削減の必要に迫られる国際市場という巨大なマーケットにおいて，規模の経済性やネットワークのメリット，人的資源の有効活用等の条件が整うことで，戦略的に標準化されたマーケティングプログラムとプロセスが小売企業にとって，より有効的で経営成果に直結するケースも考えられる。

　次節においては，「標準化・適応化問題」を意識しながら，日本小売企業の国際マーケティングについて，百貨店，スーパー，CVSの3つの主要営業形態に分けて考察する。

第 5 節　日本小売企業の国際マーケティング

1　百貨店

　百貨店は戦前から海外進出しており，主要営業形態としては最も早く国際展開が始められたことで知られている。第二次世界大戦後における海外進出は1958年に髙島屋がアメリカへ出店したことから始まる。その後，東急，阪急，大丸，三越，伊勢丹などの大手百貨店のほとんどが，海外進出を経験しているといっても過言ではない。川端［2000］によれば，百貨店の海外進出は海外への日本人観光客や在外駐在員とその家族に向けた「飛び地戦略」

が採用されたとの分析がなされている。これは，日本市場における百貨店の
オペレーションを，そのまま生かす形で欧州・アジア市場に対して展開して
きた百貨店の標準化戦略である。

　百貨店の海外進出の成長期である1970年代には，日本からの団体観光客
の需要に応えるべく，国内では入手困難で高価格であった洋酒や万年筆，靴
や香水などのブランド品に特化した品揃えが現地ではなされていた（川端，
2011，71頁）。しかし，成熟期である1980年代後半から1990年代前半には，
とりわけアジア市場においては店舗面積が大規模化する傾向にあり，アジア
を中心に現地消費者を狙った進出も本格化している（川端，2011，72頁）。

　また先発者優位による確固たる地位の保持により，老舗百貨店の競争優位
（ストア・ブランドの構築）が蓄積されてきた。例えば，土屋［2017］によれ
ば，海外展開した国・地域別の百貨店の数では，圧倒的に台湾が多い点に触
れて，1987年に進出した太平洋崇光（現在，遠東グループ傘下の遠東SOGO）
の成功が，新光三越（1991年開店）や大葉高島屋（1994年開店，現在は商標貸
与）など，その他日系百貨店の市場参入の引き金となったと分析している。
ここに台湾における日本百貨店の成功のポイントを見いだすとすれば，①市
場参入形態（参入モード）として採用された合弁方式（とりわけ，流通分野では
ない現地のカウンターパートとの共同出資），②投資額に応じた売上高と当期純
利益の連結決算書への計上による投資効果，③現地消費者をターゲットとし
たビジネスモデルの国際移転である（土屋，2017，96-100頁）。

　百貨店の小売マーケティングの特徴は，きめ細かな接客を通じた部門別管
理の徹底により非常に多くの品揃えを行ってきた点に集約される。つまり，
第1に対面販売と主とした専門業種店の集合体である点である。商品カテゴ
リー別の接客には販売員の人材教育が必要であり，合わせて人的販売促進
（営業）によるロイヤルカスタマー（上得意客）の集客が売上高に直結する。
第2にブランドごとのコンセプト等に基づく高価格戦略を採用してきた点で
ある。これは他業態と比べて，明らかに高品質かつ高価格商品の品揃えによ
るブランド管理の徹底を意味している。第3にテナントへの賃貸による不動

産業的収益構造により，他の営業形態よりも本業ではない部分での収益も見込める点である。例えば，金融（クレジット，保険など），リースなどの分野も手がけることが可能である。

　これらの点を国際マーケティングとして捉えてみた場合，本国市場で培われた，①質の高い接客サービスを含む対面販売，②他店との競争優位や差別化につながる高品位のブランド誘致とストア・マネジメントについては標準化が志向されている一方で，③催事やイベント等の実施において百貨店フロアの有効活用を進出先国・地域の市場ニーズに適合させる戦略が採用されてきたのである。日本百貨店の国際市場への対応は，世界初の百貨店として開業したボン・マルシェで採用されたコンセプトである「正札販売」や「返品制度」等の標準化プログラムを原則として踏襲しつつ，現地市場のニーズに合わせた品揃えや催事の実施など，現地適応化をうまく組み合わせながら今日に至っている。

2 スーパーマーケット

　スーパーは，専門スーパーと総合スーパー（GMS）に大別できるが，前者は中堅企業，後者は大手企業の運営が顕著である。現時点で海外進出した中堅の食品スーパーのほとんどはすでに撤退しており，大手はイオン，イトーヨーカ堂，そしてイズミヤ，平和堂等が，ショッピングセンター（SC）やショッピング・モール内の核店舗として，そのプレゼンスを徐々に増している。

　スーパーの海外進出は1971年のヤオハンのブラジルへの進出に始まり，今や営業形態全体ではアジア市場への出店が大多数を占めている。主にアジア市場で展開した日本のスーパーは，「現地消費者への商品販売」が目的であり，ヤオハンの海外進出初期のグリーンマーケット（手付かず市場）における成功（川端，2011，76頁）は，少なくとも1980年代から1990年代前半までのスーパーの成長期において，地方スーパーの海外市場へ向けた大量進

出モデルとなった。百貨店の海外展開から15年ほど遅れて成長期を迎えた
スーパーであるが，成熟期（1990年代後半以降）は，アジア市場でのイオン
の多店舗展開，イトーヨーカ堂や平和堂のような中国内陸部を中心とした海
外展開も見られる。

　とりわけ，イオンにおける国際展開は，アジア市場を中心に商品調達から
販売に至るまでの点で，グローカルな対応がなされている。例えば，マレー
シアにおける商品販売ではハラール商品とノン・ハラール商品の明確な売場
区分がなされていたり，中国では新鮮な活魚を大型水槽で泳がせ対面販売し
たり，現地事情に応じて量り売りや調理サービスを提供したりするなど（鳥
羽，2017b，232頁）の市場対応を行っている。さらにイオンは，マレーシア
とタイに加えてベトナム市場においても，PB開発兼製造会社を設立し，積
極的なマーケティング行動を見せている。

　また，成都イトーヨーカ堂（1996年12月設立）は，中国内陸部において百
貨店とGMSの中間的な立ち位置で，専門品や買回品，さらには最寄品まで
も扱い，しかも対面販売とセルフ販売を混合（秦，2019，168頁）しながら多
店舗化を進めている。スーパーの市場対応という点では，成都イトーヨーカ
堂は成長期において「新製品」と「値頃感」をキーワードに，バイヤーによ
る内部情報（売場，販売データ，顧客の声等）と外部情報（サプライヤーからの情
報，競合相手に関する情報，マクロ経済変化等）をもとに（秦，2019，180-181
頁），自社独自のマーケティングを実践してきたのである。

　一方で，地方のチェーン店である平和堂の中国進出の例を挙げれば，まさ
に現地適応を採用してきた代表企業といっても過言ではない。湖南平和堂
（現平和堂（中国））は，1994年12月に現地企業と日本企業とによる合弁で設
立され，1号店を長沙市にオープン（1998年11月）させている（柳，2013a，
112頁）。採用された業態がスーパーというよりも百貨店であり，それは地元
消費者の欲求により方向付けられるとともに，自社仕入れの困難性によりテ
ナント比率を徐々に上げ，現場では接客サービスの徹底（矢作，2011，330-
331頁）により実現されている。

　中堅企業はほぼ撤退，大手はSCの核店舗として競争力を保持するに至っているが，GMSとしてスーパー事業で培ってきた経営能力，ストア・マネジメントのスキルは数値化できないものの，これまでの経験値や実績に基づくもの（柳，2013a，115頁）である。当然，店舗面積が大規模化すればより高度な小売ミックスが要求されるであろう。

　そもそも，スーパーの標準化されたモデルは，セルフサービス方式による多店舗チェーンの展開による大量仕入れと低価格販売の実現に象徴される。すなわち，相対取引による確実な仕入れや部分的なディスカウント商品である「ロスリーダー」(9)の設定による集客を可能にした業態革新である。海外展開する際にも，スーパーにとってこのコンセプトは生かされるべきものであるが，日本国内市場ほどに有効ではない。例えば，生鮮食品の取扱いに関しては，鮮度と価格は消費者にとって非常に大きな購買決定要素となるため，その実現に向けたオペレーションが重要である。これまでの研究では，スーパーは業種店，露天商（朝市），伝統的市場との競合度が高く，とりわけ新興国市場における価格競争では不利とも言及されてきた。

　なお，スーパーではプリパッケージ商品の販売，冷凍技術や衛生面でのマーケティングのアピールは可能であるが，前近代的な現地の零細小売業の存在は，アジア市場においては未だスーパーにとっての脅威である。つまり，現地消費者の食文化や食材購入慣習に合わせた適応化が，スーパーには求められるのである。

　さて，スーパーの小売マーケティングの特徴は，以下のように言及できる。第1に，SCとしての核店舗ではデベロッパーとしての能力が問われる。第2に，とりわけアジア市場では大多数の露天商や伝統的市場の存在と業種店，地元スーパーが存在するなか，高級食材（日本からの輸入を含む）の提供や高付加価値サービス（会員カード，宅配，流通加工など）の提供を実践している点である。

　そこで，日本スーパーの国際マーケティングとしては，オペレーションを中心とした独自性の確立と，競合する他店舗との差別化を同時に進めなが

ら，出店地域に密着した適応化戦略を駆使してきた点を挙げることができよ
う。しかし，今後は，露天商や地場一般業種店のみならず，飲食店とのマー
ケティング競争を視野に入れる必要性もある。

3　コンビニエンス・ストア

　大手企業の海外市場参入に限定されているCVSは，1990年代以降，とり
わけアジア地域に集中出店を行ってきた。しかも，その出店地域は，2010
年代前後から，東アジアから東南アジア（ベトナム，インドネシア，マレーシア
等）へシフト（広域化）しつつある（柳，2013b）。またデータ上では，2014
年から中国，タイで店舗数を増加（浜本ほか，2021）させており，今後とも
新興国市場に活路を見いだしている営業形態である。

　CVSは，スーパーと同様に，進出先国・地域の「現地消費者への販売」
が目的のため，現地適応化（創造的適応）が求められている。例えば，CVS
の代表格であるセブン‐イレブン・ジャパンは，資本関係にない大部分を占
める海外事業（エリアライセンス）においても，基本コンセプトは変えずに人
材教育，商品開発，物流，店舗運営，情報システム等の日本型モデルを供与
してきたが，各国の運営会社（パートナー企業）の独自ノウハウによって店舗
展開がなされてきたため，進出先国・地域によって品揃えや配送回数が日本
での運営とは異なる（白，2019，116頁）。また，地域ごとの嗜好に合わせた
味付け，温度帯共同配送，専用物流センターの整備（白，2019，117頁）によ
り，現地適応化を実現してきた。

　さらにCVSの現地適応に関して，原則定価販売のところ，タイ市場でフ
ァミリーマートが採用したのが，現地スーパーに合わせた価格設定や毎月の
プロモーション商品の値下げ販売であり，プロモーション戦略に至っては，
チラシの配布，特定商品の組合わせ販売，キティのキャラクター導入，シー
ル集めキャンペーンなど，日本よりも多様多彩（鍾，2014，138頁）である。

　CVSの小売マーケティングの特徴は，以下の通りである。

　第1に，小規模店舗の背後の情報・物流等のシステム構築がオペレーション上，かなり重視される点である。第2に，多店舗展開の可否はFC（フランチャイズチェーン）の伸張にあり，それゆえに現地でのビジネスモデルの認知や浸透が不可欠である点が挙げられる。第3に価格面におけるマーケティング戦略ではなく，製品・サービス面における付加価値の構築（「小売サービス」等の提供）のウエイトが大きな点である。この「小売サービス」は，単なる物販（モノの販売）ではなく，コピー，宅配，電子マネー，トイレ提供，カタログ販売，写真プリントアウト等のサービス提供部分である。日本では店内でのドリップコーヒーの提供，イートイン・スペースの拡大なども開始されている。

　大手CVSの国際展開は，1988年のファミリーマートによる台湾への進出に始まるが，日本小売企業としては，海外進出の歴史が浅いこともあって，当初から店舗数を思うように伸ばせていない企業も多い。実際に海外進出初期の段階から，国際マーケティングとして市場へ直接関与することが困難なケースも存在する。例えば，インドネシアのように，外資規制により直接投資が制限されている国・地域では，現地企業へのライセンス供与によって国際進出が行われてきたが，川端［2017］によれば，現地のCVSが圧倒的に優勢であり，①物流システムの整備の困難さ，②法的規制，③価格や品揃えの現地消費者との不一致により，日本小売企業が成功しているとはいいがたい状況もある。

　しかし，台湾ファミリーマートのように，PB商品の製造拠点の構築による商品供給ならびに自社物流を含めたCVSの事業システムを機能させるための独自のインフラ整備（柳，2013b，8頁）を行うことで，現地のマーケティング環境を整えることに成功している小売企業もある。

　海外市場における日本のCVSの国際マーケティングとして，コラボ商品の開発，従来とは異なるより高価格帯のPB商品の生産過程にまで及んでいる。この独自商品の企画・販売は，国内ではもはやCVSの生命線となりつつあるが，今後とも国際市場において評価されるかどうかは，未知数であ

る。

　最後に，McCarthy［1960］によって明らかにされたマーケティングの諸活動のうち，製品（Product），価格（Price），場所（Place），販売促進（Promotion）を戦略的に組み合わせること（マーケティング・ミックス）が重要とされている。これら4Pは，統制不可能な要因である「文化・社会的環境」，「企業の資源と目的」，「競争環境」，「経済・技術的環境」，「政治・法律的環境」に対して統制可能な要因である。ここで，「4P戦略を軸とした製造業のマーケティング」に対応する「4P戦略を軸とした小売業のマーケティング」を考えた場合，その主要な活動は「商品化計画（Merchandising）」であろう。マーチャンダイジングとは，流通業者がマーケティング目標を達成するために商品とサービスならびにその組合わせを消費者のニーズに最もよく適合するような仕方で提供する活動を指す（久保村・荒川監修ほか，1995，308頁）。それは端的に，商品・サービスならびにその組合せを消費者ニーズに合致させる活動（商品構成，仕入，販売方法，価格設定，陳列，販促など）として捉えることができる。

　以上，国内市場と同レベルではないものの，日本小売企業の着実な海外市場への対応としての適応行動，さらなる市場開拓と市場創造活動をともなう国際マーケティングが実践されてきた点を，改めて確認することができる。

第6節　おわりに

　本章では，日本小売企業の海外進出の現状を把握すると同時に，国際マーケティング研究の分析枠組みの再検討を踏まえつつ，主要業態である百貨店，スーパー，CVSの国際マーケティングについて評価した。以下では，小売企業が国際展開する際の問題点や課題についても言及しておきたい。

1　国際マーケティングの困難性

　小売企業が国際市場においてマーケティングを実践する場合，さまざまな困難に遭遇する。小売企業の国際マーケティングを阻む要因は，先行研究で言及されているように「初期参入」→「現地化」→「グローバル統合」の各段階で存在する。

　まず，小売企業の初期参入段階においては，まさに国際展開する際の「意思決定」が重要であり，出店前行動として，綿密な「国際市場細分化戦略」と「国際標的市場戦略」が求められる。他方で，「国際市場進出戦略」の視点においては，進出先国・地域への進出形態（参入モード）が問われる。その際に，①出資（直接投資）を選択するとなれば子会社や合弁会社の設立となり，資金調達に始まりカウンターパートの選定や出資比率の決定が組織として重要となり，②出資しないケースであれば，国際業務提携，国際フランチャイジング等の選択から最適な条件を引き出すパートナーの選定や提携する業務内容の精査と役割分担の決定等が必要不可欠になろう。

　そして，小売企業の現地化段階においては，以下の2点において，「標準化・適応化問題」として小売企業の直面する困難性を指摘しておく。第1にコスト削減と現地適応の困難性である。Porter［1985］によれば，コスト削減の圧力は，競合相手が低コストを実現できる場所に立地している場合，スイッチング・コストが低く，消費者が企業に対して優位な場合，多くの消費者が使用する商品の製造分野で価格力が競争上極めて強い場合などで増すとされる。また現地適応への圧力は，顧客の嗜好，伝統や社会的基盤，政府の干渉，流通システム等により変化すると考えられている。企業の規模や資本の大小にかかわらずコスト概念は国際展開する際には，非常に重要な概念であるとともに，標準化を進めることでコスト削減が達成されることもある。そして，小売企業にとっての現地適応はいうまでもない。

　第2に，地理的・商品調達多角化の困難性である。向山［1996］によれ

ば，地理的多角化の困難性は，①複数国に展開する際の複雑性，②制度的，文化的障壁，③競争環境への対応，④異なる国ごとの競争相手の把握から生じるとされる。小売企業がある国・地域への進出を意図した際に，上記のいずれかが明白である場合，進出前に断念することもあるだろうし，この現地化段階ですでにマーケティング上の標準化システムが構築できていれば，それほど脅威にはならないケースもあろう。いずれにしても，国際展開度が増せば，複数国の政治的，経済的，文化的な影響を受け，その都度リスクも高まる。

　小売企業にとって大きな問題と考えられるのは商品調達の多角化である。向山［1996］によれば，商品調達の多角化の困難性は，①複数国からの商品調達（仕入）の際の複雑性，②商品調達におけるシステム上の煩雑性，③商品取り扱い上の基本的なルールの存在によって生じるとされる。国際展開度が増せば，複数の商品調達により品揃え多様化が期待できる一方で，その都度従わなければならない国際上のルールやシステム間の齟齬が障壁となり，調達時間のリスクが高まる。とりわけ，総合小売業においては，品揃え商品のカテゴリーが多岐にわたると同時にアイテム数が多いため，国際市場において本国市場と同等以上に展開するのであれば，その商品調達先の確保が最重要課題となるであろう。

　小売企業のグローバル統合段階は，世界最大の小売企業である Walmart においても実現できていないと考えられる。世界上位の小売企業の事業展開国・地域を見れば，Walmart（27），Costco（12），Schwarz（33）となっており，追随する Amazon においても事業展開国・地域数は17にすぎない（Deloitte, 2021, p.8）。

2　標準化と適応化の融合

　標準化と適応化の解決策として，これまでの研究では「トランスナショナル戦略」が提示されている（Bartlett and Ghoshal, 1992; Ghemawat, 2003; Douglas and Craig, 2011 等）が，今日，標準化・適応化の融合を試みる研究も見られ

る。それは，フレキシブル・レプリケーション（Jonsson and Foss, 2011），ハイブリダイゼーション（Siebers, 2017），グローカリゼーション（Matusitz and Forrester, 2009; 鳥羽，2014;2017a）に代表される概念であり，グローバリゼーションとローカリゼーションの両側面を視野に入れたアプローチである。

　小売企業の海外進出は，自らの市場適応化プロセスから生じている。すなわち，小売企業の国際マーケティングは，海外市場における当初の出店計画とは異なる（予測に反する）現地のマーケティング環境における業務・運営に関する日々の修正の連続（試行錯誤の連続）への持続可能な適応行動である。

　しかし，その基本的なマーケティングプログラムは本国で培われた業態のコア（核）部分を採用しつつ，小売ノウハウのシームレスな移転が求められる。具体的には，百貨店ではフロアマネジメントスキル，多店舗展開するスーパーではチェーンストア運営と業務ノウハウ，CVSではFC運営能力など，これまでの本国市場における経験値によって裏付けられる組織における実行能力である。これは国際マーケティング研究では，「国際マーケティング・ケイパビリティ」として近年注目されている（Morgan et al., 2018; 臼井，2019）。当然コアの部分が現地市場で通用しないケースや大幅に修正・調整が求められることも多い。本社主導のマーケティングプログラムにおいて，現地子会社等における実行プログラムの修正・調整の可否が問われる。

3　再検討を要する国際市場分析

　進出先国・地域が巨大市場であればあるほど，「地域間」ならびに「都市間」におけるマーケティング環境の差異は大きいと考えられる。とりわけ，初進出先国・地域においては，マーケティング行動に大きく影響を及ぼす「市場特性要素」（川端，2009; 柳，2012）を踏まえた小売国際化プロセスの再検討が必要である。出店が広域（広商圏）におよぶ場合，その差異を緻密に計算したうえで，スムーズな出店計画（店舗開発），商品調達・販売，店舗運営・管理を実施することが重要である。また背後のバックシステム構築の可

能性について，代替案の有無を含めて検討する必要性もある。

　今日，安定的に見える市場や新規開拓の魅力度が高く見積もられ経済成長が見込まれる市場であっても，政治的要素，文化的要素等を無視した小売マーケティング戦略は行き詰まる。出店前行動で勘案すべき上記の市場特定要素（市場成長率，市場規模，パートナーの存在，競合相手の有無，政治，経済的安定度，国民性，立地規制，人口規模，平均所得，都市開発状況など）に加えて，進出先国・地域におけるカントリーリスクとその影響，今般の新型コロナウイルス等のパンデミックによる消費者行動の変容など予測不可能なリスクも踏まえた国際マーケティング行動が課題となる。つまり，小売企業においては，ニューノーマルな時代における国際市場分析の再検討が求められている。

注

(1)　営業形態は「業態」とも呼ばれており，経済産業省の「業態分類表」では，百貨店，総合スーパー，専門スーパー，コンビニエンスストア等，大分類としては11区分されている。本章では前後の文脈関係上，営業形態と業態の両方の表現を用いることにする。

(2)　なお分析に用いる主要データは，先行研究を中心に，経済産業統計協会編『我が国企業の海外事業活動』（各年版）および東洋経済新報社編『海外進出企業総覧』（各年版）などである。

(3)　公表されている数値は，海外現地法人に新規投資又は追加投資を行った本社企業からのデータに基づいている。

(4)　海外子会社と海外孫会社の総称のことである。海外子会社とは，日本側出資比率が10％以上の外国法人を指し，海外孫会社とは，日本側出資比率が50％超の海外子会社が50％超の出資を行っている外国法人を指す（経済産業統計協会編，2018）。

(5)　2017〜19年度の解散・撤退データは，それぞれ経済産業統計協会編［2019］79頁，同編［2020］53頁，同編［2021］53頁より抽出した。

(6)　グローバリゼーションは，貿易に関する国際的なルールづくりとその厳格な運用によっても促進されてきた。例えば，1995年に設立されたWTO（世界貿易機関）の果たす役割は大きいと考えられる。

(7)　G（Google），A（Apple），F（Facebook），A（Amazon）の各社は，莫大な個人情報（検索履歴やSNS上の関心事，店舗利用状況など）を収集することで，そのビッグデータをもとに情報提供，需要予測精度を高め，AI（人工知能）等を武器に利益（使用や広告料）を上げている。また，プラットフォーム・ビジネスは，単なる仲介業ではなく，予約，決済等を含む商取引で重要な基盤となりつつある。

(8)　外部環境（要因）と内部環境（要因）は相互に作用しており，したがって両者は相互補完関係にあると考えられる。

(9)　小売業者が市場価格よりも極端に安い価格をつけ，それを強調した宣伝により顧客を引きつけ，店舗にてそれ以外の商品を購入させるための「おとり商品」を設定することがある。これは「目玉商品」とも呼ばれることがある（金子ほか編，1998，380頁）。

第 Ⅱ 部

アジアにおける
日系小売企業進出の
実証分析

第 3 章

台湾における
日系百貨店の定着と展開

第1節　はじめに

　台湾における日系百貨店の主な出店背景には，1986年の外国人投資条例の改正による外国資本による流通業の出店規制緩和がある。台湾への日系百貨店の出店は，1987年に台北市に1号店を開店させた太平洋崇光（現在は遠東SOGOとなっているため，以下遠東SOGOと呼称する）がその先駆けである。開業当時の売場面積は35,000㎡であり，台湾でエレベーターガールを置く初の日本型百貨店として初年度より黒字を計上して，1991年には台湾のトップ小売業となっている[1]。この遠東SOGOの台湾出店は，その後に出店を開始する各百貨店に影響を与えている。

　文献調査およびヒアリング等によれば，1980年代後半以前から地場百貨店と技術提携をすることで，台湾において小売事業を展開していた日系百貨店が数社ほど存在する（川端，2000）。例えば，東急百貨店は1970年代から技術提携で地場百貨店の永琦百貨に百貨店ノウハウを提供したり，1984年に京王百貨店は，台湾統領百貨，1987年には台湾明曜百貨と業務提携をしたりするなどの小売技術の指導を目的に関係構築（川端，2000，300-308頁）を行ってきた。これらの日系百貨店の事業の展開は，現地企業との資本関係や商標貸与がまったく見られないところに特徴があり，海外に店舗を保有する意味での正式な海外出店としては見なされていない。

　このように地場百貨店へ技術供与することで台湾出店を試みた百貨店がある一方で，合弁会社を設立して本格的に事業展開を図る百貨店も見られる。現在も事業展開している三越や阪神百貨店も1980年代において，地場企業と技術提携をしていたが，市場参入方式を合弁方式に改めて合弁会社を設立することで台湾へ出店している。なお，過去に技術提携にて出店していた日系百貨店のほとんどは撤退している。2022年現在では，合弁方式を採用している百貨店および商標貸与のみの百貨店が展開しており，そのうちで撤退

しているのは伊勢丹（2008年）のみである。

　本章では，2004年および2006年と2007年に実施した，台湾の日系百貨店におけるヒアリング（聞き取り）調査[2]に基づいて，台湾において代表格となっている遠東SOGOと新光三越の二大日系百貨店の実態を比較分析するとともに，調査結果および分析結果を手がかりに，日系百貨店が保有していると思われる競争優位の因子を抽出してみたい。

　まずは，台湾の小売業の動向から百貨店の位置付けを確認した後に，遠東SOGOと新光三越の出店経緯と立地戦略，店舗差別化等の比較分析を行う。その上で，日系百貨店の競争優位の出店戦略について考察していくことにする。そして，本国から海外諸国へ出店を進めているグローバル小売企業の成長過程を述べていく。

第2節　台湾小売業における百貨店の位置づけ

　台湾経済部統計処（各年版）によれば，台湾における近代的小売業である総合小売業は，「総合商品小売業」として分類されており，百貨店，スーパー，CVS，量販店およびその他の総合商品小売業で構成されている。2012年以降の総合小売業の売上高の推移を見てみると，0.8 ～ 4.8％の範囲で推移している。2020年から21年の低い数字は新型コロナウイルスの感染拡大にともなう影響と考えられるが，全般的に台湾の総合小売業は成長しているといえる（図表3-1）。

　最新の2021年のデータから，各業態別の売上高ではCVSの27.7％に次いで，百貨店が26.3％と占有率が高い業態となっており，2020年と2021年を除き，売上高は年々増加傾向にあることがわかる。台湾では1980年代後半以降，百貨店が小売市場を牽引してきており，日系百貨店も進出してから台湾消費者に明確に認知されており，売上高を伸ばしている。とりわけ，日系百貨店として先発企業である遠東SOGOや新光三越は，台北市を基盤と

図表3-1　台湾における総合商品小売業の売上高推移 (2012〜21年)

業態＼年	2012年		2013年		2014年		2015年		2016年	
	売上高	増加率	売上高	増加率	売上高	増加率	売上高	増加率	売上高	増加率
百貨店	2,800	3.6	2,886	3.1	3,061	6.1	3,189	4.2	3,331	4.5
スーパー	1,443	5.0	1,496	3.6	1,562	4.4	1,671	7.0	1,812	8.4
CVS	2,600	8.3	2,668	2.6	2,781	4.2	2,823	1.5	2,941	4.2
量販店	1,696	2.4	1,702	0.4	1,742	2.4	1,811	4.0	1,891	4.4
その他	1,487	3.0	1,529	2.8	1,627	6.4	1,673	2.9	1,671	-0.2
合計	10,026	4.7	10,281	2.5	10,774	4.8	11,168	3.7	11,647	4.3

(単位:億元)

業態＼年	2017年		2018年		2019年		2020年		2021年		2021年の業態別シェア
	売上高	増加率	売上高	増加率	売上高	増加率	売上高	増加率	売上高	増加率	
百貨店	3,346	0.4	3,401	1.6	3,552	4.4	3,541	-0.3	3,426	-3.2	26.3
スーパー	1,900	4.9	1,985	4.5	2,078	4.6	2,299	10.7	2,482	8.0	19.1
CVS	3,027	2.9	3,217	6.3	3,316	3.1	3,610	8.9	3,614	0.1	27.7
量販店	1,947	3.0	1,995	2.5	2,101	5.3	2,287	8.9	2,439	6.6	18.7
その他	1,561	-6.6	1,627	4.2	1,679	3.2	1,183	-29.5	1,064	-10.1	8.2
合計	11,782	1.2	12,226	3.8	12,727	4.1	12,921	1.5	13,026	0.8	100.0

注:増加率は対前年比 (%) である。

出所:台湾経済部処編「批発・零售及餐飲業動態統計年報」(各年版) のデータに基づいて筆者作成。

して店舗数を増加させてきた。

　台湾小売業全体から百貨店の位置付けを把握すると，売上高上位10社の
うち，百貨店では新光三越，遠東SOGO，遠東百貨の3つの百貨店がラン
キングされている。

　上述したように3つの百貨店のうちで，新光三越と遠東SOGOは日系百
貨店として認知されている。ただし，遠東SOGOについては，2002年に台
湾地場企業である遠東グループ100％出資の百貨店となっており，資本関係
上は遠東百貨と同じ遠東グループ傘下企業ということになる。

　図表3-2は，2011年から2020年にかけての台湾の百貨店上位3社の売上
高推移について示している。3社ともに当該期間の売上高は増加傾向にあり，
そのなかでも新光三越は，売上高を800億元前後にまで伸ばしている台湾最
大の百貨店である。一方，地場台湾百貨店で最大規模を誇るのが遠東百貨で
あり，紡績業やセメント業などを母体とする多角化を進めているグループ企

図表3-2　台湾の百貨店上位3社の売上高推移（2011～20年）

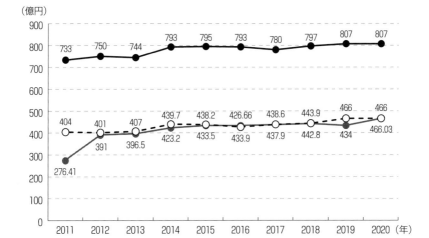

出所：購物中心情報站Webサイト（https://sc2100.com/）から各社データの検索結果より表
　　　示。

図表3-3　台湾の主な百貨店の店舗数（2021年）

企業名（店舗名）	店舗数	本店所在地
新光三越	20	台北市
遠東百貨	13	新北市
遠東SOGO	7	台北市
太平洋百貨	2	台中市
漢神百貨	2	高雄市
統一時代百貨	2	台北市
大統百貨	2	高雄市
大葉髙島屋	1	台北市
統領百貨	1	台北市
明曜百貨	1	台北市
中友百貨	1	台中市

注：店舗数は2021年5月31日現在のデータである。
出所：流通快訊雑誌社編［2021］『2021台湾地区大型店舗総覧』34頁より抜粋修正加筆。

業の百貨店である。

　図表3-3で示されているように，台湾で店舗数が最も多い百貨店は台北市に本店を置く新光三越である。2021年5月31日現在の台湾における総店舗数は20店舗にも上る。20店舗のうちの8店舗は台北市にあり，その他の台湾の都市では高雄市に4店舗，桃園市と台南市に3店舗，台中市と嘉義市に1店舗を保有する。新光三越の次に店舗数が多いのが遠東百貨であり，上述したように地場百貨店としては最大規模であり13店舗を保有している。そして，続いて遠東SOGOが台北市を中心に台湾全土で7店舗を保有している状況である。

　2000年代に入り店舗数増加を加速している新光三越に対して，売上高で続く遠東SOGOおよび遠東百貨との店舗数の差は開きつつあり，2021年5月現在で新光三越と遠東SOGOの店舗数の差は約3倍となっている。また，その他の台湾地場百貨店は中規模で1店舗から2店舗店を保有している状況にある。

第 **3** 節 日系百貨店の比較検討

　台湾の百貨店について概況してきたが，図表3-4は台湾二大日系百貨店の都市別出店状況であり，日系百貨店におけるヒアリング結果をまとめたものが図表3-5である。以下本節では，台湾における二大日系百貨店を比較していくことにする。

1　出店プロセスと立地戦略

　台北市に現地企業である太平洋建設と，そごう（現在，株式会社そごう・西

図表3-4　台湾二大日系百貨店の都市別出店状況（2021年5月現在）

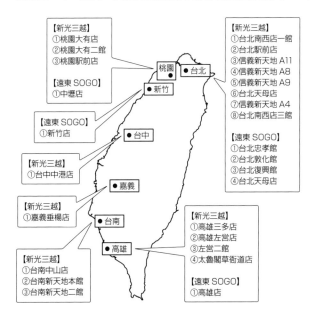

【新光三越】
①桃園大有店
②桃園大有二館
③桃園駅前店

【遠東SOGO】
①中壢店

【遠東SOGO】
①新竹店

【新光三越】
①台中中港店

【新光三越】
①嘉義垂楊店

【新光三越】
①台南中山店
②台南新天地本館
③台南新天地二館

【新光三越】
①台北南西店一館
②台北駅前店
③信義新天地A11
④信義新天地A8
⑤信義新天地A9
⑥台北天母店
⑦信義新天地A4
⑧台北南西店三館

【遠東SOGO】
①台北忠孝館
②台北敦化館
③台北復興館
④台北天母店

【新光三越】
①高雄三多店
②高雄左営店
③左営二館
④太魯閣草衙道店

【遠東SOGO】
①高雄店

桃園　●台北
●新竹
●台中
●嘉義
●台南
●高雄

出所：各社提供資料およびヒアリング調査結果から筆者作成。

図表3-5　台湾二大日系百貨店の比較

店舗名	遠東SOGO（太平洋崇光）	新光三越
企業名	太平洋崇光百貨股份有限公司	新光三越百貨股份有限公司
設立年	1986年	1989年
出資比率	遠東グループ100％（2002年）	新光グループ57％，三越43％
1号店開店年月	1987年11月	1991年10月
1号店開店場所	台北市大安区忠孝東路	台北市中山区南京西路
全店舗数	7店舗（2021年5月現在）	20店舗（2021年5月現在）
都市別出店状況	台北市（4），桃園市（1），新竹市（1），高雄市（1）	台北市（8），高雄市（4），桃園市（3），台南市（3），台中市（1），嘉義市（1）
店舗別開店年	1987年11月：台北忠孝館 1994年9月：台北敦化館 1996年9月：高雄店 1998年9月：中壢店 2006年12月：台北復興館 2009年5月：台北天母店 2012年4月：新竹店	1991年10月：台北南西店一館 1993年12月：台北駅前店 1993年12月：高雄三多店 1996年10月：台南中山店 1997年11月：信義新天地A11 1998年1月：桃園大有店 1998年12月：桃園大有二館 2000年10月：台中中港店 2002年1月：信義新天地A8 2002年6月：台南新天地本館 2003年12月：信義新天地A9 2004年12月：台北天母店 2005年9月：信義新天地A4 2008年6月：台北南西店三館 2008年6月：桃園駅前店 2008年6月：嘉義垂楊店 2010年4月：高雄左営店 2010年4月：左営二館 2013年12月：台南新天地二館 2016年5月：太魯閣草自衛道店

注：1998年1月の桃園大有店は以前の桃園店。2008年6月の台北南西店三館は以前の衣蝶百貨の
　　S館，桃園駅前店は以前の衣蝶百貨の桃園館，また嘉義垂楊店は以前の衣蝶百貨の嘉義館で
　　ある。また2010年4月の左営二館は「彩虹市集」の名称で知られている。
出所：各社提供資料およびヒアリング調査結果から作成。

武）の合弁会社である太平洋崇光百貨股份有限公司が設立されたのが1986
年である。当初の出資比率は，51％対49％であったが，2002年には遠東グ
ループ出資100％の企業となり，初めて台湾に出店した日本の百貨店として
現在も現地の消費者に親しまれている。なお，1号店が開店したのが1987

年11月であった。

遠東SOGOの台湾での出店状況は，まず台北市忠孝東路に1号店を出店したのが最初である。台北市でもメインストリートともいえる幹線道路沿いの立地であり，地下鉄（MRT）の駅も間近にあり，また飲食街も連なる場所である。本格的な出店は，1号店からあまり離れていない敦化南路に2号店を開店させた後であるが，2021年5月現在では，桃園市に1店舗（中壢店），新竹市および高雄市にそれぞれ1店舗ずつを構えている。過去に台湾の人気観光スポットである「台北101」のモール内に出店していたこともある。また現在では，台北市士林区にある高級住宅街に隣接した場所にも出店している。進出初期の頃より店舗ではすべて日本型コンセプトの百貨店として営業されている。

一方，三越は日系百貨店としては，そごうに遅れをとって，地元証券会社を母体とし百貨店（新光百貨）[3]を保有していた新光グループとの合弁会社，新光三越百貨股份有限公司を1989年に設立して，1991年に1号店を開店させた。

台湾における新光三越の出店状況は，2021年5月現在で20店舗である。まず台北市では駅前に2店舗を構えて，その後，高雄市，台南市，台中市等，台湾の主要都市に出店している。そして新光三越の最も特徴的なところは，2000年以降，毎年1店舗ペースで開店させていることに加えて，台湾市政府，台北101モールが立ち並ぶ台北市信義区に4店舗を集中させていることである。

このように遠東SOGOと新光三越の基本的な立地戦略は異なっている。特に遠東SOGOは，1号店の出店時から台北市の玄関である台北駅から離れた立地で開店させているが，新光三越は，1号店を台北駅北側の南京西路，そして2年後の1993年には台北駅のすぐ横に2号店となる駅前店を開店させている。

新光三越は，2000年以降，詳細な商圏調査を行い高密度集中出店，つまりドミナント出店を行ってきた。特に台湾市政府に隣接する信義区には，

2002年から2005年にかけて3店舗を開店させている。このドミナント出店
方式は，「本館」と「別館」という名称で開店されるケースと似ているよう
であるが，新光三越のケースは，信義区に合計4店舗開店させているので，
日本では一般的に採用されない出店戦略を行っているといえる。

2 品揃えと店舗差別化

　新光三越の董事の話では，一地区に集中出店しているが「各店舗は当然独
立しており，異なる品揃えによって購買客も異なる」そうである。そして，
台湾では独自商品をバイヤーが買い付けしてくる際のバイイングパワー（商
品調達力）の重要性を語っていた。また，「新光三越のこの店舗でしか置いて
いないブランド商品」を取り揃えることで，同社における他店舗との差別
化，集客力向上を図っているのである。

　一方，当時の太平洋崇光の副総経理も「他社より先取りした商品力」の重
要性を語る。例えば，台湾の百貨店では，現在，日本の百貨店ではほとんど
目にすることがなくなった冷蔵庫や洗濯機などの「家庭用電器製品」を陳列
している。いわゆる大型白物家電を初めとしテレビやビデオレコーダーなど
の比較的高価な家電製品は，店舗差別化の一商品群であり，一方で消費者に
とっては百貨店の選択肢の重要な部分を占めている。

　立地戦略と連動して重要である店舗差別化では，遠東SOGOと新光三越
とでは，同様の認識をもっている。つまり，台湾において消費者の店舗選択
の評価基準[4]の重要性を認識して，品揃えで顧客満足を高め消費者の認知
度を向上させようとすることに傾斜しているようである。

　台湾において小売構造の特徴の1つとなっている大多数の露天商は，百貨
店の食料品部門との競合相手として看過できない存在となっている。それに
付け加えて，伝統的小売市場が多数存在していることは無視できない要素で
ある。台湾の食料品事情は，このような露天商や伝統的小売市場が関係して
おり，百貨店やスーパーの食品流通や飲食料品販売とも連動していることは

容易に想像がつく。日本では一般的に生鮮食料品である野菜・果物・精肉・鮮魚は，主として百貨店やスーパーで購買されるが，台湾では，伝統的市場や露天商という従来からの食材調達市場から購買する傾向が強いということである。

　食料品売場では，特に生鮮食品において鮮度の問題が生じる。そして，この商品に関しては伝統的市場と露天商の存在が百貨店にとって共存の障害になりうる。そこで，日系百貨店は「百貨店でしか購入できない食材の提供」を全面に押し出すとともに，他店舗との差別化手段として，食材にも地域ブランドを導入したり，メーカーとの交渉によるディスカウント商品の選定，輸入商品の陳列等に力を入れたりしている。

　続いて，日系百貨店の品揃えと仕入について述べていくことにする。品揃えについては，①衣料品・流行雑貨，②食品関連，③家庭用品，④娯楽品の順に多く取り揃えている。各店舗では，それぞれ輸入品を取り扱っているが，その比率は分野ごとでも大きく異なる。その理由は，各社・各店舗のマーチャンダイジング（以下MDと略称）に対する考え方の違いであり，小売経営戦略の差異である。輸入品は，当然関税の関係からも値段が高くなる傾向にあるが，特に生鮮食品に関しては，主として現地富裕層や台湾在住の日本人消費者から購買されているようであり人気が高い。一方，化粧品，食品の約半分を日本から取り揃えることで，各店舗の特徴を出している。

　台湾における日系百貨店の仕入形態は，その多くが消化仕入（売上仕入）である。この消化仕入は，百貨店側が買い手である消費者に販売した分だけ仕入れたことになるために，所有権は消費者が百貨店から購入を決定した時に，メーカーないし卸売業者から百貨店に，そして同時に百貨店から消費者へ移転する[5]取引である。この場合の仕入では，百貨店は商品を販売，保管する立場にある。しかし，リスク負担の軽減から販売努力を怠りがちになり，返品に関しても一般的にテナント任せ[6]で行われている現状がある。テナント誘致，店舗ごとの品揃え差異は，仕入担当者の権限の力の差として現われており，ある店舗の総経理の話では，有名ブランドの販売が集客力の

差となることをはっきりと認識していた。つまりブランド販売によるストアロイヤルティの提供が，消費者にとっての店舗差別化の指標となっている。

　日本と事情が大きく異なっているのは外商部の有無である。各百貨店では販促となっているイベント（催し物）に力を入れている店舗が多いが，台湾の日系百貨店では外商部はほとんど持たない。

3　パートナーシップ

　台湾においても企業設立にあたり，合弁相手であるパートナー探しが重要と考えられる。特に経営戦略として，信頼のおける合弁相手としてのパートナーの存在は必要不可欠である。その理由は，パートナーの有無によって小売業務や店舗展開の方法が変わってくるからである。例えば，台湾現地における商慣習や地理的・経済的環境を熟知したパートナーの存在は，出店する際に大きなアドバンテージとなる。

　また，法的規制が緩められたとはいえ，出店や営業許可，免許品の取り扱いなどに関しては，外資単独で行うにはリスクがともなう。そこでは，台湾政府や諸管轄機関との良好な関係が必要であろうし，パートナーの協力が力を発揮することになる。パートナー選択の基準は，第1に出店地域において長年店舗運営に携わり，なおかつ情報収集能力に優れた企業を選定することである。第2に資本力だけでなく当該事業経営が健全であり，明朗な財務内容をともなう企業を選ぶ必要があろう。そして，第3に外資企業のことをある程度熟知した上で長期的なパートナー関係を志向する企業を選択することが，日系小売企業にとって重要であろう。

　各日系百貨店は，地場企業でも遠東グループ，新光グループという大手グループ企業の資本参加によって積極的な小売活動を行ってきており，日本の小売技術をほぼそのまま継承した百貨店経営がなされている。

第4節 日系百貨店の競争優位の検証

1 経営資源と小売技術の移転

　日系百貨店の経営資源に着目して日系企業が同業態あるいは他業態と競争を行い，そして競争優位を保つことで成長を遂げてきたのかを検討してみたい。競争優位の源泉は，各百貨店が保有している経営資源から生じる。それは，基本的に資本，人材，小売技術などであるが，例えば，小売技術でもサービスの重視，値引き販売，イベントとしての販売促進，品揃え，陳列方法などを含むMD等，各店舗が重視する点はさまざまである。品揃えについても独自の高級路線，対象顧客の広範囲の設定等の管理を行っており，さらには販売方法，店舗設計を含めた経営ノウハウ，代理商制度（ブランド独占）など多岐にわたっている。

　その際に，日系百貨店が現地の既存百貨店が保有していない何かを持ち込み，実践したという視点から，RBV（Resource-Based View）[7]を支持することにする。これは小売技術の移転ともかかわる問題であるが，知識，ノウハウという取引や輸出入等が不可能な無形資源を百貨店が保有しているか否かが焦点となる。

　まず小売業における経営資源の観点からアプローチすると，経営資源とはわかりやすくいえば，企業が事業を進めていくうえで欠かせない「ヒト」，「モノ」，「カネ」ということになるが，経済学でいう本源的生産要素である労働，土地，資本とは若干意味が異なる。付け加えると，経営資源でも目に見えない部分である①顧客の信用，②ブランドの知名度，③技術力，④生産ノウハウ，⑤組織風土，⑥従業員のモラルといった「見えざる資産」といわれる，「情報」という経営資源（伊丹，1984，49-50頁）が重視される傾向に

ある。この情報的経営資源は，すべての企業に少なからず当てはまると考えられるが，小売企業では，②のブランドの知名度は「店舗の知名度」となる。また③の技術力は，小売分野では「販売のノウハウ」としての小売技術力，つまり主として仕入交渉力がそれに当てはまる。そして，④の生産ノウハウは，コストを中心とした「販売管理」ということになろう。これらの「見えざる資産」は他社との競争優位の源泉となりうると思われる。

　続いて，小売技術の「移転」プロセスは，技術を所有する主体が，その能動的な意思を原動力に，海外直接投資，合弁事業，FC契約などの技術提携によって当該国や地域へと参入することであり，小売技術の「伝播」プロセスでは，技術を所有する主体の意思とは関係なしに，その主体を受け入れる別の主体が，視察等を通じて自ら技術を学び，そして，その技術を取り入れることである（白石，2005，33頁）。ここでの対象はハードウェアではなくソフトウェアの移転あるいは伝播ということになるが，よく議論される販売ノウハウ，販売管理などの目に見えない情報は，伝播ではなく移転のケースに当たる。

　以上のような，経営資源を小売技術面に限定してみれば，日系百貨店は，台湾でも日本の百貨店独自の小売技術を持ち込んでいる。メーカーでいえば「製造技術」に相当するものが販売ノウハウであり，端的には主として商品調達力，仕入交渉力に加えてブランド力やサービス力がそれに当てはまる。特に百貨店では信用・安心・安全をともなうブランド力が重要であり消費者の店舗選択指標となっている。そしてメーカーでいうところの「生産ノウハウ」が，小売企業が遂行する販売管理ということになろう。いかに優れた商品調達力を持っていても，販売管理がうまくいかなければ百貨店経営は成り立たないであろうし，逆に販売管理に長けていても，商品調達力が劣っていれば他店舗へと消費者は流れていくであろう。

　台湾市場における百貨店業態の成長の軌跡は，1980年代後半から1990年代前半までの短期間に，上述してきたそごう，三越の出店に続き，伊勢丹（1992年），髙島屋（1994年），阪神（1995年）の日系百貨店の出店ラッシュがあった。地場百貨店に対して，日系百貨店は保有する小売技術を台湾の小

売構造，流通システムにうまく適合させることで競争優位を構築してきた。本ヒアリング調査でも，各日系百貨店では，日本の百貨店経営ノウハウをほぼそっくり継承した形で，台湾市場へ適応させていることがわかっている。

2 競争優位モデル

　百貨店が保有する有形ではない無形の資源に注目しながら、台湾における日系百貨店の競争優位を示す根拠をいくつかピックアップする。

　まず第1に，MDを挙げることができる。仕入れ業務そのものは，ほとんどテナントに一任している部分が多い日系百貨店としては，商品売れ残りのリスクをテナントに負担させているが，最近では，フロアマネジャーを通して取り扱い商品の指示や商品入れ替えの設定にも一部関与することがある。また場合によっては，テナントごと入れ替えることも珍しくはないとのことなので，百貨店の命でもある「品揃えノウハウ」は競争優位の源泉になっているといえる。ただし，各企業で異なる製品差別化は，模倣はされないとしても，時間が経つにつれて，他企業とどの部分で差別化していくのかが百貨店の成長あるいは存続のテーマとなっている。

　競争手段ともなっている差別化についての詳細を言及すると，製品差別化，サービスの差別化，価格の差別化をどのように実行しているかということになる。他社との競争では，自社にとって有効な差別化戦略を選択して実行することが必要であろう。そのためには，①製品差別化では製品開発時からの細やかな設計等，厳しい品質管理，②サービスの差別化ではブランドイメージ設計，流通チャネルの整備，③価格差別化では製品コストダウンに重点が置かれる（伊丹，1984，142頁）。地場百貨店に対する日系百貨店の差別化戦略は，商品調達，品揃え段階からの指示を徹底させるとともに，空間を広く利用した商品ディスプレイ，商品購買時の自社独自のカードポイント加算など，上記をミックスさせることに加えて，売場の安全面対策，廃棄物処理面における環境配慮などにも見られる。これらの差別化を行えることも百

貨店の組織能力として評価することができよう。

　各百貨店側はテナントにフロアの提供を行っており，テナントに一任しているところがほとんどである。上述したように取引形態も消化仕入となっており，当然商品の所有権はテナントである納入業者が所有しており，返品も行われる。したがって，百貨店とテナントとの関係は，あらかじめ決められた売上金額の何％かを百貨店側へ支払うという契約によって繋がっている。しかし百貨店の場合，仕入れ形態が消化仕入という性格から，また販売も納入業者からの派遣店員に依存という店舗管理の問題として頭を悩ましている部分もある。百貨店側は店舗管理する意味では，テナントを選ぶ立場にあり，頻繁にテナントの入れ替えを行っており，百貨店の意向にそぐわない場合は，品揃えに関しても介入することで，問題解決への取組みとしている。

　日本の百貨店では常時に見られない値引き販売を行うと同時に，多くの場合，最上階に設けてある特設会場での販売促進が消費者の店舗選好の目安ともなっている。そして，ＭＤでは独自の品揃えの高級路線化，陳列方法の刷新から，テナント配置，店舗の物理的設計にまで及ぶ。なお，ブランドの取扱いは，代理商制度により人気有力ブランドを独占することで達成されており，流行の先取りを含めて環境商品の品揃え強化，健康志向品の品揃え強化を予定している百貨店もある。また逆に，低価格販売は行わず，従来からの品揃え以外のサービス強化を掲げる店舗もある。

　第2に，社員教育が挙げられる。社員教育は，小売業務の本質から外れると思われがちであるが，日系百貨店が台湾へ出店した際に，最も苦労した点とされる。現地社員の教育は，すべて本社からの出向社員で行い，現在では台湾から日本の本社への研修制度もあるようである。接客に係わる挨拶，対面販売における顧客への応対はもとより，商品についての知識，商品管理の方法などについて徹底して社員教育することが，とりわけ地場百貨店との大きな競争優位となったと思われる。人材育成はどの企業でもどの部署でも非常に困難である。百貨店では取引上，納入業者に売場を一任している関係から社員教育については苦労する点が多々あり，日々改善する余地があるようである。

本社への研修制度を行うなど各百貨店によってその方策はさまざまである。

　このように各百貨店で保有している競争優位となる経営資源は，量的にも質的にも異なっているばかりか，その経営資源の用途に関しても各百貨店で焦点が異なっている。MDといっても，その重視している点も品揃えを中心として，最終的に商品販売までのあらゆる細部までに至り，またバイヤーを育てるといった人材育成までの側面を含めると非常に幅広いといえる。

第5節　おわりに

　台湾における遠東SOGOと新光三越の二大日系百貨店の比較を行い，日系百貨店の競争優位についての検討を試みた。台湾における流通外資参入の歴史は長くはない。とりわけ，日系百貨店で最初に現地台湾企業との合弁方式で出店を果たした遠東SOGOの役割は，非常に大きかったといえるであろう。また，現在のところ単店舗経営を行っている大葉髙島屋，漢神，そして本章で比較対象とした多店舗経営を行っている遠東SOGO，新光三越の出店により，日系百貨店を中心とした百貨店の競争環境ができている。

　この状況を作り出した大きな要因は，1986年および1989年の外国人投資条例の改正（その際の外資出資比率は最大49％であったが，この比率も2000年からは解禁されて100％外資参入が可能）による台湾政府の規制緩和であるが，現地企業とのパートナーシップにより立地戦略，店舗差別化戦略を基礎としたMDや社員教育といった百貨店組織内部での自助努力を継続的に行ってきた影響が大きい。

　日系百貨店の台湾小売市場へのアプローチにおいては，積極的な意図のもとに出店を試みていることをヒアリングから確認することができた。日系百貨店にとって，台湾企業との有形・無形の繋がりや縁なども含めた台湾小売市場への参入条件がある程度整っており，各百貨店における出店準備が日本国内でどの程度まで進んでいたのかということも，今後出店要因を分析する

　上で鍵となると思われる。ただし，出店するか否かの最終的な判断は，企業組織としての意思決定ということになろう。

　本章では，台湾に進出した日系百貨店が保有している小売技術としての経営資源に着目した。さらに，競争優位の源泉については，RBVの観点から百貨店が保有する無形資源であるMD，社員教育を取り上げて言及することにより明らかにした。

　日系百貨店は，日本での経営方式を踏襲しながら，諸外国の大規模小売企業に先駆けて，台湾市場で先発者優位を確立してきたといえる。しかし，台湾における百貨店数はすでに飽和状態である。衣食住を取り扱う百貨店にとって，特に衣料品や食料品について，どの納入業者を指定し，どのような品揃えを行うかは重要である。さらには，今後出店する際に周辺に立地している競争相手となる百貨店や量販店を調査することは当然であるが，店舗の周辺環境としての道路事情，最寄の交通機関の変化も勘案した出店戦略の不断の見直しも必要となるであろう。

注

(1)　太平洋崇光は開店してから数年後には，毎年数億円の配当金と経営指導料を日本に送金し，投資収益面において海外出店した小売企業としては優れた業績を達成している（上村，1993，96頁）。

(2)　台湾の日系百貨店の経営幹部を対象としたヒアリングに基づいている。調査日は，2004年8月27日〜31日，2006年9月3日〜7日，2007年2月20日〜23日である。調査都市は，日系百貨店の所在地である台北市，台南市，高雄市の計3都市である。

(3)　三越は1981年より新光百貨に対して技術供与を行っていた。

(4)　消費者の店舗選択は，①立地，②品揃え，③価格およびサービス，④店舗雰囲気等の要素によってなされるケースが多い。しかし，今日の店舗選択は，個店のみの評価だけではなく「流通システムそのものが都市システムのなかに組み込まれ，一体化したものとして存在し，機能している」ことを把握し，商業集積および都市との関係を勘案して評価されるものと理解しなければならない。詳しくは宇野［2005］を参照。

(5)　詳しくは，宮澤監修［1999，125頁］，あるいは鈴木［1999，25頁］を参照。

(6)　日系百貨店がテナントを活用する理由に，土屋［2000，218頁］は①販売員の人件費削減，②仕入れにかかわる物流コストの削減，③マーチャンダイジングにおけるリスクの軽減，④テナントによる柔軟な欠品対応，⑤入れ替えによるテナントの新陳代謝を挙げる。

(7)　RBVとは，Dierickx and Cool［1989］によれば，有形・無形の資源のうち，企業が保有する知識，ノウハウ，評判などの無形資源は取引不可能な資源であり，この取引不可能な資源が他企業に対しての競争優位やレント（超過利潤）の源泉になり得ると言及している。

第 4 章

中国における
日系スーパーの現地化と
課題

第1節 # はじめに

　中国における流通分野の規制緩和は，1992年を契機に段階的に実施されてきた。とりわけ，外資系小売企業に対する出店規制緩和は出店後の多店舗展開へ大きな影響を与えている。具体的には，WTO（世界貿易機関）への加盟後3年以内の店舗数，出店地域，出資制限等の完全撤廃が2004年12月に行われ，グローバル・リテイラーの市場参入により拍車をかけてきた。

　一方で中国政府は，1978年の改革開放政策の一環として都市計画面において開放都市，経済特区，重点都市などを策定しながら経済成長を促進させてきた。現在では，東部沿岸部よりも内陸部の方が消費における市場成長率が高く，今後よりいっそう経済発展が期待できる状況（図表4-1）になってきている。

図表4-1　中国の消費市場規模と成長率

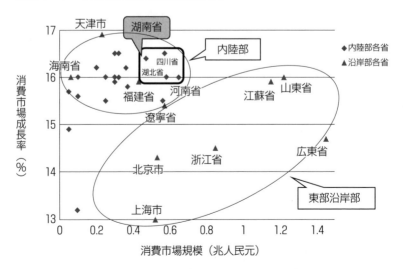

出所：中国国家統計局［2010］『2010中国統計年鑑』をベースに筆者修正加筆。

　中国における日系小売企業の現在までの出店・撤退状況は，大手・中堅にかかわらず多種多様に見受けられるが，東部沿岸部と内陸部においてその展開状況は異なっている。中国の著しい経済成長の下で，本章では，中国に出店を試みている数多くの日系小売企業のなかから，内陸部に出店を行っている小売企業に着目し，とりわけ以下の特徴を持っている平和堂（中国）を事例として取り上げる[1]。

　それは，①中堅小売企業として，②早い段階から中国内陸部の地方都市へと展開し，③複数店舗を保有するに至っており，しかも④異業態（既存のスーパー業態としてではなく，百貨店業態としての出店）での海外出店を遂げている点である。そこで，本章では中国内陸部における日系小売企業の出店の実態を把握しながら，平和堂を事例にその現地化プロセスを探ることで，中国内陸部に展開する日系小売企業の出店モデルを検証することにする。

第2節　中国内陸部に展開する日系小売企業

　図表4-2は，中国内陸部に展開している主な日系小売企業の出店年表である。2022年3月現在で，中国内陸部に展開している主な日系小売企業は，百貨店の伊勢丹，GMSのイトーヨーカ堂，平和堂，イオン，CVSのセブン-イレブンとローソン，ファミリーマートである。

　主な店舗数を挙げれば，伊勢丹が四川省成都市に1店舗，イトーヨーカ堂が同じく成都市に9店舗，平和堂が湖南省長沙市に1店舗，また近隣の株州市に1店舗を保有[2]している。これに加えて，ローソンが重慶市に419店舗，セブン-イレブンが成都市に89店舗を展開[3]している。

　中国内陸部に出店している日系小売企業の主な業態は百貨店，GMS，CVSの総合小売業であり，1990年代後半から2000年代にかけてGMSおよび百貨店の市場参入が多く見られ，2010年代にはCVSの出店が加速している。すでに中国では日系CVSの先駆けとして知られるローソン（1996年に

図表4-2　中国内陸部に展開する主な日系小売企業（出店年表）

出店年	企業名（店舗名）	出店都市	業態（進出形態）	備考
1997年	イトーヨーカ堂	成都	GMS（合弁）	1998年に北京でも展開
	ニコニコ堂	桂林	GMS（合弁）	2002年イズミへ譲渡
1998年	平和堂	長沙	百貨店（合弁）	2009年近隣の株州市にも出店
2000年	そごう	武漢	百貨店（技術提携）	1998年に北京でも展開，現在は商標貸与
2002年	イズミ	桂林	GMS（合弁）	ニコニコ堂店舗の引継，2010年撤退
2007年	伊勢丹	成都	百貨店（合弁）	
2010年	ローソン	重慶	CVS（独資）	連結子会社
2011年	セブン-イレブン	成都	CVS（合弁）	
2012年	ファミリーマート	成都	CVS（合弁）	
2014年	イオン	武漢	GMS（独資）	イオンモール武漢金銀潭

注：業態は市場参入時のもの。
出所：川端 [2011] 187頁表中および各社URLデータから抽出，筆者修正加筆。

上海市に初出店）の進出以降，セブン-イレブン（2004年に北京市に初出店），ファミリーマート（2004年に上海市に初出店）の3社が，中国内陸部で運営を行っている。

　日系小売企業の中国内陸部への進出形態は，そごう（すでに撤退済）とローソンとイオンを除くと，すべて合弁方式となっているが，合弁方式が多く見られる理由は，2004年6月を境にそれまでは，外資系小売企業では当時の中国国務院の規定において，合弁会社の設立または技術提携による出店[4]しか認可されていなかったためである。そして，この合弁方式は中国政府の流通開放政策の初期段階で設けられていた出資制限が段階的に緩和された後も，最も多く採用されている進出形態である。

　1990年代中盤以降に出店して，すでに撤退している日系小売企業が多いなかで，現地で複数店舗を保有し，出店当時では経済成長の過渡期と考えられる内陸部にいち早く出店を試みて店舗展開を行ってきたのが，イトーヨーカ堂と平和堂である。以下では，1998年に湖南省長沙市に出店している平和堂のケースを取り上げる。

第3節 | 平和堂の出店事例研究

1 出店プロセス

　平和堂は，日本では滋賀県彦根市に本社を置き，その近隣地域を中心にショッピングセンターやスーパーを展開する中堅小売企業である。1957年に「靴とカバンの店　平和堂」を創業して以来，SC，GMS，食品スーパーを展開し，日経MJ編［2019］の「小売業売上高ランキング」では第31位，売上高は4,381億3,200万円[5]にまで成長を遂げている。

　平和堂の中国出店の契機は，平和堂本社がある滋賀県と中国，そして地場企業を中心とした合弁パートナー企業との関係性から生じている。1980年代前半から滋賀県と中国湖南省との間で友好関係が構築されており，平和堂店舗内にて地場産品の展示即売会などの経済交流や，中国の市場開放政策の一環としての外資誘致ないし長沙市からの積極的な出店要請を背景としている。そして，日本の合弁パートナー企業である取引先の小泉アパレルの仲介のタイミングはもちろんのこと，創業者である故夏原平次郎氏の中国への熱い思いと決意があっての海外初出店[6]が実現した。

　平和堂の中国出店は，湖南省長沙市で1994年12月に合弁会社の湖南平和堂実業有限公司を設立することから始まる。当時の出資比率は，現地企業の湖南省国際経済開発集団公司が20％，株式会社平和堂が75％，小泉アパレル株式会社が5％である。そして，約4年の準備期間を経た1998年11月に長沙市の中心部に位置する五一広場という繁華街に1号店を開店させている[7]。その後，出資比率に関しては，2007年5月に現地企業の経営事情から持分権をすべて取得して，100％日系合弁企業（外商合弁企業）となっている[8]。なお，2012年8月には平和堂（中国）有限公司へと社名を変更してい

る。

　平和堂が出店した当時の湖南省長沙市の人口は，約560万人に達しており，商業事情は少数の国営百貨店と大多数の露天商（矢作，2011，325頁）が占めている状況で，人口は多いものの近代的都市とはいいがたい状況下の地方の商業都市であったようである。それから約20年弱の歳月を経て，長沙市は内陸部でも著しい経済成長を遂げた都市の1つとなっている。平和堂（中国）は出店当時から近隣地域では数少ない近代的百貨店として地元消費者からの支持を得ており，1998年に1号店を出店して以来，2007年9月には同市にもう1店舗，また2009年9月には近隣都市の株州市に1店舗，2013年4月には4号店のAUX広場店[9]と，合計4店舗を中国内陸部で展開した。

2　異業態での出店とその理由

　図表4-3は，平和堂（中国）有限公司の企業・店舗概要を示している。平和堂は当初，GMSとしての出店を想定していた。これは日本でのGMSならびにSC事業としての経験が生かされてのことである。その際の売場構成は，直営部分が約60％とその残り部分がテナントであったが，中国の商品調達事情により自前部分である直営売場への仕入れの困難性に遭遇し，結果的に徐々に売場の直営比率を下げている。

　売場構成において直営部分が多いと，仕入れでは現金での買い取りを要することも現地では珍しくなく，ブランド品を取り揃えるとなれば，上海や広州まで買い付けに行くなどコスト増，ひいては高価格の要因となっていた。リスク負担も店舗側には強いられる。出店から間もない頃は，日本メーカーのブランドを中心とした品揃えにならざるを得なかったフロアを，とりわけ化粧品，貴金属，婦人服を中心としたファッションの高級ブランドの誘致・強化を図ることで，直営部分ではないテナント比率を徐々に上げ，平和堂（中国）の高級百貨店イメージの創出がさらに地元消費者の関心を高めることに繋がっている。

図表4-3　平和堂（中国）有限公司の企業・店舗概要

事項	内容
企業設立年	1994年12月31日
資本金	5,000万ドル（総投資9,600万ドル）
事業内容	百貨店
進出形態	合弁→100％日系合弁（2007年5月に現地パートナーの全持分取得）
参入当初の出資比率	中国側：湖南省国際経済開発集団公司20％
	日本側：株式会社平和堂75％，小泉アパレル株式会社5％
開店日	1号店：1998年11月8日（五一広場店）
	2号店：2007年9月29日（東塘店）
	3号店：2009年9月26日（株州店）
	4号店：2013年4月28日（AUX広場店）
年間売上高	14億5千万元（2010年度）
1号店従業員数	約650人
日本人スタッフ数	本部6人（3店舗合計8人）
1号店テナント入店数	約500店舗
テナントとの平均契約年限	1年（レストランなどは5年），入替率は年間で約10％
日本本社の関与度	ほとんどなし（中国店舗内で決定）
外商の有無	なし
社員教育	日本本社への研究制度あり

出所：筆者ヒアリング調査による。

　そもそも，中国ではGMS概念たるものが明確ではないために，平和堂は百貨店化路線を選択していく。長沙市の消費者調査において平和堂（中国）の日系小売企業としての認知度は，すでに開店前よりあったとのことである。それが2001年の店舗リニューアルを経て，他の国営百貨店等との店舗差別化，衣料品を中心にブランド品販売の強化，商品構成の工夫や対面販売・接客サービス等の徹底をした結果，平和堂（中国）に対する百貨店としての認知度がさらに高まった[10]とされる。

　1号店である五一広場店のフロア構成は，化粧品，貴金属（1階），婦人服（2階），若者ファッション（3階），紳士物（4階），子供服，玩具，家電（5階），レストラン（6階），スポーツジム（7階），そして食品・雑貨（地下1階）となっている。各フロアでは，テナント入れ替えを原則1年契約に基づいて

行っており，この高い頻度のテナント入れ替えは，テナントにおける商品取り扱いのみならず陳列や接客に至るまでのトータル面が重視されており，ある意味で売上を伸ばす仕組みである。テナントに課されるのは，売上高に応じたテナント料および平和堂（中国）が実施する社員教育費や店舗運営にともなう光熱費等の共有部分に発生する費用である。端的にはテナントが売上を伸ばせば伸ばすほど，平和堂（中国）も売上を伸ばすことが可能な仕組みとなっているのである。

またテナント比率を上げること，すなわち直営による売場を少なくすることで，在庫保有リスクの負担軽減効果へと繋がっている。なお，「入店フィー」と呼ばれる入店の際の費用は徴収していないとのことであるが，現在の平和堂（中国）の現地での直営の売場は，地下の食品売場とその他雑貨売場に限定されている。

第4節　平和堂の出店モデルの検証

1　新規業態開発と先発者優位

平和堂が展開する海外小売事業は，小売事業モデルの国際移転プロセスを分析している矢作氏の4つの現地化戦略パターンでいえば，「新規業態開発」に該当する（詳しくは，矢作［2007］を参照）。ただし，本ヒアリング調査でも明らかなように，出店当初から本格的な百貨店での出店を計画していたわけではなく，あくまでも出店準備から開店初期段階期でもって軌道修正しながら，市場適応化プロセスから生じた「異業態出店モデル」として位置付けられる。

新規の百貨店開発事業では，スーパーの出店とは異なる論理が働く。それは店舗および商品・サービスの格上げ（高度化），すなわちトレーディングア

ップが必要とされる点である。当然店舗の場所も最たるものである。平和堂（中国）1号店が立地する長沙市の五一広場は，都心の一等地に該当する場所である。これは故夏原氏の先見の明があったからこそであるが，川端氏も言及しているように，地方都市でも富裕層を引きつける立地と場所とが一体化した高級店舗ブランドとして確立できれば，人気を維持できる可能性も高い（川端，2011，202頁）と考えられる。トレーディングアップには，スーパーとは異なった高いレベルでの経営資源や小売ノウハウ等が求められるが，この点は以下の項で触れることにする。

　平和堂の中国内陸部への出店で特筆するべき点は，省政府の出店誘致やパートナー企業の後押しおよび企業としての意思決定，そして，結果論ではあるが出店タイミングの好機から競合他社との比較および市場の同質的競争において，平和堂のコンセプトでもある「地域一番店」としての先発者優位を築き上げた点である。

2 店舗差別化と小売ミックス

　平和堂（中国）1号店の近辺には，地場の春天百貨，北京の王府井百貨（2004年開店），香港資本の新世界百貨（2006年開店）があり，また平和堂が入店するビルの真横には蘇寧電器（2006年開店），通りを挟んだ場所には東方商場も立地している。しかも1号店と2号店および4号店は直線距離にして約3〜4kmと同系列店舗の立地としては非常に近い位置での営業である。3号店は車で約1時間の場所の株州市にありモール型の百貨店となっている。

　このような立地環境下での店舗差別化は当然必要である。本ヒアリング調査では，店舗差別化に関しては，代表的な旗艦店（1号店）を初めに確立させることが最重要課題であることをうかがった。つまり，旗艦店での流行ブランドを揃えた後に，日系有力ブランドを2号店以降で取り揃えることで，同社内の店舗差別化が明確化されている。

　中国内陸部での店舗展開では，平和堂が経験した経営安定化要素の1つとして売場テナントのスペースを増やすことが挙げられる。中国における百貨店ないしGMSでは，直営部分ではない各メーカーの代理店や卸売業に売場スペースを契約で賃貸しして（消化仕入れ），営業してもらう方式（店中店方式）が一般的に採用されている。売場では当然，商品カテゴリー別ではなくメーカー系列別の商品，ブランド陳列が行われる傾向にあり，消費者もメーカーごとのブランド別売場構成により，信頼して買い物をすることができる。

　本ヒアリングでも，長沙市に出店した当時，入店してもらえないメーカーの商品を品揃えするために，上海や広州まで買い付けに行っていたとのことをうかがった。つまり，それだけ中国においては，消費者のブランド選好が重視されており，売場でのメーカーブランドごとの商品陳列が重要な役割を果たしていることを示している。

　しかし，平和堂（中国）の競合他社との店舗差別化は，単なる品揃え上でのブランド化（高級化）に傾斜するだけではなく，最新のしかもどの店舗にも置いていない商品の先取りや品揃え以外にも，売場の雰囲気向上，重要な季節ごとの催事に向けての販促といった小売ミックスにまで及んでいる。また，その実践にあたっては細かな独自の市場調査も実施している。

3　異業態出店における困難性の克服

（1）チェーン経営への試み

　中国の平和堂の多店舗経営では，日本で培われたチェーンストアのノウハウが生かされている。例えば，組織管理として本店（1号店）が本部機能を担い，商品企画や販促などの一元化を目指す「支店管理体制」である。少なくとも，店舗内の直営部分である食品部門の本部主導ノウハウは，日本での平和堂のコンセプトでもある「地域一番店」を目指す経験から発揮されている。

　他方で，平和堂にとっての新天地における競合他社と比べての低い認知度を高める工夫が，ドミナント出店戦略である。1号店と2号店である東塘店

は5km圏内にあり，1号店と4号店（AUX広場店）も約4kmしか離れていない。また3号店の株州店は長沙市から車で約1時間の距離にある。チェーン店ならではの発想であるが，いかに多くの地元消費者に認知され優位に立てるかを工夫している。多店舗化の利点が規模の経済性にあると考えれば，この点で平和堂は，ローカルスーパーの標準的ドミナント出店方式を異国での異業態出店に採用したといえる。

（2）ストアマネジメント

　各店舗内のテナントが重複し同質化傾向になることは珍しくない。ある消費者から「この百貨店では必ずこのブランド商品を置いてある。だからこのブランドがある百貨店に行く」という声を汲み上げ，積極的にテナントを入店させている百貨店もある。また，別の視点から，複数の店舗を保有しているとテナントに入店してもらいやすい側面もある。しかし，中国の店中店方式では，平和堂（中国）がテナントに求めるテナント料は「売上げ歩合」であり，売上げが低ければ平和堂（中国）も利益が伸びない。

　そこで，当初の予定よりも販売が伸びていないテナントへの指導を含む見直し頻度を高めて，必要に応じて適宜テナントの入れ替えを行っている。このようなテナント管理を中心としたフロアマネジメントは，百貨店とGMSとでは大きく異なる。それはセルフサービス販売方式と対面販売方式の違いや，店舗のつくりや商品の品揃え，ブランドの取り扱い方，そして接客サービスに至るまでの差異と思われる。

　平和堂（中国）が現地で求められるのは，高頻度のブランド入れ替えだけでなく，上述した異なる業態を展開する際のトータルコーディネーターとしてのストアマネジメントであろう。

（3）社員教育の徹底

　最も苦労された点を尋ねると「社員教育」という答えが返ってきた。日本の社員教育と原則同じであるが，そもそも現地の社員の顧客概念，サービス

第Ⅱ部　アジアにおける日系小売企業進出の実証分析

概念，そして店舗・商品感覚が日本とは異なっているので，その差異を承知した上で社員教育を徹底する必要があるとのことである。

　また，テナントの入れ替えも頻繁に行っているために，直営部分の社員とテナント社員を分け隔てることなく，1日のうちで数回実施するミーティングや接客マナーのチェックなどは欠かすことがない。さらに年間を通して1・2回程度の日本への研修制度が存在している。さらには販売・接客の優秀者に対して報奨する制度も確立しており，社員にとってのインセンティブとなっている。

　しかしながら，小売経営面において寿谷総経理の「企業設立から開店を経て2号店，3号店の出店に至り，そして現在（ヒアリング時）も試行錯誤の連続である」との発言から，海外進出後も常に持続可能な取り組み（実行と改善）が求められることがわかる。

第 5 節　おわりに

　平和堂の中国内陸部への出店は，自らの市場適応化プロセスから生じている。それは，すなわち当初の計画とは異なる予測に反する現地における業務・運営に関する日々の修正の連続の結果として実現している。

　平和堂は，異業態出店を中国で実現させているとはいえ，本小売事業のコア部分がまったく採用されていないわけではない。スーパー事業で培ってきたチェーンストアの経営能力，ストアマネジメントのスキルなどは数値化できないものの，かなりの経験値に裏付けられた日本での店舗運営に基づいている。業態移転プロセスは，従来からの当該小売企業として資本蓄積を前提として，それに加えて，やや抽象的表現になるが，日本で培ってきた小売ノウハウとしての店舗運営・管理能力および経験則に基づいた修正能力や人的関係を継続させる力などの組織能力を，どの程度スムーズに現地へと知識移転（現地適応）させるかに尽きると思われる。

108

　今後は巨大な中国市場において，地域間および都市間における差異は無視できないキーワードである。大都市であればあるほど都市内における差異にも注目しなければならないであろう。先学の調査結果からも，中国小売市場の全体像は決して同質的ではなくモザイク状であると考えられる。特に中国内陸部は今後も市場成長が期待されると同時に，未知の部分も多いということを念頭に置く必要がある。

　最後に，日系小売企業が海外市場において，本国での営業形態とは異なる「異業態での出店」を試みる際は，本事業のコア部分を再確認すると同時に，その中核的経営資源を十分に生かし得る展開が可能か否かを想定・精査しなければならないであろう。

注

(1)　本章は，2012年2月28日に実施した現地法人である湖南平和堂実業有限公司の副董事長・総経理の寿谷正潔氏へのヒアリング調査結果に基づいている。

(2)　店舗数は，筆者ヒアリングおよび各社URLデータに基づいている。伊勢丹Webサイト，セブン＆アイ・ホールディングスWebサイト，平和堂Webサイトを参照。なお，成都イトーヨーカ堂の店舗数は2022年3月末現在のデータである。

(3)　店舗数は，各社URLデータに基づいている。なお，ローソンの店舗数は2021年8月末現在，セブン-イレブンの店舗数は2022年3月末現在の閲覧数値である。

(4)　しかしながら，その場合の外資出資比率の上限が49％と定められていたにもかかわらず，それを超えての出資（例えばニコニコ堂で51％，平和堂で75％など）が，地方政府の認可のもとで行われていた。そこで国務院は，1998年には地方政府認可による外資系小売企業の再審査を順次行うことで「整理整頓」を実施している。

(5)　日経MJ編［2019, 219頁］。なお，日経MJ編［2011, 71頁］によれば，調査時の2010年データでの「小売業売上高ランキング」では第25位であり，売上高は3,829億5,500万円であった。

(6)　現地での筆者ヒアリング内容である。

(7)　省政府から何カ所か提示された場所から1つを選定して1号店の出店地としている（現地での筆者ヒアリング内容）。

(8)　中央政府からは1999年に批准されている。

(9)　以下で開店当初の情報が開示されている（2号店：http://www.heiwado.jp/release/2007_10_01tontan.pdf，3号店：http://www.heiwado.jp/release/20090928.pdf〔2012年5月28日閲覧〕，4号店：https://www.heiwado.jp/assets/file/news/attachment/aux0501.pdf〔2022年8月8日閲覧〕）。

(10)　現地での筆者ヒアリング内容である。

第 **5** 章

東南アジアにおける
日系CVSの成長

第 1 節　はじめに

　アメリカ発祥の「ビジネスモデル」として日本に持ち込まれたCVSは，1974年に1号店を開店させたセブン - イレブンを筆頭に，ファミリーマート，ローソンの上位3社の競争が激化している。日本フランチャイズチェーン協会によれば，2021年における上記の大手3社を含む正規会員企業でCVSを展開する7社の全チェーン店の売上高は10兆7,816億円[(1)]となっている。また別のデータベースでは，上位3社の全チェーン店の売上高が，全体（上記7社）に占める割合は9割以上となっており，2020年12月末日現在において，この7社が展開する全チェーン店合計の57,246店舗のうち，上位3社の店舗数は52,289店舗と，店舗数においても上位3社の占める割合（約91.3％）が非常に高くなっている（東洋経済新報社編，2021，230-231頁）。

　これらのデータから，現在のCVS業界は上位3社による市場占有率が非常に高い市場（寡占市場）であり，現在のところ，売上高ベースで百貨店，スーパーを凌ぐ業界規模を誇っている。CVSはメーカーにとって1つの販売チャネルである一方で，消費者にとっては，①時間の便利性，②場所の便利性，③所有の便利性を提供する営業形態（業態）としての役割（金，2009，208頁）を果たしており，これまでに大きく発展を遂げてきた。

　今日，アジア市場を中心に海外展開が行われているCVSであるが，海外進出とその成長は，代表的な業態である百貨店，スーパーに遅れて始まる。とりわけ，ここ10年間における状況では東アジアから東南アジアへと出店地域が広域化する傾向にある。しかし，海外展開しているCVSのほとんどは大手企業であり，細かく時系列で観察すると，大手CVSであっても大多数を占めるアジア市場において，部分的に「進出・撤退・再進出」を繰り返している。また，かつて日本国内で展開していた小資本CVSのほとんどは，大手による吸収合併や本社の諸事情による事業清算等により存続基盤を失

い，海外へ進出していたとしても現地適応できずに撤退している。

　本章では，大手CVSの海外進出先として，非常に有望な東南アジア市場への展開に着目する。モデルケースとして，大手CVSのローソンの現地化と広域化を通じたアジア進出プロセスを手がかりに，日系CVSの東南アジア市場における成長可能性とマーケティング行動を明らかにすることを目的としている。

　次節では，日系CVSの海外進出状況を3期に区分し，その実態を把握する。第3節以降では，アジア最大の中国市場に最も早く進出し，近年，東南アジア市場で店舗数を拡大しているローソンの出店行動およびマーケティング戦略について取り上げる。そして，最後に日系CVSの東南アジアにおける成長可能性について言及する。

第2節 日系CVSの海外進出状況

1 日系CVSの海外進出の実績

　まずは，主にアジア市場を標的市場として海外進出済みのセブン‐イレブン，ファミリーマート，ローソン，ミニストップの大手4社の当該進出先国・地域への進出年（1号店開店年）や店舗数等の状況を把握する（図表5-1）。

　表中には，大手CVS各社の海外進出先国・地域における店舗数とカッコ内に1号店の開店年を示した。このデータから最も早く海外進出したケースが，1979年のセブン‐イレブンの台湾進出のように見られがちであるが，これはアメリカの7-Eleven,Inc.（旧サウスランド社）のエリア・フランチャイジングによる海外進出であるため，セブン‐イレブン・ジャパンの展開によるものではない。

図表5-1　主な日系CVSの海外進出状況

企業名/国・地域	セブン-イレブン	ファミリーマート	ローソン	ミニストップ
東アジア	**20,703**	**5,926**	**3,958**	**2,602**
韓国	10,865（1989年）	1990年→2014年（撤退）	－	2,602（1990年）
中国	3,628（1981年）	2,569（2004年）	3,958（1996年）	2009年→2021年（精算）
台湾	6,210（1979年）	3,357（1988年）	－	－
東南アジア	**18,642**	**1,458**	**285**	**579**
タイ	12,743（1989年）	1,035（1993年）	150（2013年）	－
インドネシア	0（2009年）	122（2012年）	68（2011年）	2013年→2016年（撤退）
フィリピン	3,004（1984年）	69（2013年）	67（2015年）	459（2000年）
ベトナム	60（2017年）	149（2009年）	－	120（2011年）
マレーシア	2,400（1984年）	83（2016年）	－	－
シンガポール	435（1983年）	－	－	－
北米（ハワイを含む）	13,836	2005年→2016年（撤退）	2（2012年）	－
メキシコ	1,812	－	－	－
豪州	712	－	－	－
北欧	406	－	－	－
海外店舗数	56,111	7,384	4,245	3,181

注：セブン-イレブンの北欧の店舗数はノルウェー，スウェーデン，デンマークの合計である。なお，各社の店舗数は下記の時点現在におけるものである。セブン-イレブン（2021年6月30日），ファミリーマート（2019年2月28日），ミニストップ（2021年11月30日），ローソン（2021年8月31日）。

出所：各社のアニュアルレポート，IR情報等に基づいて筆者作成。

　その他にも香港（1981年），フィリピン（1984年），マレーシア（1984年）等も上記と同様のために，正確には大手CVSの海外進出は1988年のファミリーマートの台湾への進出から始まることになる。

　以下では，アジア各国・地域における大手CVSの展開順序を示すことにする。まずセブン-イレブンは，①台湾（1979年）→②中国・香港（1981年）→③シンガポール（1983年）→④フィリピン（1984年2月）→⑤マレーシア（1984年10月）→⑥韓国（1989年5月）→⑦タイ（1989年6月）→⑧インドネシア（2009年・撤退済）→⑨ベトナム（2017年）の通り，大手CVSのなかで最も多くの国・地域へと展開している。

　次にファミリーマートは，①台湾（1988年）→②韓国（1990年・撤退済）→③タイ（1993年）→④中国（2004年）→⑤アメリカ（2005年・撤退済）→⑥ベトナム（2009年）→⑦インドネシア（2012年）→⑧フィリピン（2013年）→⑨マレーシア（2016年）であり，すでに撤退している国もあるが，セブン－イレブンに次いで進出先国・地域が多くなっている。

　そして，ローソンは，①中国（1996年）→②インドネシア（2011年）→③アメリカ（ハワイ）（2012年）→④タイ（2013年）→⑤フィリピン（2015年）への進出が確認できる。次節で詳細に分析するローソンは，日系 CVS として最も早く中国に進出した小売企業である。

　最後にミニストップの国際展開は，①韓国（1990年）→②フィリピン（2000年・再）→③中国（2009年）→④ベトナム（2011年）→⑤インドネシア（2013年・撤退済）と進められていたところ，中国で展開する子会社（設立時は合弁会社）である青島ミニストップ有限公司を解散することを，2021年9月に表明している(2)。

　このように，大手 CVS 各社が地理的に隣接しているアジア圏を中心に出店を進めており，現在，日系 CVS の総店舗数では東南アジアよりも東アジアが勝っているものの，1970～90年代には東アジア市場への出店（国・地域として12件）が顕著であったところが，2000年代以降では東南アジア市場への出店（国・地域として14件）が多く見られるようになっている。

　日系 CVS 大手4社の海外店舗数は，セブン－イレブンの56,111店舗に対して，ファミリーマートが7,384店舗，ローソンが4,245店舗，ミニストップが3,181店舗となっており，かなり展開状況に差が生じている。少なくとも，東アジアと東南アジアを合計したアジア地域における店舗数を比べてみても，セブン－イレブンの店舗数（39,345店舗）が，その他3社の合計店舗数（14,808店舗）を大きく上回っていることがわかる。

　2021年12月末現在，日系 CVS 大手4社のアジアにおける進出先国・地域は，セブン－イレブンがインドネシア（撤退済）を除き，ほぼ全域に広がっているのに対して，ファミリーマートが韓国（撤退済），シンガポールを除

くアジア地域での展開により追随しており，続いてローソンでは中国，インドネシア，アメリカ，タイ，フィリピンの5カ国に進出しており，ミニストップは韓国，中国[3]，フィリピン，ベトナムの4カ国に進出している状況となっている。

2　日系CVSの進出形態と期別の局面

　CVSの海外進出における進出形態（参入方式あるいは参入モード）は，主として日本の本部と現地企業ならびに現地法人（現地で子会社や合弁会社を設立）とのマスター・フランチャイズ契約（エリア・フランチャイズ契約）による進出が多く見られる。すなわち，国際フランチャイジングによる市場参入が行われている。

　そもそもフランチャイジングとは，フランチャイザーと呼ばれる事業主（本部）がフランチャイジーと呼ばれる個人や企業（加盟店）に対して，一定の地域や期間を設定して事業を営む権利を貸与するライセンス契約の一種である（堀出，2003，110頁）。ライセンス契約とフランチャイズ契約との相違は，契約相手に対して「何」を供与し管理するかによって異なるが，ライセンス契約では「商標」が貸与されるにとどまり，フランチャイズ契約では「商標」，「商品」，「コンセプト」，「ノウハウ」まで包括して供与される点（川端，2010，22頁）が異なる。

　なお，マスター・フランチャイジングには，「ストレート」，「合弁型」，「子会社型」の3タイプが存在する（川端，2010，19頁）。第1に，現地企業とストレート・フランチャイジングは，投資をともなわない方法であるが，パートナー企業の事業運営により本部の統制がむずかしいとされる。例えばセブン-イレブンの海外店舗の大多数は，旧サウスランド社と現地企業とのストレート・フランチャイジングによって展開されている。

　第2に，合弁型のフランチャイジングは，現地でパートナー企業との出資により合弁会社を設立し，その合弁会社によって現地でのCVS事業の運営

が行われるタイプである。投資をともなうと同時に，本国から責任者の派遣
も行いやすく，本国本部の意向を反映しやすい進出形態といえる。ただし，
当該進出先国・地域の政府による外資に対する出資規制等で経営権を日系
CVS側が行使できない場合もあり，その際はカウンターパートの運営方針
やマーケティング戦略が大きく作用することになる。

　第3に，子会社型のフランチャイジングでは，現地で100％出資の子会社
を設立し，その子会社が事業運営を行う進出形態である。本部の意向を実現
しやすい一方で，100％の割合での投資による展開上のリスクをともなう。
例えば，合弁型フランチャイジングにおいてカウンターパートに期待できる
点（必ずしもそうではないが，商品供給，現地の各種情報の入手など）が，子会社
型フランチャイジングでは享受しにくくなること等が考えられる。また，連
結子会社や持分法適用会社（議決権所有比率20～49％）であれば，財務面で
日本本社の当期損益および純資産に及ぼす影響がある。

　さて，日本のCVSの海外進出をその展開局面に応じて区分すると，「草創
期」，「成長模索期」，「成長広域化期」の3期に分けることができる。草創期
（1970～80年代）は，先発企業による海外進出初期の段階であり，進出先
国・地域は異なるが大手では主に旧サウスランド社によるセブン‐イレブン
のエリア・フランチャイジングによる出店（台湾（1979年），香港（1981年）
など）と，ファミリーマートによる台湾への進出（1988年）を挙げることが
できる。すなわち，日系CVSにおける海外市場に向けた初期参入期におい
ては，国内市場の成長とともに海外市場に対して先発者優位の獲得を目指す
企業による挑戦が試みられている。

　次に成長模索期（1990～2000年代）は，各大手CVSによる進出先国・地
域の模索と徐々に店舗数の増加が見られる段階である。それは換言すれば，
1990年代に入り海外初進出を果たしたローソンとミニストップを加えた大
手4社の日系CVSが東アジア市場で出揃い，かつ進出先国・地域数を増加
させていく時期である。しかし，各国・地域で初期参入を果たした企業にと
っては，現地での商慣習やCVS運営に欠かせないロジスティクスや情報シ

ステムの構築に苦戦するケースもしばしば見られる（川端，2006; 矢作，2007;
柳，2013bなど）。

　そして，成長広域化期（2010年代以降）は日系CVSの現地化が本格化する
段階であり，東アジアにおける店舗数の拡大（一部撤退）と定着および東南
アジアにおける店舗数急増へとシフトする段階として位置付けられる。この
成長広域化期は，アジア全域における店舗網の拡大期に該当するが，例えば
中国においては東部沿岸部から内陸部への展開をも含むものである。しかし
ながら，後述するようにアジアの進出先国・地域によっては，日系CVSの
撤退ないし再進出も散見される。つまり，成長模索期を経た企業であっても
アジア圏全体に多店舗展開を一様に進められているわけではない。

第3節　ローソンの海外進出とアジアへのアプローチ

1　海外店舗数の推移

　ローソンの海外展開は，1996年7月の中国（上海）における1号店の開店
から始まる。図表5-2はローソンの海外進出年と，2021年8月末現在の店
舗数と構成比である。ローソンの海外店舗は，中国へ出店して以来，インド
ネシア（2011年），アメリカ（ハワイ）（2012年），タイ（2013年），フィリピン
（2015年）の5カ国で展開されている。

図表 5 - 2　ローソンの海外進出年と店舗数および構成比（2021年）

国・地域	進出年	店舗数	構成比
中国	1996年	3,958	93.2%
上海市（周辺地域を含む）	1996年	2,080	49.0%
重慶市	2010年	419	9.9%
遼寧省（大連市ほか）	2011年	411	9.7%
北京市（周辺地域を含む）	2013年	262	6.2%
湖北省（武漢市）	2016年	477	11.2%
安徽省（合肥市）	2018年	151	3.6%
瀋陽市	2019年	遼寧省に合算	―
湖南省（長沙市）	2019年	95	2.2%
海南省（海口市）	2020年	63	1.5%
インドネシア	2011年	68	1.6%
アメリカ（ハワイ）	2012年	2	0.05%
タイ	2013年	150	3.5%
フィリピン	2015年	67	1.6%
合計		4,245	100.0%

注：店舗数は 2021年 8 月31日現在の数値である。
出所：株式会社ローソンWebサイト「会社情報」72頁から抽出して表示（https://www.lawson.co.jp/company/ir/library/annual_report/2021/pdf/ar2021_P71-72.pdf〔2021年12月 3 日 閲覧〕）。

　図表5-3よりローソンの海外店舗数は，ここ10年で10倍近く増加しており，とりわけ海外店舗数の増加は，図表5-2の通り中国における各大都市への店舗数の増加によるものである。具体的には2017年頃から，中国国内の「上海市およびその周辺の地域」への出店拡大とその他の大都市（重慶市，武漢市，大連市等）を中心とした出店地域の「広域化」戦略ともいえる影響によるところが大きい。

図表5-3　ローソンの海外店舗数の推移（2012～21年）

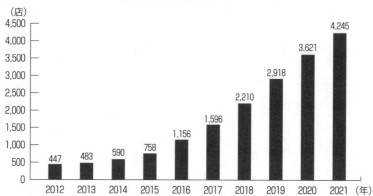

注：各年の店舗数は2月末日の数値である（なお2021年のみ8月末日の数値）。
出所：株式会社ローソン「アニュアルレポート」および「統合報告書」各年から筆者作成。
　　最新データは，ローソンWebサイト「会社情報」72頁から抽出して表示（https://
　　www.lawson.co.jp/company/ir/library/pdf/yuuka/yuuka_47q2.pdf〔2021年12月3日閲
　　覧〕）。

2　中国市場への先発優位

　アジア市場において，初期参入を果たした日系CVSによる店舗数の増加が見られるとともに，先発企業からやや遅れて進出を開始した企業による市場参入が認められる時期がCVSの成長期模索期（特に1990年代後半～2000年代）である。

　上述したように，日系CVSとして最初に中国へ進出したのがローソンである。ローソンは，上海市政府関連企業である中国華聯（集団）有限公司が30％出資する合弁会社である上海華聯羅森有限公司（以下，上海ローソンと略称）を1996年2月に設立し，上海におけるCVS事業を開始している。川邉［2008，89頁］によれば，当時の上海ローソンでは基本的に日本と同じCVS運営ノウハウを持ち込み，2002年までには高ストアブランドのイメージを現地で獲得できたとされ，現地では自社物流センターや米飯・調理パンとベーカリーの専用工場の稼働による店舗への1日2回配送が実現されていた。

　なお，中国におけるローソンの1号店は，1996年7月19日に上海市内の
「田林東路店」と「古北新区店」の2店舗同時開店であったが，売場面積は
前者が90㎡，後者が80㎡と店舗規模は日本の標準的な売場面積（約100㎡）
と比べて若干小規模であり，品揃えも米飯，ファストフードを主として約
1,000品目と，日本のCVSの品揃えの3分の1程度（川邉，2008，89頁）と
されている。

　ところが，鈴木・陳［2009，161頁］によれば，2002年頃までのローソン
の中国国内店舗数は計画通りに伸ばせておらず，2004年にようやく黒字経
営となった点を指摘しており，現地におけるCVS経営の黒字化の要因を，
①現地の商習慣にしたがい年末リベート制を導入したこと，②2004年6月
の「外商投資商業分野管理規則」の施行によるFC店の出店加速，③現地の
ローカルスタッフの幹部登用の3点に求めている。

　ローソンの中国進出初期における漸進的な取組みは，鳥羽・劉［2016，
237-238頁］においても考察されている。例えば，上海のローソン1号店の
立地場所は，日本人が多く居住するマンションの1階部分で開店しており，
現地の日本人駐在員や中国人富裕層を標的とされているが，店舗展開上，店
舗物件（不動産）の交渉に手間取ることや，立地条件で異なる店舗規模から
生じる品揃え標準化への支障，家賃高騰が障壁となっていた点を指摘してい
る。

　その後，ローソンは2004年に上海ローソンにおける持分比率70％の株式
のうち21％を中国華聯（集団）有限公司へ譲渡したことで，一時的に持分比
率が49％となったものの，2011年には株式追加（経営権委譲）を行い，上海
ローソンへの出資比率を85％にまで引き上げ[4]，最終的に2017年には完全
子会社（連結子会社）にしている。また，2012年5月には，ローソン100％
出資の中国国内の事業投資・ライセンス管理および経営管理機能を有する統
括管理会社である羅森（中国）投資有限公司（ローソン・チャイナ）を設立
し[5]，今後の中国の主要大都市へのCVSの迅速かつ効率的な店舗展開およ
び事業拡大の基礎固めを行っている。

　CVSの商品調達システムを支えているのが，上海ローソン独自のロジスティクスである。1997年にはコンピュータによる商品のオンライン発注システムを導入することで，弁当やパンの仕入れ先である丸紅上海有限公司と自社物流センターとの連動をスムーズにすると同時に，店舗と仕入れ先とのネットワークの構築を進めている（川邉，2008，92頁）。また，ローソン向けの商品を3温度帯（常温・冷蔵・冷凍）にて一括管理する上海良菱配銷有限公司（三菱商事41％，菱食10％，上海市糧食儲運公司49％）とのEDI（電子データ交換）による店舗側の伝票処理の簡素化にともなう欠品や過剰在庫の削減が実現された（川邉，2008，92頁）。上海良菱配銷有限公司の果たす機能は，上海では国営の地場CVSの良友金伴と上海ローソンの一括配送センターの運営受託である（矢作，2008，30頁）。

　現在のローソンの海外店舗数の多くは，中国における以下の事業会社によって行われている。すなわち，羅森（中国）投資有限公司（中国ローソン）とその連結子会社である上海羅森便利有限公司，重慶羅森便利店有限公司（2010年4月設立），大連羅森便利店有限公司（2011年9月設立），羅森（北京）有限公司（2013年5月設立）などによるガバナンス重視のCVS運営ならびにチェーン展開である。また中国における事業展開として，2019年に中国ローソンが100％持分を保有する北京ローソンの第三者割当増資を行い合弁会社化し，そのパートナーである北京首農股份有限公司が設立する「生鮮ミニスーパー」事業にも積極的な出資を行い，多角的な挑戦を試みている[6]。

　ローソンの中国各都市への出店状況は2010年以降に広域化しており，同時に店舗数の急激な増加の特徴が見られる。中国進出初期の頃は，主に上海市およびその周辺地域における出店であったところが，「①現地子会社の設立」を重慶市（2010年），大連市（2011年），北京市（2013年）へと加速させ，2014年以降は，現地子会社と地場小売企業との「②メガフランチャイズ契約」[7]による出店方式，「③エリア・ライセンス契約」による出店方式を組み合わせながら，中国各都市への出店を加速させている。具体的には，2016年の武漢市（エリア・ライセンス契約），2018年の合肥市（エリア・ライセンス

契約），2019年の長沙市（エリア・ライセンス契約）・天津市（現地子会社の設立）・瀋陽市（現地子会社の設立），2020年には唐山市（メガフランチャイズ契約）・海口市（エリア・ライセンス契約）[8]を例に，出店地域に合わせた多様な進出形態による事業展開を見せている。

　このように，広大なエリアを有する中国では，各都市の地理的・地域的な事情や消費特性等のドメスティックな環境を熟知する各地域における事業会社の設立ならびにパートナー企業の存在が，CVSの展開では非常に重要であることがわかる。

3　東南アジアへの布石と展開

　日系CVSの成長広域化期（2010年代以降）においては，東南アジア市場への進出が顕著であり，比較的短期間で複数の進出先国・地域への店舗数拡大が見られる。例えばローソン以外でも，セブン-イレブンがベトナム（2017年），ファミリーマートがインドネシア（2012年），フィリピン（2013年），マレーシア（2016年），ミニストップがベトナム（2011年），インドネシア（2013年・撤退済）にそれぞれ1号店を開店させている。

　以下では，ローソンの海外進出先として2カ国目となるインドネシアへの出店以降の海外展開を考察する。

（1）インドネシアへの参入

　ローソンの海外展開は，東アジアでは中国，東南アジアではインドネシアを皮切りに進められた。その前段階として，2011年5月には中国を除いた海外事業を実施する企業の統括会社であるLawson Asia Pacific Holdings Pte.Ltd.をシンガポールに設立している[9]。ローソンにとって東南アジアの拠点であるシンガポールに統括会社を設立したことは，これから大きく経済発展が見込まれる東南アジア市場への布石として非常に重要な意味がある。

　まずローソンは，インドネシア市場への参入において，Lawson Asia

Pacific Holdings Pte.Ltd. を通じて大規模流通事業を展開する Alfa Group の傘下企業である PT Midi Utama Indonesia Tbk（以下 Midi 社と略称）とのライセンス契約（2011年6月締結）ならびに株式保有（2011年7月）を経て，ジャカルタ特別市やその周辺都市における CVS 事業に着手した[10]。出店当初から，音楽プロデューサーの秋元康氏が総合プロデュースするアイドルグループである「AKB48」の海外初の姉妹グループとなる「JKT48」を起用したプロモーションにより，現地でのローソンの認知度を高めている。

　しかし，ローソンは2011年にインドネシア1号店を開店させて以来，現地で順調に店舗数を伸ばせているわけではない。その数的経過状況として，2012年の83店舗から2016年にかけては36店舗にまで店舗数を減少させている。そもそもインドネシアでは，「Alfamart（アルファマート）」と「Indomaret（インドマレット）」の代表的な二大ミニマーケット（ローカル CVS に該当）が支持されており，現地では顧客セグメントで異なる複数のストアブランドが展開（吉田，2021，173-174頁）されるなか，日系 CVS の苦戦が報道でも伝えられている[11]。例えば，Midi 社は「Alfamidi」と「Alfaexpress」の2つのミニマーケットブランドを所有しており，前述のアルファマートは Midi 社と同グループ傘下企業である Sumber Alfaria Trijaya Tbk（スンブル・アルファリア・トリジャヤ社）のミニマーケットであり，地元でも一定数の顧客がいる。日系 CVS にとっては，現地ミニマーケット以外にも，伝統的小売業に該当する家族経営による定着型屋台のワルンや移動式屋台のカキリマ，さらには公設市場，個人商店（吉田，2021，170頁）も競合関係にあると考えられる。

　実際にインドネシアは，CVS にとって有望な市場と考えられていたが，2009年に1号店を開店させたセブン-イレブンは2017年6月に全店舗を閉店し事実上撤退を表明し[12]，また2013年に1号店を開店させたミニストップも2016年に撤退の決断をしている[13]。

　JETRO［2017］によれば，インドネシアの外資参入規制は非常に厳しい側面があるようで，①小売店舗において売場面積400㎡未満の CVS には原

則出資することができず，②小売業では全体の販売量および種類の80％以上を国産品とすることが義務づけられている[14]。吉田［2021］が言及しているように，現地の零細企業保護の観点から，日系CVSはレストラン（飲食業として）としての認可による営業となっている。そこで「イートイン」スペースを設けることで，カフェをイメージさせることが集客につながっているのである。また，下田［2021, 193頁］によれば，従来からワルンやカキリマが食事の場を提供してきたが，主として日系CVSのイートイン・スペースは20〜30代の若年者層が飲み物を手にして会話したり，おしゃれをした男女が待ち合わせしたりする空間となっている点は，現地ならではの光景のようである。

　ローソンの店舗拡大を阻害する要因は，外資規制だけではない。川端［2017, 202-204頁］は，インドネシアにおける日系CVSの成長にとっての障壁として「コールドチェーンが未整備」である点を指摘している。それは①冷蔵設備を完備する配送車の不足，②倉庫の数が十分ではないこととも関連しており，インドネシアの流通が地理的・構造的に複雑で物流システムの整備が容易でないことを示している。

　その後のローソンは，後述するように徐々にインドネシアでの店舗数を増加させつつあり，2021年8月31日現在では，68店舗を展開するまでに回復傾向にある。

（2）タイへの参入

　タイでは，地元で最大規模の総合財閥であるCPグループが，旧サウスランド社から1988年にエリア・ライセンスを取得し，翌年の1989年にセブン - イレブン1号店を開店（遠藤, 2017, 180頁）させている。CPグループは，今日までタイにおけるセブン - イレブンを運営しており，圧倒的な市場シェアを有している（図表5-1を参照）。

　セブン - イレブンに続いて，タイでの店舗数が多いファミリーマートは，1992年9月に合弁会社のSiam FamilyMart Co.,Ltd.（以下，タイファミリーマ

ートと略称）を設立し，翌年の1993年7月に1号店を開店させた⁽¹⁵⁾。しかし，2012年にはタイファミリーマートの事業は，新たに現地大手総合小売であるCentral Retail Corporation Limited（以下CRCと略称）とのパートナーシップにより，Central FamilyMart Co.,Ltd.（ファミリーマート49%，SFM Holding Co.,Ltd.51%）（2013年社名変更）として再スタートしていたが，2020年5月にはファミリーマートの持分株式をCRCの100%子会社であるCentral Food Retail Company Limitedへ譲渡し，ライセンス化へと移行している⁽¹⁶⁾。

　一方，ローソンのタイへの進出は，タイの財閥であるSahaグループとの合弁企業であるSaha Lawson,Co.,Ltd.の設立（Sahaグループ50%，ローソン49%，タイ三菱商事1%）により進められた。合弁会社の設立は2012年11月である。タイにおけるローソン1号店は，Sahaグループが運営する小型店舗の「108SHOP」を「ローソン108」としてリニューアルオープンという仕様により開店準備を進めてきた経緯があり，結果的に2013年3月に1号店を開店させている⁽¹⁷⁾。

　タイにおいてはセブン‐イレブン，ファミリーマートの2社と比べて後発であるローソンは，他社との差別化を図るべく「駅なかCVS」にも注目しており，タイ高架鉄道（BTS）運営・不動産開発会社のBTグループ・Sホールディングス傘下の広告会社であるVGIグローバル・メディアと，Sahaグループの持株会社のサハ・パタナ・インターホールディングスとの合弁（2019年7月）により，より多くの主要駅に「駅なかCVS」を展開しようと試みている。

（3）フィリピンへの参入

　東南アジアではインドネシア，タイに続き3番目の進出先国となるフィリピンにおいて，ローソンは現地流通企業であるPuregold Price Club,Inc.とLawson Asia Pacific Holdings Pte.Ltd.の出資による合弁会社であるPG Lawson Company,Inc.（Puregold Price Club,Inc.70%，Lawson Asia Pacific

Holdings Pte.Ltd.30％）を2014年5月に設立し，2015年3月に1号店を開店している[18]。

　フィリピンにおける展開も出店当初から3年間は漸進的であったが，2019年からローソン100％子会社であるLawson Philippines,Inc.による運営によって店舗数増加が図られており，同年には現地企業のAyalaグループ傘下のAC Infrastructure Holdings Corporationと業務提携[19]を行い，現地におけるCVS運営に欠かせない物流（輸送等）やインフラ事業を加速させている。

　フィリピンでのローソンの店舗数の増加状況は，2019年から2021年にかけては65店舗から67店舗と微増で足踏み状態にあるものの，上記のCVS運営に不可欠な情報・物流網のインフラが整うことで徐々に増加に転じる可能性がある。

（4）マーケティング戦略の必要性

　ここでローソンの東南アジア（インドネシア，タイ，フィリピン）における店舗数の推移を確認し，その展開状況から現地適応化に焦点を当てたマーケティング戦略の必要性について言及したい。

　図表5-4は，2012年から2021年までの10年間の東南アジアに展開するローソンの店舗数の推移である。タイやフィリピンでは一貫して店舗数が増加しているのに対して，インドネシアでは2012年の83店舗から2016年には36店舗にまで，法的規制や物流システムの未整備により店舗数を減少させている。しかし，インドネシアでは徐々にインフラが整うことで，2017年以降は店舗数を増加させつつある。

　日本におけるCVSの導入は，海外（アメリカ）からである点は周知の通りであるが，持ち込まれた仕組みは，「レギュラーチェーン方式」ではなく「フランチャイズチェーン方式」（以下FC方式と略称）による「本部（フランチャイザー）」と「加盟店（フランチャイジー）」との契約に基づく統制システムによる多店舗展開を特徴としている。しかし，当時の日本で運営されていた

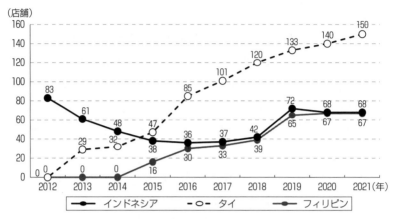

図表5-4　東南アジアにおけるローソンの店舗数の推移（2012～21年）

注：店舗数は当該年の翌年2月末日現在の数値である（なお2021年は8月末日現在の数値）。
出所：株式会社ローソン「統合報告書」各年から筆者作成。最新データは同社「第47期第2
　　　四半期報告書」8頁から抽出して表示（https://www.lawson.co.jp/company/ir/
　　　library/pdf/yuuka/yuuka_47q2.pdf〔2021年12月3日閲覧〕）。

　さまざまな業界におけるFC方式は，大部分が本部から加盟店に対する「商
品供給型」であり，メーカーや卸売企業（問屋）の販路確保（系列店・囲い込
み・売上拡大）の手法として採用されており（福島，2020，133-134頁），CVS
事業として参考にできるものではなかったようである。
　日本から海外へのCVSの導入プロセスは，まったく同じではないものの
基本スタンスは同じである。ローソンの海外1号店は「直営店方式」が採用
されている。直営店のメリットは店舗管理と統制のやりやすさである一方，
本部のコスト面の負担は避けられない。さらに店舗数拡大にも時間と労力が
かかる。逆にCVSのビジネスモデルとしてのFC方式の方が，本部にとっ
てリスク負担は少なく，CVSの店舗数も迅速に拡大することができる。少
なくともマスター本部であるローソンとエリア本部である各国のカウンター
パートと加盟店における関係性のなかで，フランチャイズは契約に基づく垂
直統合のマーケティングシステムであり，お互いの権利・義務・役割が事細
かに定められている（梅澤，2020，194頁）ため，その遵守が必要である。東

南アジア地域に限らず，CVS事業の展開においてカウンターパートとの関係は，どのエリアに出店する際にも非常に重要であることがわかる。

　さらに，CVSを運営するには，外部から持ち込まれた仕組みが現地でうまく作用するための事業システムの構築が前提であり，その事業システムにおける利潤拡大のためのマーケティングが必要であると考えられる。端的にいえば，CVSの成長には新たな事業システムの構築とマーケティング戦略が必要であったのである。

　改めて，CVSの事業システムの構築を通じた市場創造的な適応行動を確認することにする。矢作［1994］は，小売業務・商品供給・組織の3つの要素から構成されるCVSシステムのイノベーションを通じた競争優位を説明している。すなわち，CVSシステムの革新性を，小売店頭を起点とする小売業務の変革（多品種少量在庫販売など）を契機とした商品供給システム変革（短リード小ロット，商品の共同開発など），組織変革（情報ネットワーク，FCなど）の相互作用によるイノベーションの連鎖に求めている。ここから，今日のCVS事業をシステムとして理解するとともに，国際展開を含めて事業を拡大させていく際に，ポイントとなる重要な示唆が得られている。つまり東アジアを中心に，日系CVSが海外展開していく際には，日本で培ったCVSの事業システムをうまく機能させることが前提となる。

　しかし，日本で実施可能だった小売業務や商品供給等は，海外では同様に実現させることができない。その理由は，小売業務であれば，各業務を遂行するための背後の仕組みのような「バックシステム」が，進出先国・地域によって異なるからである。したがって，CVSの事業システムを当該環境によって変化させ，市場へ適応させることが戦略的に必要になるのである。

　そこで，キーワードとなるのが創造的適応行動である。CVSの当該市場に対する創造的適応行動とは，当該市場に小売革新や競争優位を標準的に持ち込み，それに適応できるよう対応を図ることで異質な環境条件に有機的に存在することを可能とする取組みである（鳥羽，2009b，48頁）。しかしながら，CVSの国際的運営には，本章の事例からも明らかなように，本部の「組

織学習能力」が必要であり，いわゆる創造的適応プロセスを通じて，CVSの周辺環境への適応および企業内部の統制や店舗オペレーションの精緻化が求められる。小売企業の海外市場における利潤を生み出す事業展開では，業態の移転，人的資源の統制，商品の調達供給体制を中核とする事業システムの構築（白石・鳥羽，2002b）が欠かせないことは明らかであろう。

第4節　東南アジアにおけるCVSの発展の可能性

1 アジアでのフラッシュバック

　日系CVSの成長について，日本国内での議論を踏まえながら新市場と考えられる東南アジアでの発展を模索する。CVSの成長に関しては，すでに1980年代において言及されていた。日本国内で大手CVS各社が1970年代後半から80年代前半にかけて設立されていくなかで，当時のCVSの店舗数増加要因について，阿部［1981］は一時的なブームや流行ではなく，①企業サイドからの要因（投下資本として利益がある），②顧客サイドからの要因（利便性）によって，その状況変化を説明している。また百瀬［1983，20-25頁］は，CVSの成長要因とその背景について，①産業側のマーケティング戦略の展開と，②消費者の購買行動変化とのマッチングが必要であったことを指摘する。前者はメーカーや問屋における末端の販路拡大策，また大手スーパーによる多角的な戦略展開（具体的には小規模店舗による多店舗化）であり，後者は生活環境およびライフスタイルの変化に基づく消費者ニーズの変化である。

　しかし，上記の各要因が相俟ってCVSの成長が後押しされたとしても，CVSそのものの「事業システム」の有効性や利益源泉の拡大が説明されなければならない。そこで，矢作［1994］は，CVSの業態コンセプトである

「非計画購買」への対応が，元来のビジネスモデルとともに功を奏した点に着目している。つまり CVS が顧客における，①不確実性ニーズ，②高付加価値ニーズ，③家庭内在庫代替ニーズの 3 点から構成される「即時性ニーズ」の充足を実現できたことを評価している。なお，CVS の海外進出要因（プッシュ要因ならびにプル要因）については，Alexander［1997］に依拠し，ここでは割愛するが，CVS の日本国内における支持拡大と成長の可能性が，すでに指摘されていた点は述べておきたい。

　日本に導入された CVS の草創期を 1970 ～ 80 年代とするならば，東南アジアでの日系 CVS の草創期は 1990 年代～ 2000 年代である。同様に CVS の日本国内の成長模索期を 1980 ～ 90 年代，成長広域化期を 2000 年代以降とするならば，東南アジアでの成長模索期は 2010 年代以降であり，とりわけ東南アジアでの成長広域化はこれからであると考えられる。つまり，日本での CVS の成長・発展からおよそ 20 年のタイムラグを経て東南アジアにおける CVS の成長・発展が予測される。

　したがって，今後とも日本で CVS が歩んできたような「アメリカを発祥とした当初の CVS の事業システム」ではなく，「日本における CVS の事業システム」が徐々に確立され，その時々の独自のイノベーションから進化してきた CVS が，海外においても「進出先国・地域の現地における CVS の事業システム」として確立し，現地で受容され，新たな成長を遂げる可能性がある。

2　FC による浸透とインフラ整備

　日本を除く CVS の本格的な海外進出は，旧サウスランド社（現 7-Eleven,Inc.）による 1979 年の台湾統一超商とのエリア・ライセンス事業からである[20]。現在もそうであるが，セブン - イレブンの海外店舗数のほとんどは，現地有力パートナー企業と旧サウスランド社との間におけるエリア・フランチャイズ契約による出店[21]であり，現時点でセブン - イレブン・

ジャパンが出資するのは，中国の北京セブン - イレブン，ハワイの買収した
CVS事業等に限定される。なお，セブン - イレブン・ジャパンが中国の首
都である北京に，現地企業数社との合弁にてセブン - イレブン北京有限公司
（北京セブン - イレブン）を設立したのが2004年1月であり（柳，2007b，157
頁），同年4月には1号店を開店させている。

　アメリカから日本へ導入されたセブン - イレブンの概念は，①セブン - イ
レブンという商標（看板），②CVSの概念，③フランチャイズ会計システム
（粗利益分配方式）の3点であったとされる（川辺，1994，170頁）。これらは，
その他のCVSの標準化を進めるうえで不可欠な要素でもあるが，基本的に
はフランチャイザー（本部）とフランチャイジー（加盟店）との間の「信頼関
係の醸成」に基づくビジネスモデルの理解，FC店の現地での浸透および店
舗数拡大に影響を及ぼしているのである。

　CVSは百貨店やスーパーの歴史と比べると，海外進出してから日が浅い
上に，小規模零細性，過多性などの特徴に加えて，FC店を中心とした多店
舗展開，24時間営業，極めて少ない品揃え（品目数），温度帯物流による高
回転率販売などのオペレーションに関する独自性が確立されている。そのた
め，百貨店やスーパーとの成長度合いや進展具合を単純に比較することはで
きないが，FC店による多店舗展開の可否が発展の鍵を握っている。

　CVSの国際展開は，CVSの基本コンセプトをベースとした店舗運営，粗
利益分配方式等に加えて，商品供給システム，情報システムの構築を進出先
国・地域に応じて行わなければならない。この点は東アジアから東南アジア
への店舗展開においても同様であろう。

　関根［2021］が指摘するように，日本型CVSの「土着化」を超えて現地
型の（日系）CVSとして「文脈化」されることで，よりいっそうCVSの現
地化が進展することも考えられる。

　日系CVS各社の海外展開事例から，CVS運営の「現地化」や「ローカル
化」が明らかになっている。しかし，日本の大手CVSの海外進出を見てき
た限りでは，現地化する前段階において進出先国・地域においてCVSが機

能するための「インフラ整備」が必要とされる場面やケースが非常に多い。例えば，①多頻度小口配送を実現させるためのロジスティクスの整備，②単品管理を基礎とする情報システムの構築，③PB商品販売のための専用の製造工場の稼働などである。これらのCVS運営のための絶対条件は，日本でCVSが成長するために不可欠であったように，日系CVSが海外で成長する際にも絶対条件として認識する必要があろう。

第 5 節　おわりに

　元来，CVSはストレート・フランチャイジングによる現地企業の事業運営，つまりカウンターパートによるオペレーション活動をベースとしたビジネスモデルである。CVSの進出先国・地域におけるオペレーションは，CVSの運営主体によって異なることが，これまでの既存研究で明らかとなっている。

　しかしながら，日系CVSの海外進出の多くは，100％出資の子会社の設立ならびに合弁会社の設立による直接投資方式の国際フランチャイジングで行われている。川端［2010］によれば，①システム基盤構築，②システムの高度化・適正運営，③ブランド管理意識の高さを維持するためにガバナンス（企業統治）強化が必要であり，したがって日系CVSの海外展開は直接投資方式によるパターンが多いとの分析を行っている。ところが，進出先国・地域における直接投資方式による高コントロールを行うべく高いガバナンスを実施しようとすれば，FC店ではなく直営店がより確実にオペレーションを実行できることは明らかである。その点は本来のフランチャイズ・システムのメリットである出資をともなわない方法によるFC店の拡大によるロイヤルティの獲得を，企業側がどのように捉えるのかがポイントとなろう。これまでの日系CVSの海外展開事例では，高コストをかけてでも高いガバナンスを維持した方が，最終的にリスク軽減につながるとの判断がなされている

ようである。

　そもそも，CVSの運営では，本部を起点とする生産から販売に至るまでの徹底したSCM（サプライ・チェーン・マネジメント），物流（ロジスティクス）・情報システム等の高度化の下，繊細なコントロールが要求される。またこれらの仕組みが各国・地域において存在しない，あるいは脆弱であれば基礎から創り上げる必要がある。つまりCVSが当該国・地域で活動できる「仕組みづくり」＝市場創造は，まさに小売主導によるマーケティングであり，その基盤は小売経営に係る革新によって醸成されるのである。現在では，その仕組みづくりに総合商社が大きく関与している点も看過できない。

　かつて，佐藤［1974，323頁］がアメリカの歴史からの教訓として，「商業技術の革新」というよりは「小売企業の経営的・産業的基礎の革新」に基づいて，小売商業は集中的大規模化（資本の拡大）が可能になり，それにより流通近代化・合理化はもとより，生産の近代化・合理化にまで貢献でき，経済機構全体のなかで真に革新的な役割を担うことが可能となると述べている。この指摘から半世紀近く経過しているが，まさにCVS事業は，日本国内はもとより海外においてその小売経営革新を創造していると考えられる。

　大手CVSの海外進出は，草創期の立役者である台湾におけるファミリーマートの進出に始まった。ファミリーマートは1988年8月，伊藤忠商事，台湾現地企業である国産汽車股份有限公司などと合弁会社である全家便利商店股份有限公司を設立し，海外展開をスタートさせている。他の大手CVSよりも国際展開が先行していたファミリーマートは，1990年にも韓国へストレート・フランチャイジングにて進出した経験を有しているが，韓国からはすでに撤退している。同様に先述したように，セブン‐イレブンとミニストップはインドネシアから撤退している。本章で主に取り上げたローソンも，東南アジアでは当初より想定されていたような店舗数増加を実現できていない。

　しかし，アジア地域全体で見れば，CVS市場はまだ成熟化しておらず，日系CVSにとっての課題は山積しているものの，創造的適応行動としての

未知数のポテンシャルを秘めており，成長の余地は十分にあるといえよう。

注

(1) CVS正規会員7社は，①（株）セブン-イレブン・ジャパン，②（株）ファミリーマート，③（株）ローソン，④ミニストップ（株），⑤山崎製パン（株），⑥（株）セイコーマート，⑦（株）ポプラである。一般社団法人日本フランチャイズチェーン協会「コンビニエンスストア統計調査年間集計」（2021年1月～12月）（https://www.jfa-fc.or.jp/folder/1/img/20220120111643.pdf〔2022年2月22日閲覧〕）。

(2) 株式会社ミニストップWebサイト（https://www.ministop.co.jp/corporate/release/assets/pdf/20210906qingdao.pdf〔2021年12月11日閲覧〕）。なお，中国では遼寧省でのエリア・フランチャイズ事業は継続するとのことである。

(3) ミニストップの中国への進出は青島への出店（2009年）から始まるが，2019年4月には，遼寧省大連市の現地企業である大連三寰商業管理有限公司とのエリア・フランチャイズ契約を締結し，同年8月に「MINISTOP会有便利」を開店させている。ミニストップWebサイト「ニュースリリース」（https://www.ministop.co.jp/corporate/release/assets/pdf/20190808_10.pdf〔2021年12月3日閲覧〕）。

(4) 株式会社ローソン「アニュアルレポート2012」，52頁。またローソンの上海華聯羅森有限公司への出資比率は，2015年2月末現在で94%にまで引き上げられている（ローソン「MD&A2015」17頁）。

(5) ローソンWebサイト「ニュースリリース」（https://www.lawson.co.jp/company/news/year/058263/〔2021年12月17日閲覧〕）。

(6) ローソンWebサイト「ニュースリリース」（https://www.lawson.co.jp/company/news/detail/1368969_2504.html〔2021年12月2日閲覧〕）。

(7) 株式会社ローソン「ニュースリリース」（https://www.lawson.co.jp/company/news/detail/1440045_2504.html〔2021年12月11日閲覧〕）。

(8) 同上。

(9) 株式会社ローソン「有価証券報告書（第37期）」3頁（https://www.lawson.co.jp/company/ir/library/pdf/yuuka/yuuka_37.pdf〔2021年12月12日閲覧〕）。

(10) 株式会社ローソン「アニュアルレポート2012」52頁。

(11) 『日本経済新聞』2016年2月26日付記事（https://www.nikkei.com/article/DGXLASDX22H3B_U6A220C1FFE000/）。

(12) 『日本経済新聞』2017年6月22日付記事（https://www.nikkei.com/article/DGXLASDX22H17_S7A620C1FFE000/）。

(13) 『日本経済新聞』2016年6月17日付記事（https://www.nikkei.com/article/DGXLASDZ17HRM_X10C16A6TI5000/）。

(14) JETROのWebサイト（https://www.jetro.go.jp/ext_images/world/asia/asean/service_fdi/idn1-2.pdf〔2021年12月6日閲覧〕）。

(15) 当時の合弁会社は，ファミリーマート30%，伊藤忠商事10%，ロビンソン百貨店40%，サハ・グループ20%で発足している。詳しくは鍾［2014］を参照。

(16) ファミリーマートWebサイト「ニュースリリース」（https://www.family.co.jp/

company/news_releases/2020/20200527_02.html〔2021年12月27日閲覧〕。

(17)　ローソンWebサイト「ニュースリリース」(https://www.lawson.co.jp/company/news/
year/073652/〔2021年12月9日閲覧〕)。

(18)　ローソンWebサイト「ニュースリリース」(https://www.lawson.co.jp/company/news/
detail/1246370_2504.html〔2021年12月9日閲覧〕)。

(19)　ローソンWebサイト「ニュースリリース」(https://www.lawson.co.jp/company/news/
detail/1388411_2504.html〔2021年12月10日閲覧〕)。

(20)　例えば，鍾［2005］が分析しているように，台湾市場においては食品メーカーである統一企
業の販路として導入されたCVS（セブン・イレブン台湾）が，マーケティング戦略において競争
優位を構築するに至っている。

(21)　なお，旧サウスランド社によるエリア・フランチャイジングによるCVS事業は，タイ（CP
グループ），韓国（ロッテ），中国広州・香港・シンガポール（デイリーファーム），フィリピン・
中国上海（統一超商）等で展開されている。

第 **6** 章

台湾経由中国出店モデルと
中国直接出店モデルの
比較検証

第 1 節

はじめに
―本研究のモデルと研究の意図―

　本章において対象とする日本小売企業の出店モデルは，大きく2つに分けることができる（図表6-1）。まず1つめは，台湾を経由して中国へ出店している日系小売企業モデルである。このモデルは日本の小売企業として，まず台湾に合弁ないし独資により進出（出店）して，その後，数年から十数年を経て，当該資本をベース（日本本社からの直接資本という意味ではない）に，中国へ合弁ないし独資により進出（出店）を行っている小売企業のことである。本研究ではタイトルにも示した通り「台湾経由中国出店モデル」と呼ぶことにする。別称として「台湾経由中国直接投資小売企業モデル」ともいえよう。

　もう1つは，大多数のケースが該当するが，中国へ合弁ないし独資により直接進出（出店）している日系小売企業モデルであり，本研究では「中国直接出店モデル」と呼びことにした。別称として「中国直接投資小売企業モデル」ということもできるだろう。

　本章では，以上のような2つの日系小売企業の中国市場開拓に向けた出店行動に着目することで，2つのパス（道程）を比較しつつ，その小売企業の活動や戦略等を分析・評価しながら両モデルの日系小売企業が異なる小売環境下で保有する経営資源をどのように認識・判断して出店行動へ生かし，売

図表6-1　日本小売企業の2つの出店モデル

出所：筆者作成。

上等の増大を図り成長を遂げているのかについて検証してみたい。そして，最終的には，東アジアから東南アジアといった異なる地域や国々を視野に入れた，第三国市場へ向けた小売企業の国際進出に関する理論構築を提示することを目的としている。

　本章では，事例として多くはないが「台湾経由中国出店モデル」の代表格として，最初に台湾に合弁にて進出した後に，中国へ合弁で進出している日系百貨店の新光三越と日系CVSの全家便利商店（台湾ファミリーマート）を想定している。そして，もう一方の大多数を占める「中国直接出店モデル」の代表格として百貨店の伊勢丹（上海梅龍鎮伊勢丹，成都伊勢丹など），髙島屋（上海髙島屋）等，GMSではイオン（永旺，佳世客など），イトーヨーカ堂（華糖洋華堂，成都伊藤洋華堂）等，CVSではセブン-イレブン（セブン-イレブン北京など），ローソン（上海ローソンなど）等の小売企業を事例として想定した。

　なお，上述の両モデルは基本的には「日系総合小売業」を対象としているが，量販店等の「日系専門小売業」を排除するものではない。最後に事例としては少数である「台湾経由中国出店モデル」が，日系小売企業における経営資源の国際移転プロセスとして有効であり，また当該出店地域にどのようなインパクトを与えるかについて明らかにする。

第2節　モデルケースの検証

　本節では，モデルケースとして取り上げる2タイプの日本小売企業の特徴を抽出しながら，比較検証することにする（図表6-2）。

図表6-2　2つの日本小売企業モデルの比較

項目	「台湾経由中国出店モデル」	「中国直接出店モデル」
規模	大企業に限定	大～中小企業
進出形態 （参入モード）	大企業（証券会社，製造業等）との合弁	100%独資，合弁，エリア・フランチャイジング
業態	百貨店，CVS	総合小売業，専門店
初期出店地域	上海市，北京市	東部沿岸部の大都市（百貨店は中心部）と内陸部に分散
現地適応力	やや高い	高～中程度（撤退企業あり）

出所：筆者作成。

1 「台湾経由中国出店モデル」の検証

　まず「台湾経由中国出店モデル」では，第1に企業の規模別の分類において該当する対象小売企業が大企業に限定される。事例が少ないせいもあるが，中小小売企業の事例は皆無であった。大企業である点は『会社四季報』や各企業の公表データ（有価証券報告書等）により，日本本社の資本金，従業員数等からも判断できる。一方で，民間企業の小売業調査データにおける売上高[1]でも把握することができる。

　第2に，上述した点に加えて，台湾における合弁先企業として地場の証券会社や製造業等の大企業とパートナーを組んでいる。現地の大企業は，何よりもグループ企業でもあることも多く，日本小売企業の合弁先の選択は進出する業態にも影響を与えていると考えられる。例えば，百貨店であれば好立地を最優先順位として資本力や百貨店の運営ノウハウを重視したり，CVSであれば販売商品のウェイトが高い飲食料品を調達しやすい製造業とパートナーを組んだりすることが明確となっている。そして，地場企業との合弁にて成長を図り，その数年から十数年後に同様に合弁方式にて中国へ進出するパターンとなっている。

　そして第3に，台湾から中国へ展開している日系小売企業の業態は，GMSや食品スーパーを除いた百貨店，CVSとなっている。この状況は日本

で「二大小売グループ」として競争優位性を保っているイオンとセブン＆ア
イ・ホールディングスの展開する業態，とりわけ「総合スーパー」の台湾出
店が，過去において積極的ではなかったことや意図せぬ事情から，結果的に
台湾を経て中国へ出店する必要性やメリットをもたなかったことを意味する。
またCVSのセブン‐イレブン・ジャパンにとっては，すでに7-ELEVEN
Inc.（旧サウスランド社）とのエリア・フランチャイジングで台湾の最上位の
小売企業となっている統一超商（台湾統一企業グループ傘下の企業）が，中国
の上海で事業展開している点も看過できないであろう。

　第4として，台湾および中国における日系小売企業の進出都市は大都市で
あり，繁華街や交通の利便性がよい場所に立地する傾向にある。台湾への出
店では，新光三越は台北市の玄関口である台北駅周辺に店舗を構え，その後
に市政府や台北101といった人口が集まりやすく，交通の利便性が高いとこ
ろに店舗を集中させている点が特徴である。これは中国の北京でも同様であ
り，「北京新光天地」は，北京市朝陽区の建国路と接する西大望路に面する
立地で商業施設が立ち並ぶ場所での立地であった。なお，CVSはいうまで
もない。

　第5に，日系小売企業として現地適応化の組織能力（ケイパビリティ）が高
いと思われる点が散見される。国際小売経営における商品調達と販売では，
とりわけ商品調達部分に力点が置かれている。現地での商品調達，すなわち
商品の仕入れは各業態で異なるが，百貨店の場合では委託仕入れもしくは消
化仕入れが一般的である。しかし，台湾においても中国においても完全な日
本方式（いわゆる日式）ではなく，入店している「店中店」と称される各テ
ナントには，契約に基づく売上ベース月額に光熱費等のコストが加算された
支払い義務を課している（ただし，別の名目等で徴収することもある）。百貨店
は各テナントの選定や契約延長などの可否を勘案して，最善のマネジメント
努力を行っている。また，自ら企画する催事などにも，競合店にはない知名
度の高い海外ブランドの積極的な取り扱いを行ったり，地域や消費者の意向
についてはアンケート調査等を通じて反映させたりすることで集客を図って

いる。

　CVSにおいては，初期のインフラ整備として小売市場構造への適応性と商品調達の重要性が明確化している。つまり，台湾では小売企業自らが出資することで積極的に物流網を整備したり，PB商品の生産に関して専門会社を立ち上げたりしている（柳，2011）。日本では開店時から各種インフラ（物流網や情報システム等）が，ある程度整備されていることも多いが，進出先国・地域ではそもそもCVSの稼働に係る条件が整っているわけではない。しかしながら，CVSの運営上で求められるインフラ整備や商品の調達先の開拓，PB商品の製造工場の設立等，その他想定されていないようなトラブルに対しても，日系CVSは現地適応を示している（柳，2007）ことが明らかとなった。

2　「中国直接出店モデル」の検証

　日系小売企業に限らず，多くの小売企業が海外進出時に選択するのが，現地への「直接出店」である。日系小売企業の「中国直接出店モデル」もそうである。しかし，実際にはその展開は一様ではない。以下，日系小売企業の「台湾経由中国出店モデル」と同様の観点で見ていく。

　第1に，今や中国への出店はどの業態でも行われているといっても過言ではない。百貨店の伊勢丹，髙島屋を例に挙げれば，髙島屋は2012年に上海に出店して10年が経過しようとしており単店舗経営である一方で，伊勢丹は，上海や天津，成都など大都市に積極的かつ複数店舗経営を行っている。しかし，伊勢丹は台湾の高雄市からの撤退（2008年大立伊勢丹），中国では2007年に山東省の済南伊勢丹，2013年には瀋陽伊勢丹が閉店するなど，地方都市での小売経営の困難性が顕在化している。

　第2に「中国直接出店モデル」と「台湾経由中国出店モデル」において差異が見られる業態開発とその展開である。とりわけ，台湾経由では出店がほとんどなされていないGMSの出店である。中国に最も早くに出店したヤオ

ハン（1991年）を初めとして，ダイエー（1995年），イオン（1996年），イトーヨーカ堂（1997年），平和堂（1998年）などのGMSが中国出店を果たした。しかし，各社の出店地域は異なっており，広州市および深圳市，北京市や山東省の東部沿岸部の広範囲に店舗展開するイオン，北京市と成都市に地域を限定しているイトーヨーカ堂，そして第4章で取り上げた内陸部の長沙市と株州市に展開する平和堂の合計3タイプに分けることが可能である。

　さらに，イオンはモール型のSCの開発にシフトしている一方で，イトーヨーカ堂は出店初期の教訓を生かして，立地選定や業態開発を慎重かつ効率的に行い「高級GMS」と食品スーパーを明確に打ち出している。平和堂は，内陸部に高級百貨店を運営している異業態出店の事例として特筆するべき企業例である。

　日系CVSとして，中国への出店が1996年と最も早いローソンが上海市に出店してから，初期の頃は店舗数を伸ばせていなかったものの，2010年以降に重慶市，大連市，北京市などに出店地域を広域化しながら，現地運営会社の小売マネジメントを強化している。そして，2021年8月31日現在，ローソンは中国における日系CVSで最も多くの店舗数を展開するに至っている。その一方で，セブン-イレブンは2004年に北京市に1号店を開店しており，出店初期の直営店方式から徐々にFC方式に切り替えながら店舗数を増加させ，出店地域も北京近郊へと広域化している。また，2004年には「台湾経由中国出店モデル」として挙げるファミリーマートも上海市に進出し，その後多店舗展開を行い，その他の大都市に積極的に進出することで，着実に店舗数を増加させている。

　上述の点と関連して，中国に進出している日系小売企業の出店地域は上海や大連等の東部沿岸部の大都市に限定されているわけではない。例えば，百貨店ではそごうが武漢（2000年）へ，GMSのニコニコ堂の最初の出店は桂林（1997年）であった。またイトーヨーカ堂は成都（1997年），イズミヤは蘇州（2011年）に店舗を構えている。さらに同時期の2010年には，ローソンが100％出資会社を重慶市に設立して内陸部への出店を開始している。今

や中国内陸部の湖北省（中心は武漢市），湖南省（中心は長沙市），四川省（中心は成都市）を拠点として日系小売企業の出店地域が広がっている。

　第3に，中国への進出形態は，法的には小売分野でも100％独立資本や国際フランチャイジングでの出店が可能（2005年以降）となっており，日系小売企業の中国出店は，そのほとんどが100％独資であるイオンと，その他百貨店，CVS等で見られる合弁方式の2つのパターンに大別できる。第2章でも明らかにしたように，現地法人の日本側の出資比率は「100％出資が68.9％」，「75％以上100％未満が7.9％」，「50％超75％未満が8.9％」と，全体的に海外進出時の出資比率が非常に高く，中国への出店事例からも出資をともなう進出のパターンが多くなっている。ただし，国際フランチャイジングは小売経営上のメリットと運営システムの性格からCVSやファストフード，専門店分野で多くなっているが（川端，2010），今後は進出先国・地域も多様化することで，日系企業が国際フランチャイジングを採用するケースが増加するかもしれない。

　第4として，現地適応能力に関しては「中国直接出店モデル」は出店初期の頃より多店舗展開できず苦戦している日系小売企業の状況がうかがえる。端的には，中国政府の1992年からの流通分野の改革開放により外資系小売企業の市場参入が加速し，整理整頓期にあたる1998年から1999年にかけて，一時的に出店が鈍化するまでの約7〜8年の間に，多くの大手日系小売企業が出店しているが，本モデルとして想定していた百貨店，GMSの大半は，現時点ですでに現地から撤退している点である。例えば，百貨店では近鉄，西武（商標貸与），そごう（商標貸与），GMSではダイエー，先に挙げたニコニコ堂，マイカル等である。これらの小売企業は周知の通り，当該時期より，日本の本社において事業上何らかの問題を抱え，資本的人的にも脆弱な部分を露呈していた点は看過できないであろう。

第3節 | 2つのモデルの評価とインパクト

1 「台湾経由中国出店モデル」の評価

　2つの日系小売企業の中国出店モデルの検証の結果から，対象のモデルを，①小売構造との適合性，②小売行動の革新性，③小売競争の優位性の3点において評価することができる。

　まず1つめのモデルである「台湾経由中国出店モデル」は，日系小売企業の新光三越と台湾ファミリーマートを対象とした。両小売企業とも台湾小売市場で成功を収め，現在でも売上高の上位に位置している。百貨店，CVSともに台湾ではオーバーストア状況が続いている状況下で，高級品と飲食料等の日用生活品の販売では両業態がバランスよく棲み分けすることが可能となっている。第3章でも触れたように，近代的な総合小売業と前近代的な露天商が併存する複雑な台湾小売構造において，両社の台湾への進出から中国への進出に至るまでのプロセスおよび出店戦略は順調であると評価できよう。したがって，①の小売構造とのマッチングも良好と判断できる。

　ただし，新光三越については台湾における展開と同様に，中国小売市場で展開できるか否かの判断は時期尚早である。というのも，新光三越は，2007年4月に中国地場企業の北京華聯集団と合弁にて「北京新光天地」を北京市に開店させているが，当初から経営上のトラブルや正社員幹部や従業員の解雇問題が報道されることもあり，中国最大の百貨店としての話題にも暗い影を落としていた（『朝日新聞』，2007年9月4日付）こともあるからである。

　その後の展開は，Web等での検索で2012年9月に新光三越（もと北京新光百貨）が北京から撤退し，北京華聯集団の「北京SKP」として2014年に改

名との情報があるのみである。さらに，中国の現地法人であるShin Kong Mitsukoshi（China）Investment Co.,Ltd.によれば，2015年6月には蘇州新光天地，2017年8月には重慶新光天地，2019年12月には成都新光天地として[2]，中国市場への再進出ともとれる新光三越の展開に至っている。

　台湾ファミリーマートの中国での展開は，2004年5月に遡る。本部を上海市に置き，同年7月に1号店を開店させてから，広州（2006年），蘇州（2007年），杭州（2011年）に加えて成都市（2011年），深圳市（2012年），無錫市・北京市・東莞市（2014年），と出店地域を非常に早いペースで拡大しており，2014年3月現在[3]で中国国内店舗数が1,000店舗程度であったところが，2019年2月28日現在では，2,569店舗（株式会社ファミリーマート，2019，85頁）にまで店舗数を増加させている。

　次に，②の小売行動の革新性であるが，台湾の日系百貨店としては後発小売企業であった新光三越と，台湾の日系CVSの草分け的な存在である台湾ファミリーマートの違いはあるものの，両社の小売行動の革新性は高く評価することができる。すでに分析したように新光三越の店舗立地は，常に先見の明をもって計画的になされており，一足早くに商業開発区に大胆な建物のデザインを施したり，売り場面での工夫として男性館と女性館での品揃えを専門化したりするなど，これまでにない百貨店戦略を打ち出しながら実行してきた。それは北京での建物のデザインおよび内部構造に見いだすことができる。他方の台湾ファミリーマートは，台湾小売市場では商品調達から販売に至るまでの自前強化を行ってきた。これは，上述した①の小売構造との適合性とも関連しており，本国と異なる環境下において小売構造や流通制度を理解しながら，本国で培った小売ノウハウを活用しながら，同時に自ら市場開拓を行う小売行動の革新性に基づくものである。中国市場での展開は上述の通りであるが，今後の出店地域の拡大と飽和にともない，革新的な小売行動をどのように展開・継続させていくかを注視する必要があろう。

　そして，③の小売競争の優位性は「市場特性要素の重み」（柳，2012，208-211頁）との関係により，長期的視点に立脚した出店行動プロセスとし

て捉える必要性がある。具体的には，初期の企業設立コスト，商品調達コストなどは，資金的に潤沢であったとしても現地のパートナーの存在，取引慣行などによって必ずしも競争他社との競争優位にはならないケースもある。また，撤退要因の１つである店舗の家賃，電気・水道等の公共料金等の固定費用の上昇は，出店後に変動する小売経営上のリスクとしての認識が必要である。とりわけ，人的資源などの目に見えにくい小売ノウハウは，同様の小売市場で小売経営をする際に，経験値として蓄積されることから競争優位となっている可能性は大である。この点については，新光三越は台湾において20店舗をも展開する最上位百貨店であるものの，中国での展開は未知数な部分も多い。

　台湾ファミリーマートは，台湾では統一超商の運営するセブン‐イレブンに続く台湾第２位のCVSである。台湾での販売経験や実績をもってして，その経験値を中国でも踏襲しており他社との競争優位となり得る。しかしながら，本研究での時間的な制約もあり，今後は出店後の長期的な時間軸のなかで継続的な調査・分析が必要であろう。

2　「中国直接出店モデル」の評価

　もう１つのモデルである「中国直接出店モデル」についても「台湾経由中国出店モデル」と同様に，①小売構造との適合性，②小売行動の革新性，③小売競争の優位性の順に評価する。「中国直接出店モデル」は，「台湾経由中国出店モデル」の総合小売企業に比べて，中華圏における小売構造，小売制度などの理解不足だけでなく，現地における小売経験上の絶対的な不足を指摘することができる。それは単なる，小売ノウハウ等の目に見えない経営資源の保有としてばかりではなく，時期・時間的なタイミングをも含むのである。その点では，新光三越も台湾ファミリーマートも初出店した際の台湾でまったく苦労せずに小売経営をしてきたわけではないことからも明らかである。つまり，初めて海外進出する小売企業にとっては，商品調達から販売に

至る毎日における業務のすべてが試行錯誤の連続であろう。

　そこで，①小売構造との適合性は，「中国直接出店モデル」では，広大な中国市場における地域差を勘案すれば，小売企業によってケース・バイ・ケースであると考えられる。例えば，日本では小売の上位グループであるイトーヨーカ堂は，北京市における1号店出店では非常に苦戦したと分析されている（胡，2003，53-75頁）。その理由の主なものが，商品の納入や仕入れ方式，消費者の購買慣習への現地対応にあったのである。その後，徐々に問題点を改善しながら，徹底した黒字経営により地道に店舗数を増加させてきた。しかし，店舗数増加を長期的に達成することは容易ではなく，2022年3月現在では大きく店舗数を減少させている。

　同様にGMSを運営する日本の代表格であるイオンも中国では順風満帆の出店を継続してきたわけではない。それは「世界の小売トップ10」を掲げる一方で，中国における出店地域の拡大計画（南部からの北上シフト）が，予定より遅れぎみであることからもうかがえる。

　また，平和堂の出店ケースでは，ヒアリング結果からも明らかになったように，合弁会社の設立から1号店の開店に至るまでに商品調達面で非常に苦労している。同市内に2号店と別の市に3号店を開店する際にも開店日直前まで店舗の改装を余儀なくされ，開店後もマーチャンダイジングと社員教育では，現地での慣習の違いに戸惑いを感じたとの経験談も得ている。さらには，2012年秋以降に顕在化した一部の現地消費者による店舗の損壊や不買運動等を主とした「カントリーリスク問題」がクローズアップされた。このことから，現地における小売構造への適応は，たとえ大資本で経験豊かな大企業であっても容易ではないといえよう。

　次に「中国直接出店モデル」における，②小売行動の革新性は，中国の国土の広さと地域差および市場別の格差を踏まえると，非常に革新性が求められる。大きく東部沿岸部と内陸部で見た場合において，小売経営方法が大きく変更を迫られるものでなくても，求められる商品の仕入れおよび品揃え，陳列販売，小売サービスに違いが生じる。しかしながら，本研究の本モデル

と「台湾経由中国出店モデル」との小売企業の行動革新の明確な差異を見い
だすことは困難であった。

　最後に，③小売競争の優位性については，中国連鎖経営協会編［2011］の
売上高ランキング等のデータより把握すると，その序列は，2010年時では
イオンが56位（662,620万元），成都イトーヨーカ堂が65位（435,363万元），
北京のイトーヨーカ堂が91位（270,875万元）であった[4]。その10年後の
2020年における「中国連鎖百強」でランキングされている日系小売企業[5]
は，イオン（永旺（中国）投資有限公司）が25位（2,473,474万元），セブン-
イレブン（柒拾壹（中国）投資有限公司）が59位（716,023万元），ローソン
（羅森（中国）投資有限公司）が67位（648,644万元），イトーヨーカ堂（成都
伊藤洋華堂有限公司）が77位（548,000万元）である（中国連鎖経営協会編,
2021, 3-5頁）。とりわけ，日系CVSの躍進が数字上に表れていることがわ
かる。

　百貨店の伊勢丹は，2000年代以降において中国の地方都市での閉店が見
られ，一時期ほどの店舗数は有していないが，天津では3店舗を展開するほ
ど，その勢いを取り戻しつつある。2000年代には撤退も散見された日系百
貨店の新規中国進出状況は，髙島屋（2012年上海），大丸（2015年上海），
2021年4月には阪急（寧波阪急）が開業していることから回復基調がうかが
える。

　中国におけるCVSは上海市に上位企業が集中しており，売上高も非常に
伸びている状況にあるが，日系CVSのセブン-イレブン，ファミリーマー
ト，ローソンに加えて，イオングループのCVSであるミニストップ（青島迷
你島）が，2009年より山東省青島市で店舗数を増加させていたが，2021年
には事業清算していることから，地域別で各小売企業の出店戦略の模索が続
いている。現在のところでは，ファミリーマートとローソンが広範囲におい
て中国での出店を重ねており，そのバックアップとして総合商社が支えとな
っている。そこで，CVSの競争優位の分析を行う場合は，個々の企業だけ
でなく企業グループごとに詳細な分析を行う必要も生じている。

3　モデルのインパクト

　日本から台湾へ進出している小売企業は数多く存在するが，そのなかでも台湾で売上高が上位に位置する新光三越，台湾ファミリーマートを「台湾経由中国出店モデル」として言及した。これらの日系小売企業の資本規模，進出形態，業態等の特徴を抽出しながら検証・評価した結果，とりわけ「中国直接出店モデル」との比較において，総じて優位性を保ち，台湾・中国における消費社会に対して多大なインパクトを与えたと考えられる。

　まず第1に，台湾・中国の消費者に対する高級品およびこれまでにない高い小売サービスの提供を行ってきた。商品に関しては，新光三越は日本を含む海外からのさまざまな高級品や高級食材を取り揃えることで，大衆消費社会を迎えていた台湾・中国の消費者に対してさらなる渇望を掘り起こすきっかけとなっている。地場の百貨店と比べてみても売場面積，華やかな装飾，近代的な清潔感あふれたフロアにおける陳列棚や什器も他社との競争優位の手段として機能している。一方で台湾ファミリーマートは，日本における小売サービス以上に，現地適応型の小売サービスを実践することで，さらなる利便性を提供するに至っている。

　第2に，新光三越はさまざまな催事やイベントの開催により単なる商品の購入場所ではなく，娯楽や非日常のアミューズメント等の「時間」と「空間」を提案している。これらのいわゆる小売提案型のマーケティングを実践することで，これまでの台湾・中国の消費者のライフスタイルをさらに進化させることに貢献しているのではなかろうか。特に地方都市においては大都市部にも劣らない情報提供の場ともなっている。一方の台湾ファミリーマートは，台湾で第2位のCVSにまで成長し，中国においては東部沿岸地域を代表する大都市の上海のみならず内陸部の大都市である重慶や成都へと進出しており，日本で培ったCVS運営のノウハウを生かすべく，PB商品の開発と消費者への訴求，加工食品を中心とした日常生活品の即時的提供と徹底し

た品質管理により，小規模店舗ながら信頼を獲得することに成功している。

　第3に，新光三越も台湾ファミリーマートも，日本の小売企業としての認知度の上昇や業界の地位向上の牽引役としての役割を果たしている。両社は業態としては異なるものの，周辺に商業施設を呼び込み，小売分野における競争関係を醸成することで都市の活性化にも貢献している。

第4節　おわりに

　両モデルの最も大きな差異は，「台湾経由中国出店モデル」の方が「中国直接出店モデル」よりも，小売組織としての学習能力が継承され，成熟度が高く，現地適応能力に優れている点である。本研究では，小売組織行動の国際展開に関して，第三国への小売展開モデルを十分ではないものの提示できたと考えている。現地での小売市場構造への理解，小売競争側面としての小売行動の実効性などは，当該小売企業に委ねられているとはいえ，少なくとも本国からの小売事業が組織学習によって継承され，現地では本国とは異なる経験値として醸成されることが明らかになった。

　本研究の目的は，「台湾経由中国出店モデル」と「中国直接出店モデル」の2つの既存の中国出店パスに着目して両モデルを比較検証することで，日系小売企業の中国出店プロセスの解明を行い，さらには，第三国への間接的な小売企業の国際展開の有効性を理論的に提示することにあった。しかしながら，日系小売企業として間接的な第三国へのパスの絶対的な有効性は，現在のところその実態として示すことができる事例があまりにも少なく，理論構築までに十分に至らなった点は，今後の研究課題である。

注

(1)　本章では，日経MJ編［2013, 73-90頁］の2012年5月から2013年4月（2012年度）における総売上高などのデータを参照した。

(2)　新光天地Webサイト（https://www.shinkong-place.com/about_shop?shop_id=2〔2022年4月1日閲覧〕）。

（3）　株式会社ファミリーマートWebサイトの地域別店舗数（2014年2月28日現在）を参照した。

（4）　2011年3月に公表された「中国連鎖百強」より抽出（中国連鎖経営協会編，2011，394-398頁）。

（5）　中国連鎖経営協会［2021］による2020年の「中国のチェーンストアトップ100」から日系小売
　　　企業を抽出（http://www.ccfa.org.cn/por/article/downFiles.do?attId=299188〔2022
　　　年4月6日閲覧〕）。

小売企業の海外撤退・
再進出研究とその影響

第 **7** 章

小売企業の撤退研究と
検討課題

第 1 節 # はじめに

　世界規模で活動を行っている小売企業（グローバル・リテイラー）の海外進出研究が行われてきた点は，第1章ならびに第2章で触れてきた。第3章から第5章にかけては，日本の小売企業も百貨店を中心に主要業態（営業形態）で海外進出を経験しており，そこで国際マーケティングが実践されてきた点を指摘した。また，海外の先行研究を始め，多くの小売企業の海外進出に関する研究成果が蓄積されてきた。

　その一方で，小売企業の海外からの撤退事例も多く存在している。例えば，欧米諸国の代表的な小売企業としてウォルマート（アメリカ）のドイツ，韓国からの撤退や，カルフール（フランス）のイギリス，アメリカ，香港，日本，韓国，スイス等の複数の国・地域からの撤退は，メディア等でも大きく取り上げられている（Dupuis and Prime, 1996; Baek, 2006; 今井，2014など）。さらに，テスコ（イギリス）のアイルランド，フランスからの撤退，またフランス，香港から退出したマークス＆スペンサー（イギリス）や，アメリカ，中国，シンガポールで失敗したロイヤル・アホールド（オランダ），ホーム・デポ（アメリカ）のチリからの撤退など，グローバル・リテイラーの多くが進出先国・地域からの撤退を経験している（Burt et al., 2002; Palmer, 2004; Alexander and Doherty, 2009; 鳥羽，2016など）。

　過去，日系小売企業においても百貨店の松坂屋，名鉄百貨店，小田急百貨店，近鉄百貨店等，スーパーマーケットでは西友，ダイエー，ニコニコ堂，ヤオハン，マイカル，丸久，サミット等，CVSではマイショップ，ニコマート等が海外から撤退している（川端，2000; 2011）。また伊勢丹，三越，そごう，東急，阪神，阪急等の各百貨店では，進出先国・地域で部分的に閉店し，大手スーパーマーケットのイオンやイトーヨーカ堂もいくつかの海外店舗を閉店させている。百貨店とスーパーと比べて海外進出が新しいCVSで

は，ファミリーマートが2014年に韓国から撤退し，セブン - イレブンとミニストップはすでにインドネシア市場から撤退している。

　上述したように，小売企業の進出先国・地域からの撤退事例が多くありながら，撤退行動の意味するところやその本質への理解，理論化へのアプローチは海外進出研究に比べて遅れをとっている。それどころか概念，定義付けに関する議論すら進んでいないのが現状である。

　本章では，小売企業が海外進出した後に遭遇する当該国・地域からの撤退行動を明らかにすることを目的としている。そして，小売企業の海外撤退研究が理論的にも実証的にも進んでいないことから，まずは小売企業の海外からの撤退に関する先行研究を改めてレビューし，小売企業の海外撤退行動ならびに撤退現象について整理する。次に，日系小売企業の①進出先国・地域，②撤退の程度（閉店・撤退数），③主体特性（業種や業態），④事業期間（経験年数）に関する分析を行っている川端［2011］の研究に基づき，日系小売企業の撤退状況の量的把握を行う。最後に，小売企業の海外の閉店・撤退行動時に浮かび上がる問題点，すなわち撤退する際に当該国・地域から容易に撤退できない，いわゆる「撤退障壁」が多数存在している点に着目し，今後の課題についても検討する。

第 2 節　小売企業の撤退に係る研究

1　撤退の定義

　ここでは撤退とはどのような状態を指すのかについて，いくつかの見解を紹介する。まず，製造業を主とした企業の海外直接投資研究を行っている洞口［1992］によれば，撤退について本国親企業の存外子会社の企業活動に対する支配の放棄としている。本国の親会社は出資する子会社あるいは合弁会

社等に対する経営上の意思決定権を保有している場合が多いが，撤退とはその権利や支配の放棄を指していることになる。また，企業経営・組織研究を行っている米倉［2001］は，株式譲渡および株式売却，清算，破産，ロケーションシフト，収用，国有化およびフェードアウトの用語を用いて撤退を説明している。ここで表現されている各用語は「撤退の状態」ならびに「撤退の方法」を示しており，さまざまな観点からの撤退の解釈が存在することがわかる。

　続いてBurt et al.［2003］では，撤退を「失敗」の一形態と見なしている（図表7-1）。すなわち，企業の失敗においては「撤退」，「無反応」，「増資」，「経営再構築」の4つの戦略的検討事項があり，その1つに撤退が挙げられる。撤退の意思決定後の「完全退出」に至るプロセスでは，チャネル関係における「閉店」も想定されると同時に，企業としては「組織再構築」を模索することもある。組織再構築[1]としては「参入モードの変更」や「合弁事業の売却」等が考えられており，いずれにしても，小売企業の閉店・撤退経緯とそれに至るまでの選択肢が複数存在することになる。

　最近の撤退に関する研究では，中小企業庁［2014］が，直接投資先の清算，倒産等による解散や吸収・合併等によって出資比率が0％になること，また株式の売却等により出資比率が著しく低下することと言及している。つ

図表7-1　小売企業の閉店・撤退経緯とそれに至るまでの選択肢

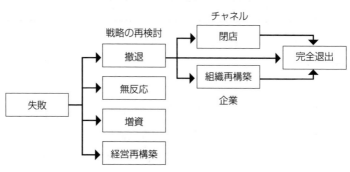

出所：Burt et al.［2003］p.359を修正。

まり，企業の撤退における「方法」と「状態」を意識して明確化している点も重要なポイントとなっている。

撤退に係る用語が必ずしも統一していない点を，鳥羽［2008］が明らかにしている。例えば，ディ・インターナショナリゼーション（deinternationalization），失敗（failure），投資撤収（divestment），清算（liquidation），退出（exit），退却（retreat），退去・避難（evacuation），退出・脱退（withdrawal）等が他の研究者でも使用されているが，さらには，事業契約の満了（termination of a business contract），売却（sell-off），スピン・オフ＝事業部分離（spin-off），店舗売却（sale of store），閉店（closure of store）等の表現も見受けられる点を指摘している。

このように，研究者においても撤退に係る定義が必ずしも統一されていない状況で，本研究では小売企業の「資本」に着目して，本国親会社から資本投下がどのように行われているのかを，①子会社（100％出資），②合弁（合弁会社の設立あるいは合弁事業への出資）を主とした企業の所有形態に求めることにする[2]。そして，出資後の「資本の撤収」がどのレベルで行われているかを鑑みて，撤退を「投資撤収」と同義として用いることにする。

なお，本研究ではBurt et al.［2003］の研究に倣い，小売企業の「失敗」に対する1つの対応として「撤退」を捉えつつ「小売企業の海外事業の縮小をともなう行動」とするが，現時点での「完全撤退」と「部分閉店・撤退」とを明確に区別したい。

2 撤退に係る先行研究

小売企業の海外撤退は，小売「国際化と逆の現象」であり，小売企業の撤退研究のほとんどが撤退要因の分析に力点が置かれている。初期の研究では，Hollander［1970］が当時の諸事例から撤退の原因は，第1に進出国における戦争の勃発，第2に進出国における小売業の国有化政策，第3に本国における事業展開の低迷などとしている[3]。ここでは，当該時期における進

出先国・地域に主たる撤退原因を求める一方で，本国の要因も取り上げられている。特に中小小売企業に関しては，①特定人材の有無（不足や退職）に左右されること，②家族の一員などが海外に派遣されて月日が経るにつれて，事業を繋ぎ合わせてきた親密性が弛緩しながら消滅すること，③現地パートナーに買収されることもあると指摘している。

　小売企業の海外からの撤退がなぜ生じるかについて，「失敗」の原因を究明しようとする研究が主流である。フランス小売企業によるハイパーマーケットのアメリカ市場への移転失敗事例を取り上げている Dupuis and Prime [1996] は，①業態の優位性の当該環境条件下での希薄化，②ロジスティクスや商品調達のシステムの未確立，③パブリック・オピニオンや現地の地域当局からの否定的な圧力の3点に着目している。また O'Grady and Lane [1996] は，カナダの小売企業によるアメリカ市場へ参入事例から，①消費者の嗜好，②政治・経済・社会に関する地域的性質，③供給業者との関係構築，④従業員の質や現地雇用した管理職の考え方，⑤競争に対する意識の違い，から近隣の同質的な市場に進出しても必ずしも成功するわけではない点を明らかにしている。

　川端 [2000] の日系小売企業の欧州およびアジア市場からの撤退研究では，①粗利益の構造的な低さ，②店舗賃貸料の重圧の大きさ（対売上比，対粗利益比），③進出時期の悪さ（家賃・金利・為替の変動関係），④現地市場における過当競争（厳しい価格競争），⑤立地選定の読み誤り（過剰な期待）が，小売企業の撤退要因になっていることを挙げている。

　Burt et al. [2002] では，イギリスのマークス＆スペンサーの海外市場での失敗例から，①包括的な国際戦略策定の欠如，②特有の店舗展開やPBの過剰な訴求という標準的な国際展開，③豊富な海外経験があるにもかかわらず，権限の委譲がなされず本部主導型の推進，④本国事業部の展開の危機などを挙げている。また，Alexander and Quinn [2002] は，イギリスのアーカディアとマークス＆スペンサーによる海外市場からの投資撤収事例から，「意思決定」→「過程」→「効果」という一連の行動から構成される小売企

業の撤退過程にも「反応」を通じて国際化プロセスが存在することを解明している。つまり，小売企業の海外経験から得た教訓を，次の行動へと反映させるプロセスが明らかとなっている。

Palmer［2004］は，イギリスのテスコによるアイルランド市場とフランス市場からの投資撤収例で，両市場への参入から撤退に至る過程における学習効果について検討を試みている。この研究では，撤退経験が国際化過程を再活性化させることに寄与していることが明らかとなっている。さらに，Bianchi and Arnold［2004］は，アメリカのホーム・デポのチリ市場からの投資撤収に着目している。すなわち，投資撤収の要因に，①品揃え形成や店舗環境構築の失敗，②現地のマネジメント・チームがチリの幅広い社会的ネットワークに不参加であったこと，③現地企業の対抗行動，④商品調達に関してバイイング・パワーを発揮できるほどの規模を実現できなかった点を挙げている。

またJackson and Sparks［2005］では，イギリスのマークス＆スペンサーの香港市場からの退出例から，①本国事業の低迷にともなうリストラで香港事業を軽視，②香港事業の標準化が文化的側面で市場との不調和をもたらした点を指摘する。そして，子会社からフランチャイズ契約への転換による撤退を「漸進的な標準化の試みが失敗を誘発」する点に着目している。

専門店の分析も行われており，Wrigley et al.［2005］は，ファッション小売企業の海外展開の失敗事例を取り上げ，撤退要因を，①競争激化，株主の圧力による進出先国パートナーを盲目的に選択したこと，②目先の収益確保が優先されたこと，③現地パートナーにマーケティングや流通に関するサポート提供を怠ったことやコミュニケーション不足の3点に集約して言及している。

またBaek［2006］の研究においては，ウォルマートとカルフールの韓国市場からの撤退例から，①競争相手である韓国のディスカウント・ストア（Eマート，ロッテ・マート等）の存在，②現地消費者への理解不足，③効率的な商品調達の確立に失敗したことが，撤退に繋がっていることからスーパー

の「低価格と高サービスの提供が困難」であることが示されている。

　一方で，企業組織や企業経営面での「脆弱部分」を指摘する研究がある。例えば，Bianchi and Ostale［2006］では，ホーム・デポ，ロイヤル・アホールド，カルフール等のチリ市場での失敗事例から，①明確な方向性や戦略に欠けていた点，②店舗拡張計画が不十分で規模の経済性を訴求できなかった点，③管理職に適切な人材確保ができなかった点，④現地の競争企業を軽視し，対応できなかった点を言及している。さらに，小売企業が現地の「小売規範」に対応できないことが事業展開に影響していると指摘している点は，非常に興味深い。

　外資系小売企業の日本市場からの撤退行動に関する研究は，遅々として進んでいないが，鳥羽［2006］は，オフィス・デポ，セフォラ，ブーツ，カルフールの日本市場からの撤退例を取り上げ，「環境条件」と「主体条件」の視点から整理を試みている。すなわち，上記の外資は業態コンセプトを維持しながら，小売ミックスに加えて商品調達や人材マネジメントの点で，日本市場での適応化（現地化）を試みたが，撤退要因としてこれまでの経験や構築してきた優位性を発揮できなかったことを挙げている。

　他方で，先に挙げた企業組織や企業経営面での「戦略的側面」を指摘する研究も存在する。例えば，Palmer and Quinn［2007］は，ロイヤル・アホールドのアメリカ市場とアジア市場への展開から，①店舗，ブランド，経営方針，システムなどと関連するオペレーショナルな側面，②法律や競争を回避するための非オペレーショナルな側面を取り上げ，撤退が常に受動的なものではなく，むしろ戦略的で能動的な側面が備わっていることを言及している。

　小売企業の撤退要因を「環境要因」と「主体要因」に分類した先述の鳥羽［2006］に引き続き，これまでの小売企業の撤退に関する研究をレビューし，小売国際化における撤退行動（負の経験）の問題点を整理した鳥羽［2008］は，撤退の主たる要因は小売システムの誤作動という点から解明しようと試みた。すなわち，小売企業の撤退を誘発する諸要因は独立して存在するので

はなく，相互作用する点を強調する。そして，鳥羽［2009a］が主張する具体的な環境要因は，法律，競争，調達，消費，株主であり，主体要因は戦略，組織，移転，人材，業態を指すが，国際展開する小売企業の撤退要因を研究者別に分類した結果，小売企業の撤退は国際化の過程を形成する1つの重要な段階として認識している。

　小売企業の国際展開プロセス研究で成果を上げている Alexander and Doherty［2009］では，先行研究のレビューと同時にアホールド，テスコの当該国・地域市場からの撤退事例を取り上げており，欧州小売企業の国際展開プロセスにおける投資撤収研究を分析した上でいくつかの検討を行っている。その結果，国際的小売企業は，当該国への進出および撤退の経験を生かして，中核的事業の再活性化を図る点を明らかにした。

　さらには，坂田［2009］からは，大丸の海外店舗の撤退事例を通じて興味深い示唆が得られている。そこで海外からの撤退要因として，①日本人観光客や現地日系企業の駐在員の減少，②現地消費者向け取扱商品の増大と利益率の悪化，③会計制度の変更（連結財務諸表への移行）が挙げられている。端的には店舗が持つ権限問題と現地店舗のスタッフ問題の存在が指摘されているが，注目すべきは，海外での不採算店舗は企業経営の観点から「負の遺産」として清算する点にまで，踏み込んだ分析がなされている。とりわけ，③の会計制度の変更が本社の撤退に係る意思決定に与えるインパクトが非常に大きなものであることを明らかにしている。

　本研究では，川端［2011］のアジアにおける日系小売企業の戦後期の閉店・撤退事例から非常に多くのことを得ている。例えば，アジアにおける撤退要因は一国・一地域でも一様ではなく，①商品調達の困難性，②低価格競争の厳しさ，③開業後の賃料の高騰，④立地選択の失敗，⑤進出・投資タイミングの悪さが大きく影響している点が示されている。また川端［2011］では，海外市場における小売ビジネスモデルの転換や創造の必要性を問うており，改めて市場における「地域暗黙知」[4] を再認識することが求められている。

　上述した外資系企業の日本市場からの撤退事例の代表格としてカルフールを挙げることができる。今井［2014］では，当該国の小売システムを国際移転する際の意思決定フレームワークが提示されており，「組織的なノウハウおよび体制をともなわない分権的意思決定による現地適応」が，許容範囲以上の時間とコストを生じさせたと言及している。

　さらに，鳥羽［2016］の研究では，イギリスのテスコの日本市場からの撤退事例を取り上げて，当該企業の日本市場からの撤退要因を，①参入様式の問題，②ブランド構築の問題，③店舗展開の問題，④人材資源管理の問題，⑤最高経営責任者の交代，⑥日本市場の競争環境から指摘している。つまり，当該企業の成長の原動力であった革新的な業態展開，魅力的なPBの訴求，顧客志向の効果的なマーケティング等の有機的なネットワークを創造できなかった点が撤退に繋がっていると分析している。

第3節　日系小売企業の撤退状況と撤退要因

1　撤退の量的把握

　本節では，川端［2011］の百貨店およびスーパーの閉店・撤退数[5]に基づき，閉店・撤退の量的把握（閉店数をベースに）を行いながら，閉店・撤退要因を明らかにしたい。ここで量的に把握する内容は，①進出先国・地域，②撤退の程度（閉店・撤退数），③主体特性（業種や業態），④事業期間（経験年数）である。また撤退要因は大きく，①市場環境，②立地選定，③家賃高騰，④パートナーとの関係，⑤本社の戦略転換・倒産，⑥その他の6つに分けることができる。

　まず，日系百貨店の進出先国・地域を大きくアジアと欧米に分けることができる。図表7-2では，川端［2011］の進出国・地域別出店数から現存店舗

数を差し引いて閉店数を求め，その結果を閉店数／出店数で表示している。閉店数が多い順序で並べると，アジアでは台湾（23/45），シンガポール（13/19），香港（11/11），マレーシア（10/13），タイ（8/10），中国（6/11），インドネシア（4/4），フィリピン（1/1）となる。一方の欧米では，アメリカ（12/13），フランス（8/8），ドイツ（4/4），スペイン（4/4），イギリス（3/4），オーストラリア（3/3），イタリア（1/2），オーストリア（1/1）の順番で閉店・撤退数が多くなっていることがわかる。

　同様にスーパーについても見てみると，アジアでの閉店・撤退数が多い順

図表7-2　日系百貨店の海外からの閉店・撤退数とその要因

国・地域＼要因	市場環境	立地選定	家賃高騰	パートナーとの関係	本社の戦略転換・倒産	その他	計	閉店／出店
中国	2			1			3	6／11
香港			7		3		10	11／11
台湾	1	2		5	1		9	23／45
タイ		2			2	1	5	8／10
シンガポール	3	1	1		4		9	13／19
マレーシア	4	1			2		7	10／13
インドネシア						1	1	4／4
フィリピン				1			1	1／1
アジア計	10	6	8	7	12	2	45	76／114
アメリカ	6	1			4		11	12／13
イギリス	2	1					3	3／4
フランス	4				1		5	8／8
ドイツ	1				3		4	4／4
スペイン	3						4	4／4
イタリア	1						1	1／2
オーストリア	1						1	1／1
オーストラリア	2				1		3	3／3
欧米豪計	20	2	0	0	10	0	32	36／39
全体計	30	8	8	7	22	2	77	112／153

注：閉店には提携の解消や営業権譲渡を含み，移転のための閉店や商標貸与契約への転換は含んでいない（例：そごう，西武等）。また，右欄の閉店／出店は，川端［2011］59頁の出店数から現存店舗数を差し引いた数値（撤退数）である。
出所：川端［2011］248頁からアジアおよび欧米豪部分を抽出して表示。

番で台湾（143/143），中国（82/127），マレーシア（19/46），タイ（18/48），香港（15/27），シンガポール（15/16），その他（4/4），インドネシア（2/2）となっている。欧米ではアメリカ（32/36），ブラジル（6/6），その他（2/2），イギリス（1/1），カナダ（1/1），オランダ（0/1）となっている（図表7-3）。

　以上から，日系小売企業の進出先国・地域別の閉店・撤退数は，進出件数が多い国からの撤退件数が多くなっており，日系百貨店およびスーパーが残存する国・地域においても，これまでにかなり店舗数を減らしていることが見て取れる。

　さて，閉店・撤退数に占める撤退要因のウェイトは，どのようになってい

図表7-3　日系スーパーの海外からの閉店・撤退数とその要因

国・地域＼要因	市場環境	立地選定	家賃高騰	パートナーとの関係	本社の戦略転換・倒産	その他	計	閉店／出店
中国	13	3		2	55	2	75	82／127
香港	5				10		15	15／27
台湾	2	3	13	96	13		127	143／143
タイ	9	3			5		17	18／48
シンガポール	5	1			6		12	15／16
マレーシア	1	2		4	11	1	19	19／46
インドネシア		1		1			2	2／2
その他					4		4	4／4
アジア計	35	13	13	103	104	3	271	298／413
アメリカ	1				17		18	32／36
イギリス					1		1	1／1
カナダ					1		1	1／1
オランダ							0	0／1
ブラジル						4	4	6／6
その他					2		2	2／2
欧米ほか計	1	0	0	0	21	4	26	42／47
全体計	36	13	13	103	125	7	297	340／460

注：閉店には提携の解消や営業権譲渡を含み，移転のための閉店や商標貸与契約への転換は含んでいない。また，右欄の閉店／出店は，川端［2011］63頁の出店数から現存店舗数を差し引いた数値（撤退数）である。
出所：川端［2011］249頁からアジアおよび欧米ほか部分を抽出して表示。

るのであろうか。その前に，撤退要因の詳細，つまり撤退に至った主要因を何に求めるのかを確認しておきたい。第1に「市場環境」は百貨店とスーパーでは大きく異なるものの，日本人観光客や在外駐在員の減少ならびに現地市場との不適合（品揃え不適合や現地消費者の購買力不足等）のケースである。第2に「立地選定」は，店舗立地の悪さがターゲットとなる消費者の集客不足を招いたケースである。第3に「家賃高騰」は家賃の上昇幅が大きく営業が継続できなくなった（契約更改を断念した）ケースである。第4に「パートナーとの関係」であるが，合弁先や技術提携先との信頼関係が悪化したことで撤退を決断したケースとなる。第5に「本社の戦略転換・倒産」であるが日本本社の海外戦略の見直し，倒産したケースである。最後の「その他」は通貨危機による債務の膨張および政変，過大投資等の上記の5つ以外の閉店・撤退要因を指す。

　日系百貨店の海外からの閉店・撤退の主な要因は，とりわけアジアと欧米豪とで状況は大きく異なっている。閉店・撤退の主な要因の割合を計算すると，まずアジアにおいて最も多く占められているのが「本社の戦略転換・倒産」であり，アジア全体の26.7％を占めている。そして以下，「市場環境」（22.2％），「家賃高騰」（17.8％），「パートナーとの関係」（15.6％）となっている。他方の欧米豪における閉店・撤退の主な要因は「市場環境」が62.5％と大多数を占めており，その次に「本社の戦略転換・倒産」（31.3％），「立地選定」（6.3％）と続いている。

　同様に日系スーパーの海外からの閉店・撤退の主な要因もアジアと欧米ほかとで状況は大きく異なっている。アジアにおける閉店・撤退の主な要因は「本社の戦略転換・倒産」（38.4％）と「パートナーとの関係」（38.0％）が拮抗しており，第3位に「市場環境」（12.9％）が挙げられるのに対して，欧米ほかでは「本社の戦略転換・倒産」が圧倒的大多数の80.8％を占め，以下は「その他」（15.4％），「市場環境」（3.8％）である。

2　事業継続の状況

　日系百貨店の海外店舗寿命について，事業期間と店舗数との関係で見てみる。ここではアジア・欧米各国・地域へ出店してから閉店・撤退するまでの事業継続年数を「0〜4年」，「5〜9年」，「10〜14年」，「15〜19年」，「20〜24年」，「25〜29年」，「30〜34年」，「35〜40年」の5年ごとの区分と「40年以上」の区分の合計9つの区分に分けているが，出店してから閉店するまでの個別店舗の平均寿命を割り出すと12.25年となった。

　進出先国・地域ごとでの事業継続年数は個別企業ならびに店舗で大きく異なるが，日系百貨店の各区分年別の閉店・撤退率（各区分年別における閉店数を出店数で除したものに100を掛けた数字）を示せば，アジアでは出店後「0〜4年」と早い段階で閉店・撤退している店舗が65.5％を占め，「5〜9年」（76.7％）が最も高い閉店・撤退率となっている。また，事業継続年数が長くなれば，残存する店舗数は少なくなるが，「10〜14年」（68.4％），「15〜19年」（47.1％），「20〜24年」（66.7％），「25〜29年」（25％），「35〜40年」（100％）の内訳のうち20年以上の区分で見てみると，14店舗のうちで6店舗（42.9％）が営業を続けていることがわかる。一方の欧米豪における百貨店の各区分年別の閉店・撤退率では，「0〜4年」から「20〜24年」までの全各区分年で100％を示しており，むしろ「25〜29年」（75％），「30〜34年」（50％），「35〜40年」（50％）の区分年では，事業継続年数が長いほど残存率が高い（すなわち閉店・撤退率が低い）ことがうかがえる。

　さらに日系スーパーの海外店舗寿命については，日系スーパーの欧米ほかへの出店が少ないために，あえてアジアの主要国・地域だけで見てみると，出店してから閉店するまでの個別店舗の平均寿命は6.44年である。日系スーパーでは，日系百貨店よりも海外出店数が多いが，日系百貨店と同様に出店後「0〜4年」（66.3％）の早い段階における閉店・撤退が見られる一方で，「5〜9年」（77.9％），そして「10〜14年」（70.3％）での閉店・撤退も割合

が高くなっている。しかし「15 〜 19年」（55.6％）になると閉店・撤退率は
下がり，さらに「20 〜 24年」（25％），「25 〜 29年」（50％）の長い事業継
続年数にまで至れば，閉店・撤退は低くとどまることがわかる。

第4節　おわりに　―撤退研究の今後と検討課題―

1　撤退研究の整理

　これまでの欧米小売企業の撤退研究から明らかになった点について言及し
ておく。Burt et al. [2004] や Alexander and Doherty [2009] が行った欧米
食品小売企業の撤退研究では，①北アメリカや南欧州からの撤退が多く，②
子会社の設立，合弁，買収で撤退件数が顕著であり，③フランチャイジング
やその他の提携で撤退率が高く，④多くの撤退は参入後4 〜 6年の期間で発
生していることを明らかにしている。また，日本に進出した欧州小売企業撤
退の研究においては，鳥羽 [2008; 2016] が環境要因と主体要因を精査する
必要性や有機的ネットワークの創造の困難性（業態展開，魅力的なPBの訴求，
顧客志向の効果的なマーケティング等）を指摘し，小売企業の撤退研究のフレー
ムワークを提示している。

　しかしながら，上述してきたような欧米小売企業の撤退研究に比べて，日
系小売企業の海外からの撤退研究は進んでいない。そこで，これまでの日系
小売企業の海外進出・撤退研究から明らかになった点について整理しておき
たい。日本の総合小売企業の海外進出研究を行った川端 [1999; 2011] は，
欧州では「日本人観光客」および「日本人駐在員とその家族」の減少によ
り，軒並み閉店・撤退行動に直結（市場環境），商品調達で難航（市場環境），
出店時の店舗立地が消費事情と乖離して閉店（立地選定），開業後に賃料が高
騰（家賃高騰），本社の戦略転換・倒産による撤退のウェイトが高いことを明

らかにした。

　さらには，日本の総合小売企業のグローバル行動研究を試みた向山
［2009］では，業態を進出先特有の業態（フォーミュラ）で捉える必要性につ
いて述べており，日本の百貨店の海外からの撤退研究を行った坂田［2009］
の分析では，現地からの撤退が本社の会計制度の変更に大きく左右される可
能性を示唆している。日系CVSの海外展開の研究からも柳［2012; 2013b］
のように，台湾では短期間での出店・撤退が顕著であるとの見解が示されて
いる。

　他方で，海外直接投資先から撤退経験を有する日本の中小企業からデータ
を収集し，その詳細を分析した丹下・金子［2015］の研究[6]では，海外撤退
の主な理由を明らかにしている。そこでは，①製品需要の不振（11.8%），②
管理人材の確保困難（10.6%），③現地パートナーとの不調和（10.6%）の割
合が高く，それ以外でも賃金の上昇（8.2%），日本本社の海外戦略の変更
（5.9%）が要因として示されている（丹下・金子，2015，25頁）。そして，撤
退する際に直面した課題では，①パートナー企業との交渉（39.8%），②現地
従業員の処遇（38.6%）の２項目が突出して多くなっており，以下，③現地
税務当局との交渉（15.7%）ならびに撤退に必要な資金の調達（15.7%），④
現地政府・自治体との交渉（14.5%）と取引先との交渉（14.5%）等が挙げら
れており（丹下・金子，2015，25頁），この点から，これらの複合的な撤退要
素の存在が浮かび上がっている。

　上述の調査結果は，中小企業を対象とした調査であり，製造業の割合が
78.4%と非製造業の21.6%と比べて多くなっているものの，日本企業の撤
退に係る貴重なデータとして考えられる。

2　問題点と今後の課題

　以上の先行研究や調査結果から，小売企業の海外からの撤退に関して，以
下の５つのポイントと課題について検討する必要があると思われる。

①現地の「小売規範」に対応できないことが事業展開に影響する（Bianchi and Ostale, 2006）

②小売企業のビジネスモデル（利益を上げる仕組み）を阻む要因（フィルター構造）が存在する（川端，1999; 2000）

③市場特性の分析の重要性（川端，2009）

④「市場特性の重み」を無視した小売企業は失敗する（柳，2012; 2017）

⑤撤退する場合にも困難性が生じる（丹下・金子，2015）

今後の小売企業の撤退研究に係る具体的課題は，第1に撤退要因の「重み付け」が必要であろう。例えば，業態による差異等はどうであろうか。第2に撤退する際，本社・現地への影響をどのように捉えればよいのかについては，継続して研究が必要であろう。それに加えて本社株価の影響，現地消費者への対応等が考えられる。第3に国際展開する際の「撤退障壁」の存在は，非常に大きな問題となってきている。撤退する際の手続の煩雑さや違約金，従業員補償等は，進出先国・地域で大きく異なっている。

最後に，欧米小売企業の撤退行動において「戦略性」を認める研究があるが，日系小売企業が「戦略性」をもって，閉店・撤退しているか否かは，現時点では確認できない。また，小売企業の「進出・撤退・再進出サイクル」プロセスとして，撤退が別の国や地域への再投資の原動力となっている点は，明確ではないため研究を継続させる必要がある。

注

(1)　なお，Burt et al. [2003] の指す組織再構築は，組織形態調整と見なしている。

(2)　本章での研究対象は，主として直接投資として子会社の設立，合弁会社の設立，他企業の株式の取得や保有する意味での「資本参加」を含めると同時に，CVSの海外進出のように投資をともなわない「フランチャイジング」においても，子会社型や合弁型も採用されるケースがあるため「フランチャイジング」も研究対象とする。

(3)　Hollander [1970] は，小売企業の海外進出とその撤退の両面について言及している。

(4)　地域暗黙知とは，地域内で共有化された暗黙知のことを指し，地域社会で形成された人々の行動規範，つまり地域内で生じた経験蓄積の共有化を意味する（川端，2011，284頁）。より詳しくは川端 [2006] を参照。

(5)　川端 [2011] 293頁以降の百貨店ならびにスーパーの海外店舗データベースを参照した。

(6)　この調査は，日本政策金融公庫中小企業事業の取引先で，海外進出の経験を有する945社に
　　対して行われ，回答が得られた298社のうち「海外直接投資先からの撤退経験がある企業」88
　　社（35.5%）からの回答を対象に分析している（丹下・金子，2015，22頁）。

第 **8** 章

日本小売企業の
海外撤退インパクト

第 **1** 節 # はじめに

　世界規模で活動を行う小売企業の状況が変わりつつある現在，日系小売企業を含む多くの小売企業の海外進出に関する研究成果が蓄積されてきた。その一方で，1990年代後半から2000年代に入り，国際展開している欧米の大規模小売企業の進出先国・地域からの撤退が，しばしば新聞報道等で散見されるようになり，その動向が常に注目されてきた。

　しかし，Burt et al. [2003]，Baek [2006]，鳥羽 [2008]，今井 [2014] 等のようにグローバル・リテイラー（ウォルマートやカルフール等）を代表とする小売企業の海外からの撤退行動（撤退動機，撤退プロセス等）や，撤退による影響（周辺地域や消費者，取引先，競合相手等）に関する研究は，海外進出ならびに国際展開研究と比べて非常に少ない。

　また，これまでの先行研究では，例えば，日本人旅行客ならびに在外駐在員の減少による欧州からの日系百貨店の撤退や，本社の事業再編や業績悪化の影響による中国（香港を含む）からの日系スーパーの撤退（川端，2000），過当競争（同業者と現地公設市場や露天商）による事業所数と店舗数縮小にともなう台湾の日系スーパーの撤退（柳，2012）などが明らかにされているものの，日系小売企業の撤退要因の把握に留まり，日系小売企業の正確な行動原理の解明はできていない。

　本章では，小売企業の海外撤退に着目しつつ，海外展開している小売企業がどのような原因によって撤退に至り，その影響がどの部分に及ぶのか究明を試みる。企業の国際マーケティング行動では，海外の外部環境から影響を受けるとともに，内部組織からも影響を受けざるを得ない。当該小売企業が進出先国・地域へ進出してから撤退する際にも，外部環境および内部環境から影響を受け，そして両者に影響を与えることが知られている[(1)]。つまり，海外展開している小売企業の「進出－撤退」の一連のプロセスでは，外部環

境および内部環境への影響（インパクト）は無視できない。

　そこで，本研究で言及する小売企業を取り巻く外部環境は，非常に多くの要素から成り立っているが，Cateora and Keavency［1987］の「国際マーケティング環境」を参考に，「国外の統制不可能要素」[2]として進出・撤退主体である小売企業からみた外部環境，すなわち現地消費者，現地取引先，競争企業，周辺環境（地域・社会，労働力等）とする。他方の内部環境は本社（親企業），自社（人材を含む）等として考察を進めることにする。

　本章では，海外展開した日系小売企業の閉店・撤退が外部環境や内部環境に与える影響を解明することも目的としている。そこで，前章の小売企業の撤退に係る先行研究を再度精査し，研究者別に撤退要因を分類する。次に，経済産業省の「海外事業活動基本調査」から，日系小売企業の撤退調査より指摘されている撤退要因を抽出する。そして，海外展開して撤退する際の日系小売企業の与える影響について考察し，最後にそこから見えてくる検討課題について言及してみたい。

第 2 節　先行研究からの小売企業の撤退要因

1　小売企業の海外撤退に係る外部環境と内部環境

　小売企業の海外撤退研究で大きなウェイトを占めているのが，撤退要因の分析である。小売企業の海外からの撤退行動が増加するのが1990年代であるが，改めて研究者別に整理することは有意義であると考えられる。小売企業の海外からの撤退要因は，大きく「外部環境要因」と「内部環境要因」とに分けることができる。

　小売企業に影響を与える外部環境は，小売業が立地する場所としての「地理的特性」や「地域特性」といった海外進出時から想定されているものもあ

れば，「地価」や「賃料」といった出店後に大きく変化するものも含まれる。また，小売企業の利害関係者（ステークホルダー）としての「取引先」である卸売企業やメーカー，また同業・異業の他社としての「競争企業」，そして「消費者」を挙げることができる。

　一方で小売企業の内部環境は，「自社」そのものではあるが，「本社」の意向，つまり本社の意思決定が非常に大きく働いている場合が多い。小売企業内部では組織としての人材採用，人材教育，人材管理など人的資源によるノウハウの移転問題が，海外進出時にはしばしば生じる。同様に海外撤退時にも小売企業の今後を左右するものが内部環境であると考えられる。

2　撤退要因の分類

　海外からの撤退を事業の「失敗」と捉え，その原因を多角的に分析している研究者は多い。なかでも，事業の失敗や海外撤収を小売企業の外部環境要因に求めるものも多くあり，とりわけ，①取引主体に着目した要因，②競争主体に着目した要因，③その他の要因に分類することができる。

　第1の取引主体による撤退要因に，まずは小売企業にとっての仕入れ先，すなわち卸売企業やメーカーとの関係を取り上げるケースがある。例えば，ロジスティクスや商品調達システムの未確立（Dupuis and Prime, 1996），供給業者との関係構築（O'Grady and Lane, 1996），商品調達の困難性（川端，1999; 2011），商品調達に関するバイイング・パワー規模の非実現（Bianchi and Arnold, 2004），現地パートナーへのマーケティングや流通サポート提供の怠慢およびコミュニケーション不足（Wrigley et al., 2005），効率的な商品調達の確立の失敗（Baek, 2006），商品調達の現地化による優位性の未発揮（鳥羽，2006）である。

　次に，小売企業の販売先，すなわち消費者との関係を取り上げるケースとして，代表的なものに業態の優位性の希薄化に基づくもの（Dupuis and Prime, 1996），消費者の嗜好（O'Grady and Lane, 1996），現地消費者への理解

不足（Baek, 2006），消費（鳥羽，2009a），日本人観光客や現地日系企業の駐在員の減少（川端，1999; 2011; 坂田，2009），製品需要の不振（丹下・金子，2015）が挙げられる。

　第2の競争主体による撤退要因の多くは，当該国・地域へ進出した小売企業の競争相手に関するものである。例えば，他業態との比較で業態の優位性が希薄化（Dupuis and Prime, 1996），競争に対する意識の違い（O'Grady and Lane, 1996），現地市場における過当競争（厳しい価格競争）（川端，2000），現地企業の対抗行動（Bianchi and Arnold, 2004），競争激化（Wrigley et al., 2005），競争相手の存在（Baek, 2006），現地競争企業の軽視（Bianchi and Ostale, 2006），競争（Palmer and Quinn, 2007; 鳥羽，2009a），低価格競争の厳しさ（川端，2011），競争環境（鳥羽，2016）である。

　第3のその他の撤退要因として，主に小売企業を取り巻く周辺環境や労働力を理由とするものが挙げられる。例えば，現地の地域当局からの否定的な圧力（Dupuis and Prime, 1996），政治・経済・社会に関する地域的性質（O'Grady and Lane, 1996），株主（Wrigley et al., 2005; 鳥羽，2009a），会計制度の変更（連結財務諸表への移行）（坂田，2009），開業後の賃料の高騰（川端，2011），管理人材の確保困難（丹下・金子，2015）のように，先行研究からは，多方面に渡っていることがうかがえる。

　他方で，事業の失敗や海外撤収を小売企業の内部環境要因として捉えた研究成果は多い。企業の内部環境をどの範囲までで捉えるのかという点で，議論の余地はあるものの，本研究では単純に①本社，②自社で分けることにした。

　小売企業の本社を撤退要因とするケースでは，意思決定に基づく国際展開される事業活動方針ならびに戦略転換にともなうものもあれば，その戦略の見通しの甘さやマーケティングの失敗に関するものも当然ながら含まれる。代表的な先行研究からは，立地選定の読み誤り（過剰な期待）（川端，2000），包括的な国際戦略策定の欠如，特有の店舗展開やPBの過剰な訴求（標準的な国際展開），本部主導型の推進，本国事業部の展開の危機（Burt et al., 2002）

を挙げることができよう。また，本国事業の低迷にともなうリストラによる進出先での事業の軽視，子会社からフランチャイズ契約への転換（Jackson and Sparks, 2005），進出先国パートナーの盲目的選択（Wrigley et al., 2005），明確な方向性や戦略の欠如，規模の経済性の訴求の失敗（Bianchi and Ostale, 2006），戦略や組織，業態（鳥羽，2006），進出・撤退経験の活用による中核的事業の再活性化（Alexander and Doherty, 2009），進出・投資タイミングの悪さ（川端，2011），組織的ノウハウ・体制をともなわない分権的意思決定（今井，2014），日本本社の海外戦略の変更（丹下・金子，2015），参入様式の問題，最高経営責任者の交代（鳥羽，2016）なども見受けられる。

　次に，上記の本社の意思決定にともなう方針や戦略が，進出先国・地域における自社の業務上の管理・運営に反映されるもの，すなわち自社のオペレーションに係る撤退要因として挙げられるものもある。例えば，従業員の質や現地雇用した管理職の考え方（O'Grady and Lane, 1996），粗利益の構造的な低さ（川端，2000），品揃え形成や店舗環境構築の失敗，現地のマネジメント・チームの幅広い社会的ネットワークへの不参加（Bianchi and Arnold, 2004），目先の収益確保の優先（Wrigley et al., 2005），現地消費者への理解不足（Baek, 2006），管理職への適切な人材確保の困難性（Bianchi and Ostale, 2006），小売ミックスの優位性の不全，人材マネジメントの困難性（鳥羽，2006），現地消費者向け取扱商品の増大と利益率の悪化（坂田，2009），立地選択の失敗（川端，2011），ブランド構築・店舗展開・人材資源管理の問題（鳥羽，2016），管理人材の確保困難（丹下・金子，2015）を取り上げることができる。

　以上のように，小売企業の海外撤退研究から，改めてその撤退要因を分類してみると，図表8-1のようになる。上述した外部環境要因は，小売企業を取り巻く外部環境からの影響により撤退に至ったとされる要因のことを指すが，大きくは，①消費者，②取引先，③競争企業，④周辺環境に分類した。また内部環境要因は，小売企業の自社を含む本社との関係および諸事情であり，主に，①本社，②自社とに分けた。

図表8-1　小売企業の主な撤退要因の研究者別分類

研究者	外部環境				内部環境	
	消費者	取引先	競争企業	周辺環境	本社	自社
Hollander [1970]				○	○	○
Dupuis and Prime [1996]	○	○	○	○		
O'Grady and Lane [1996]	○	○	○	○		
川端 [2000]			○		○	○
Burt et al. [2002]					○	
Alexander and Quinn [2002]					○	
Palmer [2004]					○	
Bianchi and Arnold [2004]		○	○			○
Jackson and Sparks [2005]					○	
Wringley et al. [2005]		○	○		○	○
Baek [2006]	○	○	○			○
Bianchi and Ostale [2006]			○		○	○
鳥羽 [2006; 2008; 2009a]	○	○	○	○	○	○
Palmer and Quinn [2007]			○			○
Alexander and Doherty [2009]					○	
坂田 [2009]	○			○	○	○
川端 [2011]		○	○	○	○	
今井 [2014]					○	○
丹下・金子 [2015]	○			○	○	○
鳥羽 [2016]			○		○	○
合計	6 (10.2%)	7 (16.9%)	11 (18.6%)	7 (16.9%)	15 (25.4%)	13 (22.0%)

31 (52.5%)　　　　　　　　28 (47.4%)

出所：先行研究に基づいて筆者作成。

　これらの先行研究から浮かび上がる特徴や論点については，次節の日系小売企業の撤退状況調査の分析とともに，第4節で言及する。

第 **3** 節

日系小売企業の
撤退状況調査の分析

1　資本金別企業数および企業数の推移

　日系小売企業の進出先国・地域からの撤退状況を，経済産業省の『第50回海外事業活動基本調査』から抽出する。経済産業統計協会編［2021］では，海外に進出している日本企業の法人本社へ郵送調査を行っており，有効発送数10,415社（うち回収7,682社で回収率73.8％）のうち，有効回答企業数は，本社7,318社，現地法人[(3)]25,693社となっている。

　まず，「海外進出した日系企業の資本金別の本社企業数」から小売業の実態を把握する。図表8-2では，全業種の合計企業数は7,318社あり，大きくは製造業（4,407社）と非製造業（2,911社）とに大別でき，資本金は「5千万円以下」～「1,000億円超」までの範囲で7区分されている。ここで非製造業のなかの小売業のデータを抽出すると，小売業の本社企業数は172社である。資本金別の内訳では「5千万円以下（53社：約30.8％）」，「5千万円超1億円以下（42社：約24.4％）」，「1億円超3億円以下（4社：約2.3％）」，「3億円超10億円以下（25社：約14.5％）」，「10億円超100億円以下（31社：約18.0％）」，「100億円超1,000億円以下（17社：約9.9％）」，「1,000億円超（該当なし）」となっている。

　次に，図表8-3は「海外進出した日系企業の資本金別現地法人企業数」である。そのうち小売業は705社であり，「5千万円以下（253社：約35.9％）」，「5千万円超1億円以下（81社：約11.5％）」，「1億円超3億円以下（116社：約16.4％）」，「3億円超10億円以下（123社：約17.4％）」，「10億円超100億円以下（110社：約15.6％）」，「100億円超1,000億円以下（11社：約1.6％）」，「1,000億円超（該当なし）」，「不明（11社：約1.6％）」となっている。

図表8-2　海外進出した日系企業の資本金別本社企業数　　　　　単位：社

業種	合計	5千万円以下	5千万円超1億円以下	1億円超3億円以下	3億円超10億円以下	10億円超100億円以下	100億円超1,000億円以下	1,000億円超
合計	7,318	2,412	1,876	434	858	1,170	491	77
製造業	4,407	1,457	1,181	250	468	699	312	40
非製造業	2,911	955	695	184	390	471	179	37
うち小売業	172	53	42	4	25	31	17	－

出所：経済産業統計協会編［2021］29頁より抽出。

図表8-3　海外進出した日系企業の資本金別現地法人企業数　　　　単位：社

業種	合計	5千万円以下	5千万円超1億円以下	1億円超3億円以下	3億円超10億円以下	10億円超100億円以下	100億円超1,000億円以下	1,000億円超	不明
合計	25,693	7,466	2,755	4,423	4,805	4,932	853	102	357
製造業	11,199	1,477	950	2,071	3,026	3,084	410	29	152
非製造業	14,494	5,989	1,805	2,352	1,779	1,848	443	73	205
うち小売業	705	253	81	116	123	110	11	－	11

出所：経済産業統計協会編［2021］42頁より抽出。

　以上のことから，日本の小売業の規模構造において，中小零細企業が大多数を占めるなかで，海外進出した日系小売業は，本社が資本金1億円以下の企業が95社（約55.2％）と，半数以上を占める一方で，残りの資本金1億円以上の企業が77社（約44.8％）もあり，比較的資金が潤沢な企業が海外進出していることがうかがえる。そして，現地法人では，資本金1億円以下の企業数は334社（約47.4％）あり，全体に占める割合は，本社のそれと比べて減少するものの，逆に資本金1億円以上の企業は360社（約51.1％）あり，本社のそれと比べて割合が高く，進出先国・地域で事情は異なるものの，現地では資本が大規模化する傾向にある結果となっている。

図表8-4　海外進出した日系流通業の現地法人企業数の推移　　　　　単位：社

年度	合計	2007以前	2008～10	2011～13	2014～16	2017～19	不明
卸売業	7,279	4,697	661	1,055	546	309	11
小売業	705	361	83	114	90	50	7

注：設立・資本参加した時期でカウントして表示。
出所：経済産業統計協会編［2021］41頁より抽出。

　続いて「海外進出した日系流通業の現地法人企業数の推移」は，図表8-4の通りであり，小売業では2007年度以前が361社，2008～10年度が83社，2011～13年度が114社，2014～16年度が90社，2017～19年度が50社，不明が7社となっている。少なくとも，2008年度以降から2019年度までの12年間で，海外で設立・資本参加した日系小売企業は337社であり，各年度の現地法人企業数が前年比を下回ったのは，2014年度（前年度比55社減），2016年度（前年度比12社減），そして2019年度（前年度比32社減）である（経済産業統計協会，2021，162頁）。ちなみに，海外進出した日系卸売業の現地法人企業数は，合計で7,279社に上るが，2007年度以前が4,697社，それ以降2019年度までが2,301社（不明11社を除く）となっている。

　日系小売業の現地法人企業の設立・資本参加が三桁を超えるほど積極的な年度もある一方で，2014年度以降では，前年度と比べて現地法人企業数が減少している年度も出てきており，これまでの海外進出と様相が異なりつつあることがうかがえる。

2　現地法人の撤退状況と撤退要因

　ここでは，日系小売業の海外撤退の状況を，2019年度における「解散・撤退した現地法人企業数」から把握する（図表8-5）。海外から撤退した企業数は，全産業で603社あり，小売業はそのうちの15社（2.5%）であるが，この割合は，図表8-3の海外進出した日系企業の現地法人企業数（705社）の全体（25,693社）に対する割合（約2.74%）と同程度となっている。

図表8-5　解散・撤退した現地法人企業数（2019年度）　　　　単位：社

地域	全域	北米	中南米	アジア	中東	欧州	オセアニア	アフリカ
全産業合計	603 (100%)	76	44	385 (63.8%)	−	76	20	2
卸売業	144 (23.9%)	15	6	94 (65.3%)	−	25	3	1
小売業	15 (2.5%)	3	−	10 (66.7%)	−	1	1	

中国	香港	台湾	韓国
7 (70%)	1 (10%)	1 (10%)	1 (10%)

注：操業中の回答より，「解散・撤退」・「出資比率の低下」が2019年度と回答した企業数を集計。
出所：経済産業統計協会編［2021］53頁より抽出。

　しかも，現地法人が撤退した地域は「アジア」が最も多くなっており，全地域に占めるアジアからの撤退の占める割合は63.8％である。なお小売業では，15社中10社がアジアからの撤退（66.7％）であり，これは，近年日系小売業のアジアへの進出件数が非常に多いこととも関係しており，進出数も多いが撤退数も多いといえよう。とりわけ，撤退している国・地域の内訳では，中国からが7社（70.0％）と，アジアのなかでも大きな比重を占めていることが特徴である。

　さて，経済産業統計協会編［2018，175-176頁］の調査から，日系小売企業の海外からの撤退要因を回答企業（29社）のデータに基づいて整理すると，①組織再編，経営資源の見直し等にともなう拠点統廃合（34.5％），②その他（27.6％），③製品需要の見誤りによる販売不振・収益悪化（20.7％），④現地企業との競争激化による販売不振・収益悪化（13.8％），⑤第三国系企業との競争激化による販売不振・収益悪化（3.4％）となる。上記の②のその他の詳細は不明であるが，②を除けば，④と⑤を外部環境要因，①と③を内部環境要因として挙げることができよう。つまり，具体的には，④と⑤は競争企業の影響に基づく撤退要因，①と③は本社ならびに自社を出自とする影響

に基づく撤退要因である。

　しかし，日系小売企業の海外撤退を促進したとされる，これらの要因は，総合的に判断する必要があると考えられる。しかも，当該調査では回答が得られていないが，「日系企業との競争激化による販売不振・収益悪化」，「為替変動による販売不振・収益悪化」，「現地パートナーとの対立」，「地域内関税自由化等の動きに対応した拠点統廃合」，「税制上優遇措置の見直し等に伴う拠点統廃合」，「短期的な事業目的の完了」等の要因が，他の先行研究成果からも指摘されている。

3　撤退拠点の成果と撤退にともなう国内事業への影響

　日系小売企業の海外からの撤退は，一般的には「失敗」としての負イメージがつきまとうが，実際に撤退する直前までの企業の業績がどのような状態であったのかという点に着目した研究も存在している。丹下・金子［2015］では，「撤退直前の海外直接投資先の業況」を分析しており，「黒字（12.2％）」，「トントン（19.5％）」，「赤字（68.3％）」の調査結果から，7割弱が赤字であった一方で，残りの31.7％が一定の成果を上げていることを明らかにしている。また，同調査では「撤退拠点の成果」も尋ねており，「予想をかなり下回る成果（36.6％）」と「予想を下回る成果（23.2％）」を合わせた59.8％の海外拠点で，成果を上げられなかったと分析している。しかし他方では，「予想以上の成果（6.1％）」と「予想通りの成果（34.1％）」とを合わせた40.2％もの海外拠点で一定の成果を上げていることが示されている（丹下・金子，2015，28頁）。

　さらに，丹下・金子［2015］では，海外からの撤退による国内事業への影響に関して，正と負の影響とともに「特に影響はなかった（57.3％）」との回答が最も多い調査結果が示唆されており，海外からの撤退が自社を含むステークホルダーから，以下のような「好評価」として捉えられる傾向にある。例えば，①「資金繰りが悪化した（9.8％）」に対して「資金繰りが改善した

（19.5%）」，②「取引金融機関からの評価が下がった（6.1%）」に対して「取引金融機関からの評価が上がった（12.2%）」，③「取引先からの評価が下がった（3.7%）」に対して「取引先からの評価が上がった（4.9%）」に加えて，④「従業員の士気が下がった（2.4%）」に対して「従業員の士気が上がった（4.9%）」のように，「悪評価」を示す項目（合計25.7%）に対して「好評価」と捉えられている項目（合計41.5%）の割合が高くなっている点は興味深い⁽⁴⁾。

　上述のデータは，6割弱が企業の海外撤退が及ぼす国内事業への「影響はない」と捉えられる一方で，企業の海外撤退が「自社内外からの低評価」よりも，むしろ「自社内外からの高評価」につながっているケースが多く，「正と負の影響が少なからずある」ということを示している。そこで，次節では小売企業の海外撤退が内・外部環境に及ぼす影響を，これまでの先行研究を含めて取り上げてみることにする。

第4節　小売企業の海外撤退が与える影響

1　撤退研究から見る内・外部環境要因の影響

　図表8-1において，小売企業の撤退要因を研究者別に分類を試みたが，そこから明らかになった点について述べてみたい。

　まずは「小売企業の主な撤退要因の研究者別分類」において，外部環境要因として，①消費者（6件：10.2%），②取引先（7件：16.9%），③競争企業（11件：18.6%），④周辺環境（7件1：6.9%）と，内部環境要因として，①本社（15件：25.4%），②自社（13件：22.0%）に分類することができた。上述の結果から，本社（25.4%），自社（22.0%），競争企業（18.6%）の上位3つの撤退要因で66%を占める結果となっている。

　これらの3つの要因のうち，本社と自社を合わせて，小売企業としての内部環境における問題点を抱えていることが浮かび上がる。例えば，小売企業の本社の小売営業形態（小売業態）によっても大きく異なると考えられるが，海外進出を早くから行ってきた百貨店は，日本国内の売上高だけを見ても年々減少傾向にあり，それにともない海外事業を縮小することは選択肢として可能性は高い。また，CVSはアジアでの存在感を高めているが（柳，2012），日本での「働き方改革」や「労働者不足」を背景とする本部-加盟店問題として，柔軟なオペレーションのあり方の是非に焦点が当てられるようになっている。

　他方の外部環境としての競争企業による圧力は，先発者優位を構築している小売企業においても看過できない。日本国内での競争要因分析ですら容易ではなく，経験も浅い進出先国・地域においては，よりいっそう経営上の不確実性をもたらし事業継続を困難にする。例えば，スーパーマーケットは，当該進出先国・地域の公設市場や露天商と競合するケースが多く，進出元国・地域においては，競争相手ではない小売業態が，進出先国・地域では競争相手となることを明らかにした先行研究がある（川端，2000）。さらにディスカウント・ストアにおいては，地場ディスカウント業態の攻勢により，非常に苦戦しているケースも散見される（Baek，2006）。つまり，進出先国・地域における地場企業ならびに外資企業との競争の結果，これまでの小売事業経験や小売業態特有の構築してきた優位性を発揮できない（鳥羽，2006）ことが，しばしば生じるのである。

　以上の点を踏まえて，本章では，小売企業の撤退を誘発する諸要因は，独立して存在するのではなく相互作用する（鳥羽，2008；川端，2011など）点を，先行研究ならびに海外小売調査によって改めて確認することができた。

2　海外撤退が内・外部環境へ与える影響

　研究者別の分類から小売企業の撤退要因を把握することに加えて，より重要な点は，小売企業の海外撤退から受ける正と負の影響をどのように捉えるのかについてである。小売企業の海外撤退が内・外部環境からの影響を受ける点は，前述の通り確認済みであるが，逆に小売企業の海外撤退が内・外部環境へ与える影響も存在するであろう。

　前節の最後で述べたように，日系小売企業が海外から撤退した際には，「正と負の影響が少なからずある」ことから，以下では，日系小売企業の海外撤退が与える影響について，とりわけ負の影響（マイナス影響）内容について検討してみたい。

　まず第1に，外部環境として現地の「消費者」へ与える影響は，負の側面，つまりマイナス影響が考えられる。それは端的に，小売企業の撤退により，現地消費者にとって，「商品・サービス提供の場の減少」を意味するだけでなく，買い物シーンにおいても「商品購入機会と選択の余地を狭め」，消費者行動の変化をもたらす可能性があるからである。顧客の大幅な減少が海外撤退につながったとのこれまでの多くの先行研究における指摘は，的を射ているかもしれないが，少なくとも当該店舗を利用していた顧客にとって，買い物をしていた店舗の喪失は，当該店舗以外へのプッシュアウト要因となる。それが単なる当該小売企業の別店舗であろうと，他の競争相手の小売企業の店舗であろうと，別の店舗へと押し出す意味で同じことである。

　第2に，取引先への影響については，小売企業の多くの仕入先である卸売業にとっての「取引先の減少や消滅」を意味する。卸売企業にとって取引先が大規模化するにともない取引先を絞り，結果的に取引数が減少することは珍しいことではないが，少なくとも販売先としての小売企業の撤退は，当該国・地域における販売先を失うことに直結しマイナス影響と考えられる。

　第3に，競争企業にとっての影響は，マイナス面はほとんどなく，むしろ

ライバル企業の撤退は，経営上のメリットが大きいと考えられる。そのために，正の影響としては，「テリトリーの拡張」や「顧客獲得の機会増加」等のプラス要因を挙げることができる。

　第4として，周辺環境へ影響はどうであろうか。小売企業の撤退により小売店の減少をともなうとなれば，「まちのにぎわいが失われる」可能性がある。また，商業集積の衰退が加速すれば「中心市街地の空洞化」を招くことが懸念されている。例えば，SCやショッピング・モールの核店舗の撤退も同様のケースと考えられる。これは地域経済の活性化とも関連しているように，マイナス影響が非常に大きいと思われる。一方で，大規模小売業の周辺環境への影響は，日本国内では大規模小売店舗立地法の観点から，周辺環境への配慮が必要となっている。そこで，当該進出国・地域における大型店の撤退は「交通渋滞の緩和」，「周辺住民に対する騒音の減少」等の外部不経済を縮小させる方向へシフトさせることに貢献する。

　小売企業を取り巻く周辺環境としては，労働市場の問題も顕在化する。例えば，大規模小売企業の撤退は，地場で働く労働者にとっての大きな「職場の減少」につながる。それだけではない。小売の場の減少は地域住民間の「コミュニティの形成機会の喪失」に直結するのである。

　続いて，内部環境への影響について論じてみたい。第1に，本社にとって正と負の両面の影響が考えられる。前述したように，本社の意思決定は海外撤退の大きな決定要因となるが，逆に海外事業部の縮小や海外子会社の撤退そのものが，日本本社へどのようなインパクトをもつのかに関する研究は，そもそも進んでいない。まず本社へのマイナス影響として考えられる点は，①撤退する際のコスト負担，②海外での人材育成の機会ロスがある。①はカウンターパートや取引先（小売企業からすれば仕入先企業），従業員に対する補償や，撤退処理に係る諸々の費用を含む。②は短い期間であればあるほど，海外進出企業にとっての知識移転や学習機会を狭めることとなり，今後の海外展開を妨げる要因となる。また，丹下・金子［2015］において明らかになっているように「資金繰りの悪化」や「取引金融機関からの評価の下落」，

「取引先からの評価の下落」、そして何よりも「従業員の士気の下落」は、本国親企業である本社にとって大きな負の影響であろう。それ以外にも明確ではないが、撤退の負のイメージ（失敗）からの「株価の下落」、「風評被害」等が想定されよう。

　一方で、海外撤退による正の影響は、これも丹下・金子［2015］で言及されているように「資金繰りが改善」、「取引金融機関からの評価が上昇」、「取引先からの評価が上昇」、「従業員の士気が上昇」と、上述の負の影響を払拭する内容を挙げることができる。また見方によっては、本社にとっての「別の投資先選考の余地拡大」も海外撤退から生じるプラス材料であろう。

　第2に、進出先国・地域における現地で設立された海外子会社や合弁会社等を自社としているが、自社にとっても本社と同様に正と負の両面の影響が考えられる。マイナス影響は、本社への影響の部分でも述べたように、撤退する際のコスト負担に加えて、当該市場における「撤退処理や退出手続きに係る問題の発生」が生じるケースが多いことである。これらは、いわゆる撤退障壁となる行政上の申請や、不動産関連の手続き、場合によっては現地からの退出時に補償金が必要となるケースも存在する。またこれらの処理にはコストのみならず、多くの時間を要することもあり、撤退することすら困難となる。

　他方で自社の撤退がプラスの影響をもたらすこともある。例えば、海外撤退することで、短期的には「人件費削減」、「撤退経験した人材増加による学習効果への期待」ができよう。ただし、海外撤退の経験が組織学習として別の進出先国・地域への知識移転や、小売ビジネスとしての成功の源泉となっているか否かの検証が、今後とも必要であろう。

第 5 節 ┃ おわりに

1　個別企業レベルでの情報蓄積

　海外展開している日系小売企業の撤退情報の収集には時間を要する。しかしながら，今後も国・地域別での日系小売企業の進出件数と撤退件数を把握していく必要がある。例えば，東洋経済新報社編『海外進出企業総覧【国別編】』（各年度版）や，経済産業統計協会編『我が国企業の海外事業活動』（各年度版）等のデータベースへのアプローチは欠くことはできない。

　また，小売企業の撤退要因や撤退における影響に関しては，撤退した企業への直接アプローチは困難なケースが多いが，関連企業等を通じてヒアリングを実施するなどの方法にて情報収集を行うなど，個別企業レベルでの情報を蓄積させていく必要がある。

2　小売業態および組織戦略としての検証の必要性

　小売企業の進出先国・地域別において，出店・撤退する小売業態が異なることから，日系小売企業の小売業態別の撤退影響を分析する必要がある。ただし，小売業態ごとの撤退状況を精査したうえで，撤退した小売企業の独自要因を抽出する必要性がある。その際に，国・地域ごとの「市場フィルター構造」（川端，2000）や「市場特性の重み」（柳，2012）の有利点・不利点を踏まえた議論が重要となってこよう。

　小売企業として当該国・地域からの「撤退」で，少なからず学んだことがあるはずである。次に計画している進出予定先国・地域のフィージビリティ・スタディ（出店可能か否かの多角的調査）や，組織学習効果としてのフィ

ードバックをどのように行っているのかを検証する必要がある。

　当該国・地域からの撤退状況を数的に捉える研究（定量的研究）よりも，当該国・地域からの撤退要因や撤退方法等を究明する研究（定性的分析）が先行している。その点は，柳［2019］において，小売企業の撤退の「方法」ならびに「状態」を明確にする必要性があると言及した。また，Burt et al.［2003］のように，撤退を「失敗」の一形態と見なすことで，小売企業の海外からの撤退プロセスおよび撤退そのものにも戦略的検討が必要であるとの認識もなされている。より具体的には，各小売業態にて「戦略性」をもって行動しているかどうかは，結果論だけでなく，事前・事後行動を詳細に把握して検討する必要があろう。なお撤退基準は，先行研究では「設定していない」企業もあるようであり，その点も検証を続けることが必要である。

注

(1)　これまでに小売企業の市場および地域からの撤退に関して議論されてきた問題は，とりわけ大型店の周辺環境（地域）への影響であり，最近では百貨店，大型スーパー等の大型店の閉店・撤退による「中心市街地の空洞化」問題（岩永，2013，134頁），近隣買物客の買い物難民問題などを生み出している。

(2)　国際マーケティング環境は「国内の統制不可能要素」ならびに「国外の統制不可能要素」，「企業の統制可能要素」から構成される。なお，国外の統制不可能要素として文化，法律，競争，政治，政府，経済，技術である（Cateora and Keavency, 1987; 邦訳 角松監訳，大石・田端・北原・池田訳，1989，28頁）。

(3)　現地法人とは，海外子会社と海外孫会社の総称である。海外子会社とは，日本側出資比率が10％以上の外国法人を指し，海外孫会社とは，日本側出資比率が50％超の海外子会社が50％超の出資を行っている外国法人を指す（経済産業統計協会編，2018）。

(4)　なお，小売企業に絞った調査ではなく，また海外から撤退した後に倒産や廃業した企業は調査対象外としている（丹下・金子，2015，28頁）。

第 **9** 章

日本小売企業の
海外再進出の実態と課題

第 1 節　はじめに

　日本小売企業の海外進出プロセスにおいて，2000年以降，アジア市場か
らの撤退が一段落する一方で，これまでに数例ではあるが，一度撤退した
国・地域への「再進出」が見受けられる。一度撤退した国・地域への小売企
業の再進出は，稀なケースと考えられており，学術的見地から当該研究自体
はあまり注目されてこなかった。

　そもそも，メーカーを中心とした企業の再進出が何を意味し，それをどの
ように捉えるのかについての共通認識（合意）は現時点では存在しない。例
えば，小売企業の進出（出店）をスタートとするならば，そのゴールは撤退
（閉店）ではあるが，複数の事業（店舗）を展開する企業において，それは一
部の活動領域（地域）の縮小であって，次の（別の）活動を展開する場所が
同じ国・地域であることの必要性や進出先の優先順位等は，最終的には経営
判断に委ねられる。とはいえ，実際に当該市場から撤退して，数年後に再進
出する小売企業が存在しており，しかも，その後の事業期間が，以前の進
出・撤退するまでの期間よりも長期間に及ぶケースがある。

　そこで，本章では海外進出した日本小売企業が当該国・地域へ進出してか
ら何らかの要因により撤退に至った後に，再び同国・地域へ進出するケース
に着目し，その分析枠組みの構築を目指すとともに，そこから生じる課題や
問題点を明らかにすることを目的としている。つまり，本章ではアジアを中
心とした日本小売企業の「再進出」を，海外進出プロセスの一環と捉え，未
だ解明途上にある日本小売企業の「進出→撤退→再進出」モデル（以下，再
進出モデルと呼称）の構築を視野に入れながら検討を試みる。

　次節以降では，日本小売企業の海外「再進出」を対象として，①日本小売
企業の再進出データを整理しながら，②先行研究の「海外進出モデル」を参
考に再進出モデルの提示を行い，③日本小売企業の海外再進出の課題と問題

点を明らかにする。

第 2 節　日本小売企業の海外再進出状況

1　再進出の定義（現象・状態）

　企業の再進出について，Javalgi et al.［2011］は，国際市場に再び進出した企業を定性的に分析し，海外市場から撤退することが最善策ではないと述べている。つまり，彼らはグローバルな拡大と成長を志向する企業にとって再進出は有益であることを示し，国際市場への再進出における知識活用フレームワークを提示している。

　再進出とはその言葉の通り，企業等が海外進出後（初回），現地から完全撤退した後に，同業態あるいは異業態を問わず，数年を経て再び同じ国・地域へ進出することである。ただし，再進出先の国・地域が撤退した国・地域と合致しない場合でも，「再進出」との表現が用いられるケースもある。例えば，広く地域（市場）を捉え，アジアから完全撤退後にアジアへ再進出（当該国・地域に進出経験があるケースとは限らない）する場合などである。

　また，非常にレアなケースとして，浅岡［2014］が分析するベスト電器のインドネシア展開のように，再進出した後に再撤退し，その数年後に「再々進出」するケースもある。

　しかし，本章では小売企業にとって再進出が単なる現象ではなく，小売企業自らが成長を志向するなかで，長期的視点から「撤退経験」を負の資産ではなく，正の資産として生かすための，新たな「国際知識移転」プロセスと考えている。

2　日本小売企業の海外再進出データ

（1）データベースの欠如

　現時点で日本小売企業の海外再進出に係るマクロ的でオフィシャルなデータベースは皆無である[1]。

　そこで，本章ではこれまでに各種報道機関（新聞社，雑誌社など）によるデータおよび海外進出済の日本小売企業のWebサイト・有価証券報告書，先行研究の一部，筆者独自調査を頼りに分析を進めることにする。以下では，業態ごとにその主要なものを取り上げる。

（2）百貨店

　第二次世界大戦前から海外進出を果たしていた大丸は，戦後においても他の百貨店より先行して国際展開を行ってきた。これまでの進出先はフランス，オーストラリア，そして店舗の多くはアジア（中国，タイ，シンガポール，台湾等）で展開された。しかし，徐々に海外店舗数を減少させ，2003年のシンガポールからの撤退により，海外からは完全に撤退していた。

　その後，撤退から12年の期間を経て，海外再進出先として選択した場所が中国（上海）である。大丸は，2015年5月に事業主体である上海新南東項目管理有限公司（上海新世界股份有限公司49％出資企業）との事業提携契約により「上海新世界大丸百貨」を開業した[2]。大丸のこれまでの主な進出先国・地域を示せば，図表9-1のようになる。

図表9−1　大丸の海外進出と再進出

進出先国・地域 （主な都市名等）	進出年→撤退年	参入方式 （出資率等）	現店舗数 （最大店舗数）	事業期間
香港（銅鑼湾）	1960年→1998年	合弁（50%）→単独	0店舗（2店舗）	38年
シンガポール	1983年→2003年	合弁（40%）	0店舗（3店舗）	20年
中国（上海）	2015年	技術提携	1店舗	6年

注：事業期間は，進出年から撤退年までの期間を記入。なお再進出の場合は，進出年から2021年
　　3月現在までの期間を記入。なお店舗数は2021年9月30日現在のものである。
出所：川端［2011］の巻末の海外店舗データベースから抽出したものに，独自調査を加えて筆者作
　　成。

　J. フロントリテイリングの「News Release」によれば，この上海新世界
大丸百貨は，上海でも観光で有名な外灘に近い南京東路に面した好立地にあ
り，営業面積は6万㎡（地上7階・地下5階）で百貨店自体も地上6階から地
下2階までの巨大な空間を有している。またネオクラシックな店舗外装，開
閉式の天井，館内中央部の特徴的なデザインの吹き抜け，中国初の螺旋エス
カレーターを備えるなど内外装にも力を入れ，ラグジュアリー性とエンター
テインメント性をコンセプトとした高級百貨店となっている。

　大丸の海外展開は欧州・アジア市場等で行われてきたが，その中心は明ら
かにアジア市場である。この中国への出店では，これまでのアジア（タイ，
シンガポール，台湾）における営業面積（4,000 〜 40,000㎡前後）とは比較に
ならないほど営業面積が広く，地元上海における他の百貨店と比べて欧米・日
本メーカーのブランドを主体とするマーチャンダイジング，日本で培った
「ホスピタリティ」を販売サービスに生かす等の差別化を強調している。

（3）コンビニエンス・ストア

　CVSでは，ミニストップを挙げることができる。ミニストップはCVSで
は後発企業でありながら，比較的早くから海外へ進出しており海外進出経験
は長いといえよう。

　ミニストップの海外展開は韓国から始まる。韓国へは味元通商とのパート

ナーシップ（技術援助契約）により1990年に進出し，2003年には大象流通を子会社化している。韓国に進出後，フィリピン（1994年），中国（2009年青島），ベトナム（2011年）へと徐々に進出先国を拡大してきた。また2019年には中国遼寧省大連市にある大連三環商業管理有限公司とのエリアフランチャイズ契約によるCVS事業も開始している。ミニストップのこれまでの主な進出先国・地域を示せば，図表9-2のようになる。

　ミニストップの再進出先国はフィリピンである。ミニストップは1994年から1998年までの4年間，フィリピンMCA社とのエリアフランチャイジングによる現地での販売実績がある。技術援助契約解除による撤退から2年後の2000年には，現地パートナーであるROBINSONS CONVENIENCE STORES,INC.とカントリーフランチャイズ契約によりフィリピンに再進出を果たしている[3]。

　ミニストップは，マニラ市に1号店を開店して以来，店舗数を順調に伸ばし，2021年9月30日現在のフィリピンにおける店舗数は458店舗と，海外店舗数では韓国に次ぐ規模となっている。CVSのコンセプトからすれば，本部でのシステムコントロールを前提に，現地密着型の店舗運営，ニーズに

図表9-2　ミニストップの海外進出と再進出

進出先国・地域 （主な都市名等）	進出年→撤退年	参入方式 （出資率等）	現店舗数	事業期間
韓国	1990年	技術提携→子会社 （100%）（2003年）	2,639店舗	31年
フィリピン（ルソン）	1994年→1998年 2000年（再）	エリアFC 【再】エリアFC→合弁 （25%→40%）（2011年）	458店舗	4年 再21年
中国（青島）	2009年	合弁（60%→90.7%）	10店舗	12年
ベトナム	2011年	エリアFC→合弁（51%）→ 子会社（100%）（2015年）	120店舗	10年

注：事業期間は，進出年から撤退年までの期間を記入。なお再進出の場合は，進出年から2021年
　　3月現在までの期間を記入。なお店舗数は2021年9月30日現在のものである。
出所：ミニストップWebサイト・有価証券報告書および独自調査にて筆者作成。

応じた品揃えや「小売サービス」の提供が求められる。フィリピンでは競合
相手となるセブン - イレブンとの差別化とともに，加盟店の増加が収益の差
に直結すると考えられる。

（4）家電量販店

　家電量販店の大手として，ベスト電器が海外初進出先に選択したのがシン
ガポール（1985年）である。その後，インドネシア，マレーシアと東南アジ
アを主力地域として展開してきた。その他の国・地域としてクェート，香
港，台湾へ進出したものの，現在は完全に撤退している。ベスト電器のこれ
までの主な進出先国・地域を示せば，図表9-3のようになる。

　ベスト電器のインドネシア進出への最初の手がかりは，1992年にヤオハ
ンとの提携による出店であり，2年後の1994年にはヤオハンの撤退にとも
なう撤退を経験している。その後も1995年には現地企業（地元の百貨店）と
の提携により再進出するものの，現地の政情混乱により2000年に再撤退に

図表9-3　ベスト電器の海外進出と再進出

進出先国・地域 （主な都市名等）	進出年→撤退年	参入方式（出資率等）	現店舗数	事業期間
シンガポール	1985年	合弁→子会社 （連結100%）（1998年）	14店舗	36年
香港	1987年→2011年	支店→子会社（1997年）	0店舗	24年
台湾（台北他）	1989年→2017年	合弁→子会社（2004年）	0店舗	48年
インドネシア （バリ他）	1992年→1994年 1995年（再）→ 2000年（再撤退） 2005年（再々）	提携 【再】提携 【再々】合弁（ベスト シンガポール社51%） →資本提携（合弁維持） （2009年）→FC（2014年）	25店舗	2年 再5年 再々16年
マレーシア （クアラルンプール）	1994年	支店→子会社 （連結100%）（1998年）	8店舗	27年

注：事業期間は，進出年から撤退年までの期間を記入。なお再進出の場合は，進出年から2021年
　　3月現在までの期間を記入。なお店舗数は2021年9月30日現在のものである。
出所：ベスト電器Webサイト・有価証券報告書および浅岡［2014］に独自調査を加えて筆者作成。

至っている（浅岡，2014，3頁）。

そして，インドネシアにおける本格的な事業展開（再々進出）は2005年からであり，ベスト電器シンガポール（BEST DENKI（SINGAPORE）PTE. LTD.）が出資（51％）する現地法人のベスト電器インドネシア（PT.BEST DENKI INDONESIA）による運営によって展開された。その後，合弁パートナーであるジャカルタ市に所在する現地企業のPT.BANGUN PERSADA TATA MAKMURとの資本・業務提携を進めながら，現在はFC（フランチャイジング）へのシフトによる展開が行われている。

ベスト電器のエリア統括者へのヒアリングでは，シンガポールを拠点として東南アジア等への店舗展開を加速させるとのことで，海外からの調達と品揃え強化により事業のグローバル化とともにローカリゼーション（現地化）を進める方向性が確認できる。

（5）その他

日本小売企業の海外再進出事例を各業態で確認してきたが，無店舗販売についても再進出が行われている。例えば，通信販売事業における再進出事例としてZOZOを挙げることができる。ZOZOは，2011年6月に香港にZOZOTOWN HONGKONG CO., LIMITEDをソフトバンクと合弁にて設立した。また同社は，同年8月には子会社「走走城（上海）電子商務有限公司」も設立している。しかし，事業展開上，2013年3月には合弁会社と子会社を精算しており，今後の電子商取引の拡大とともに，中国におけるユーザーの確保の機会をうかがっていた。

その後，事業清算から6年後の2019年に，中国の上海に現地法人である上海走走信息科技公司（Shanghai ZOZO Co.,Ltd.）を置き，中国版ZOZOTOWNである「ZOZO」のサービスを開始している[4]。

他方，国際フランチャイジング（マスター・フランチャイズ契約の締結）にて海外進出している日本企業においても，海外進出した後に撤退し，その後に再進出していることが確認できる（図表9-4）。

図表9-4　その他企業の海外進出と再進出

ブランド名（企業名）	業種	進出先国・地域	上段：進出年（参入方式）→撤退年 下段：再進出年（再参入方式）・現店舗数（事業期間）
サンエー（サンエー・インターナショナル）	婦人服	台湾	1986年（合弁）→撤退年不明 2002年（子会社）・33店舗（19年）
ピンキー&ダイアン（サンエー・インターナショナル）	婦人服	韓国	1991年（合弁）→撤退年不明 2002年（合弁）・14店舗（19年）
吉野家（吉野家HD）	牛丼	フィリピン	1992年（合弁）→1993年 2001年（FC）・3店舗（20年）
味千ラーメン（重光産業）	ラーメン	台湾	1994年（合弁）→撤退年不明 2007年（合弁）・0店舗（14年）
松屋（松屋フーズ）	牛丼	中国	2004年（子会社）青島→撤退年不明 2009年（子会社）上海・10店舗（12年）

注：店舗数は，川端氏の調査時（2009年現在）に，独自調査（2021年9月30日現在）を加えた。
出所：川端［2010］238-253頁から抽出したものに独自調査を加えて筆者作成。

3　日本小売企業の海外再進出の特徴

（1）再進出業態および再参入方式の多様化

　日本小売企業の海外再進出における「業態（営業形態）」ならびに「再参入方式」は多岐にわたっており，先述したように百貨店（技術提携），CVS（FC→合弁），専門量販店（合弁→FC），インターネット通販（越境EC）となっている。また，外食チェーン店を筆頭に国際展開する日本企業では，子会社（100%），FC方式と，その展開状況は広がりを見せている。

　一方で，このように少ない事例数ではあるが，日本小売企業の再進出した国・地域は，中国，フィリピン，インドネシア，そして台湾，韓国等であり，明らかにアジア市場をターゲットとしていることがわかる。

（2）再進出後の事業継続の長期化

　続いて，一度撤退した国・地域への再進出後における事業期間に着目すると，最初に進出した期間よりも再進出後の期間が長くなっている。改めて，日本小売企業の再進出時の「再参入方式」，「進出先国・地域」，「撤退後，再進出までに要した年限」，「再進出後の事業期間」を確認しておく（図表9-5）。

　各企業で撤退後，再進出までに要した年限は異なるが，平均すると約6.2年を要している。事例では大丸の12年を除けば，1年から6年以内での再進出（再々進出）となっており，この期間を短いと見るか長いと見るかは議論が分かれるところであるが，仮に小売企業が「撤退経験」を生かし，そこから「組織学習成果」として立て直しを図り，「進出戦略の修正」を実施することで，再進出がなされているならば，そこには初期の進出時よりも強い再進出時の意図があるように思われる。

　また，再進出した時期が各企業で異なるものの，各企業の再進出後の事業期間は平均すると約10.2年となっており，再進出前までの事業期間（最初に進出した年から撤退年まで）よりも事業継続期間が長くなっていることがわかる。再進出後の事業期間が再進出前までの事業期間よりも長期化している分，多店舗展開が望めるだけでなく，現地化を進めることが可能である。こ

図表9-5　海外再進出における特徴

企業名（業態）	再参入方式	進出先国・地域	撤退後，再進出までに要した年限	再進出後の事業期間（再進出前事業期間）
大丸（百貨店）	技術提携	中国	12年	7年（最大38年）
ミニストップ（コンビニ）	FC→合弁	フィリピン	2年	22年（4年）
ベスト電器（家電量販店）	合弁→FC	インドネシア	1年（再）5年（再々）	5年（再）（2年）17年（再々）（5年）
吉野家（外食チェーン店）	FC	フィリピン	6年	7年（5年）
ZOZO（通販）	越境EC	中国	6年	3年（2年）
平均			6.2年	10.2年

注：再進出後の事業期間は，再進出年から現在（2022年3月時点）までの期間を記入。
出所：筆者作成。

のことは，直ちに当該進出企業の成功を意味するわけではないが，少なくと
も現地における事業承継が以前よりもプラスに作用していると考えられる。

第3節　小売企業の海外再進出モデルの構築

1　海外進出モデルの応用

　小売企業の海外進出については，国際マーケティングの視点から「国際進
出戦略」として位置付けすることができよう。例えばRoot［1982］は，「海
外市場進出戦略の各要素」によって，国際マーケティングの実行プログラム
とプロセスを提示している（図表9-6）。

　国際進出を意図する企業は，1から4の各要素を段階（局面）的に標的市
場へ向けてアプローチすることになる。そして，最終的に5の段階（局面）
におけるコントロールシステムの要素を，1から4へとフィードバックさせ
ることで，市場における自社の修正を図ることが可能となる。

　小売企業の海外進出にも，Root［1982］で示されているような「標的市
場」に向けたマーケティング・プロセスがあり，進出後も「コントロールシ
ステム」としての「モニター活動」や「進出戦略の修正」が求められる。し
たがって，小売企業の再進出をイメージする際は，このモデルは非常にシン
プルでかつ説明しやすい点において優れている。

　また，海外進出にはそのタイミングや現地適応が求められるように，再進
出においても，再進出のタイミングや再進出先の市場環境変化への対応（市
場適応）が求められるため，小売企業が一度撤退（退出）した市場へ再び進
出するには，改めて「市場への理解」や「組織学習の成果」が問われる。そ
の点は，先学の小売国際化研究におけるAlexander and Myers［2000］の
「小売国際市場概念モデル」や，Alexander and Doherty［2010］による小売

図表9-6　海外市場進出戦略の各要素

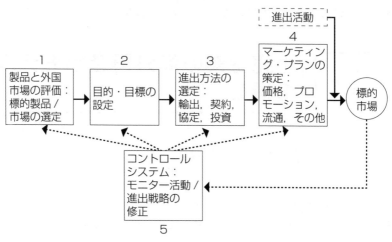

出所：Root［1982］p.4.

企業の国際展開する際の「組織内部と現地市場における課題解決モデル」が非常に参考になるであろう。

2　再進出モデル

　そこで，本国市場と進出先国・地域市場との関係性に着目して，小売企業の海外再進出モデルを提示すれば，図表9-7のようになる。

　この再進出モデルは，本国市場と進出先国・地域市場における時間軸をベースとした小売企業の「①海外進出」→「②海外撤退」→「③海外再進出」プロセスである。ポイントとなるのが，まず第1に，海外進出してから海外撤退に至るまでに，本国市場の本社と進出先国・地域市場の現地子会社や合弁会社等との間における「知識やノウハウの共有・移転」に加えて，これまでの事業期間中に経験した取引，システム構築等の「経験の蓄積」といった組織能力が醸成されたか否かである。そして，それらが「組織学習成果」として相互作用する必要がある。

図表9-7　小売企業の海外再進出モデル

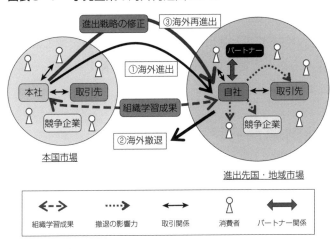

出所：筆者作成。

　第2に，小売企業本社における意思決定プロセスとして，本社と進出先国・地域で設立された子会社や合弁会社等との間における「組織学習成果」によって，進出戦略の修正の可否により①現状の修正（進出維持），②撤退が決まり，その後に②が選択された場合において「別の国・地域への進出」か「③同国・地域への再進出」が決定される。仮に撤退の選択がなされたとしても，当該小売企業にとってあくまでも再進出は1つの選択肢であり，「別の国・地域への進出」か「同国・地域への再進出」に至るまでのプロセスも単純ではないだろう。

　第3に，再進出のタイミングである。小売企業が当該国・地域へ進出した際の市場環境は，撤退する際には大きく変化していると考えられる。ここで指す市場環境は，小売企業を取り巻く外部環以外にも小売企業の内部環境も含むことを主張しておきたい。もし撤退時の市場環境がそのまま保たれた状態であるならば，戦略や組織を柔軟かつすばやく変更することで再進出に繋げることは可能かもしれない。

　しかし，当該進出先国・地域における競争企業や消費者等の小売企業にと

っての外部環境は時間（年）とともに動態的に変化する。情報網や物流基盤等のインフラも同様である。したがって，小売企業が当該市場へ再進出する場合は，自社の内部環境と進出先国・地域の外部環境を踏まえたうえで，タイミングよく当該小売企業が所有する資源や組織を再配置（リポジショニング）する必要がある。

3　撤退市場から再進出市場へ

　結局のところ，日本の小売企業は，撤退した市場（国・地域）から「何を学習」し，なぜ当該市場へ再び進出して，事業継続期間を延ばすことができたのであろうか。

　実のところ，再進出を含めた小売企業の国際展開について議論する際には，どうしても「機会主義的」な議論に陥りやすい（Dawson, 2001）ことも事実であるが，経営組織論の研究における「ダイナミック・ケイパビリティ（Dynamic Capability）」を手がかりにすることは可能である。

　再進出に係る動態的な市場環境においては，「機会」や「脅威」を感知し捕捉することにより，組織改革等による経営資源の再構築（Teece, 2007）が必要とされている。また上記に加えて再進出時には，Frasquet et al. [2013]が指摘する，①一般的能力（企業家精神，知識獲得と学習，適応能力），②特殊能力（ブランド構築，立地条件と店舗設計マネジメント，商品調達体制の構築，顧客関係マネジメント）が求められるであろう。

　組織能力は，企業自身が一朝一夕に身に付けられるものではなく，知識や経験の蓄積，組織改革の成果として長期的に備わる能力である。したがって，小売企業が撤退することで得られた知識や経験等を再進出に生かすケイパビリティの有無が問題となる。

第4節 | 再進出における課題と問題点

1 長期的視点と短期的視点の必要性

　日本小売企業の海外撤退後，数年後に再進出するケースでは，どのような課題（問題）が生じ得るだろうか。まず長期的視点では，日本小売企業が撤退後に再び海外へ進出するプロセス（動機やタイミング等）や事業継続性など，「積極的（ポジティブ・プロアクティブ）」に展開するうえでの条件（内部・外部環境）は何か，また普遍性はあるのかについて分析・検討する必要がある。例えば，JETRO［2020］によれば，海外展開している，または検討している企業が考える「各国・地域のビジネス環境の魅力・長所」の回答の多くが「市場規模・成長性」を挙げている。それ以外にも「安定した政治・社会情勢」や「インフラ（電力，運輸，通信等）の充実」，「人件費の安さ，豊富な労働力」，「親日的な国民感情」等が再進出を促す動機（プル要因）と考えられる。

　次に，短期的視点では，基本的には個別企業案件になるが，撤退ならびに再進出局面での戦略性（意図）は何か，あるいは市場への働きかけや利害関係者との関係性をどのように構築すべきかなどが判断指標となるであろう。

　どちらかといえば，当該進出先国・地域における小売市場に対する長期的視点から，小売企業の再進出の意義が問われるのではなかろうか。

2　国内事業の状況と組織力の有無

　当該進出先国・地域からの撤退後，再進出する日本小売企業の本社におけ
る国内事業状況ならびに組織力（体力）[5]が，どのようなレベルであるのか
を精査する必要がある。今日，海外展開する小売企業においては，国際志向
を持ち合せ，国際展開するだけの資金力や人材に加えて知識やノウハウ，そ
して上述の変化する事業環境のもとで適切に実行できる組織能力（ダイナミ
ック・ケイパビリティ）が求められよう（Teece, 2007;2009; Day, 2011; Morgan
et al., 2018など）。

　問題点として，現地から撤退した日本小売企業のほとんどが「再進出」を
経験しない。正確には一度撤退した市場（国・地域）へは再投資を行わない
（行えない）ケースが圧倒的に多いと考えられる。再投資するか否かは，株主
や取引金融機関の意向を含む小売企業本社による経営判断に委ねられてい
る。つまり，国内事業が安定的で，よほど海外事業において回収見込みやリ
ターンがない限り，再進出は行われないのである。

　しかし，海外事業が成功していながら，国内事業が弱体化すると海外事業
を売却したり，現地から撤退したりする小売企業の事例が圧倒的に多い。今
後とも海外事業のさらなる成長（再進出後も含む）を通じて，逆に国内事業を
支援する小売企業の事例が出てきてもよいのではなかろうか。

3　再進出に係る各種リスク等

　再進出を予定する国・地域において，以前とは異なる市場環境，法的・制
度的変更や政治情勢の変化など[6]により，再進出が妨げられることもある。
JETRO［2020］の調査においても，「各国・地域のビジネス環境の課題」に
ついて，「政情リスクや社会情勢・治安に問題あり」との回答の割合は，香
港（83.3%），韓国（61.2%），ミャンマー（55.3%），中国（42.9%），メキシコ

（34.5％），フィリピン（27.6％）で高く，また「税制・税務手続きの煩雑さ」
では，ミャンマー（29.8％），インド（19.2％），中国（18.5％），マレーシア
（17.6％）が高い傾向を示している。さらに「行政手続きの煩雑さ（許認可）」
に関しては，ミャンマー（51.1％），中国（28.7％），ロシア（25.0％），インド
（24.0％），ベトナム（22.4％），フランス（21.9％），インドネシア（21.8％）で
軒並み高くなっている。

　なお，再進出する国・地域における競争企業の存在（認識）が脅威[7]とな
っている場合が往々にしてある。第7章および第8章で分析してきたよう
に，撤退要因の上位項目に挙げられる進出先国・地域における「競争企業」
は進出前から想定されるものもあれば，進出した後に競争上のリスクとして
知覚される場合もある。例えば，台湾市場における公設市場や露天商はスー
パーの脅威となっている。インドネシア市場ではCVSにおいても同業態で
はなく移動式屋台等が進出後の競争相手として認識されている点などを踏ま
えれば，競争上のリスクはビジネスでは免れない。

　このように問題点として，進出時と同様に再進出時も，当該進出先国・地
域の時々の政治的・経済的・社会的環境要因を精査する必要がある。また，
今般の新型コロナウイルスの世界的大流行（パンデミック）や災害など，突
発的な懸案事項の予測は不可能であり，再進出の障壁となることはいうまで
もない。

第5節　おわりに

　日本小売企業の再進出データから見えてきた点は，前述したように少ない
事例であるが，①再進出する業態および参入方式が多岐にわたっており，②
再進出した国・地域がアジアであること，③再進出（再々進出）まで要する
年限は1年から6年以内（大丸の例を除く）であり，④再進出後の事業期間が
撤退する前までの事業期間よりも長期にわたることである。①から再進出業

態の極端な偏りがないことから多様な業態の再進出の可能性が示されている。②は再進出の対象国・地域がアジア一円であり，どのアジア市場にも再出発の機会があることを示唆している。③の再進出までに必要とする時間（年）は，決して長くはなく，事例では事業の立て直しや戦略変更が比較的短期間に進んだ結果を示している。④再進出後の日本小売企業の経営は，事業の継続年限を見ての通りである。

　以上の点から，日本小売企業の再進出には課題も山積しているが，日本小売企業の再進出の機会は開かれており，再進出の実態からその有効性を検討することは大いに意義があると考えられる。

　日本の小売企業が海外進出してから1世紀以上が経過している。進出先であった欧州からは多くの小売企業が撤退し，近年，進出先の大部分を占めるアジアからの撤退（部分撤退）も見られるが，再進出するケースも見られる。そこで，日本小売企業の海外進出研究は進みつつあるが，現時点で「再進出」をテーマとして取り上げた研究は皆無であり，単なるケーススタディとして捉えるのかどうかの検討の余地は残されている。

　JETRO［2020］によれば，小売業（102社の回答）の今後の海外進出方針として「海外進出の拡大を図る」（52.0％），「現在，海外に拠点があり，現状を維持する」（10.8％）との意向を示す小売企業があるとともに「現在，海外に拠点はないが，今後新たに進出したい」（27.5％）と考える小売企業も存在している[8]。

　最後に，今後の小売企業の再進出に係る研究課題と考えられる，以下の3点について挙げておく。第1に，日本小売企業の「海外進出」から「海外撤退」に至る一連のプロセスにおいて，「海外再進出」過程も含まれることから，「再進出→再撤退（再々進出）」事象も研究対象（範疇）に入れる必要がある。第2に，日本小売企業の再進出事例に着目し，そのフレームワークの構築を試みたが，再進出の「調査→把握→理論化」は困難で，企業サイドの問題（マイナス情報，担当者不在等入手困難），先行研究，メディア情報等が乏しいため，今後も地道にデータを蓄積させていくことが重要である。第3に，

再進出状況とそれに係る問題点を提示してきたが，進出に係る問題点との比較分析を継続させることが肝要である。

注

(1)　経済産業統計協会編『我が国企業の海外事業活動』（各年版）や東洋経済新報社編『海外進出企業総覧【会社別編】【国別編】』（各年版），JETRO（日本貿易振興機構）編『ジェトロ世界貿易投資報告』（各年版）などから抽出できるデータもほとんどない状況にある。

(2)　上海新世界大丸百貨では，店舗におけるインストラクター（販売員や従業員の指導を担当）により，開店時の顧客の出迎え，エレベーター案内，レジ承り等の日本式の接客が実現されている（J.フロントリテイリングWebサイト「大丸松坂屋百貨店News Release」より）。

(3)　ミニストップによれば，ROBINSONS CONVENIENCE STORES,INC.はフィリピン共和国のケソン市にある持分法適用関連会社である（ミニストップ「第42期有価証券報告書」(https://ssl4.eir-parts.net/doc/9946/yuho_pdf/S100LDUL/00.pdf〔2021年10月19日閲覧〕)。

(4)　ZOZOのWebサイトによれば，現地法人はメディア編集，翻訳等の業務に始まり，日本から中国への商品配送・通関等の一連の業務（フルフィルメント）やカスタマーサポート業務を行っている（https://corp.zozo.com/news/20191210-9302/〔2021年8月9日閲覧〕)。

(5)　撤退要因との関連では，Jackson and Sparks [2005]，鳥羽 [2016] で言及されている。

(6)　撤退要因との関連では，川端 [2000]，Baek [2006] で言及されている。

(7)　進出要因との関連では，Alexander [1997]，Sternquist [2007] で言及されている。

(8)　一方で「現在，海外に拠点はなく，今後とも海外での事業展開は行わない」の回答も29.4%あり，海外事業には慎重な見方もうかがえる（JETRO, 2020, 31頁, 表Ⅱ-7)。

終　章

研究の総括

第1節 | 問題意識の確認と研究経緯

　本書では，序章で言及したように「なぜ日本の小売企業は国際展開することができたのか？」という問題意識の下で，第Ⅰ部「小売国際化研究の現状と理論」において，日系小売企業の海外進出プロセスを探りながら，これまでの「小売国際化」に係る研究成果をレビューし，同時に日本小売企業の国際展開の現状を各種データベースに基づき把握することに努めた。

　第Ⅱ部「アジアにおける日系小売企業進出の実証分析」では，日本の総合小売業（百貨店，スーパー，CVS）のなかから，アジアを中心に国際展開している「日系小売企業」数社を取り上げて，進出先国・地域への進出プロセスや現地で採用しているマーケティング戦略に着目しつつ，その事業活動の展開状況を中心に分析を行った。

　そして，第Ⅲ部「小売企業の海外撤退・再進出研究とその影響力」において，小売企業の進出側面だけではなく撤退側面にも注力することで，これまでの撤退に係る研究の整理を行いながら，実際に小売企業が進出先国・地域から撤退する際に内・外部環境へ及ぼすさまざまな影響について言及した。また，第9章「日本小売企業の海外再進出の実態と課題」では，従来は「進出のみ」あるいは「撤退のみ」を取り上げる研究が主流であったところ，日本小売企業の再進出事例を通じて「進出→撤退」から「進出→撤退→再進出」という，これまでに小売国際化研究ではあまり取り上げることがなかった新たな分析視角を提示した。

　第Ⅰ部から第Ⅲ部を通じて，この終章では「小売国際化研究」が，新たな分析枠組みを必要とするステージへと移行しつつある点を指摘しておきたい。小売企業が国境を越えて行う活動には，以下の2つの側面がある。1つは小売企業が国際事業を展開する際に，当該国・地域において商品，小売技術（知識やノウハウ等を含む），労働力，資本などを国際化させることを意味

する「小売企業の国際化」と，もう1つは小売企業の国際化にともなう当該国・地域における市場の国際化を意味する「小売市場の国際化」である[1]。ここ20年ほどで，小売国際化に関する研究は非常に進展してきたと考えられる。今や小売国際化研究は，①小売企業の国際展開の実態把握から，②海外進出の定義や出店要因等の分析，および③国際的活動の進展度合いに応じて，小売ノウハウや人的資源の移転等をともなう戦略面での理論化が求められている。また，小売企業の国際展開に係る研究が，商業論をベースとしながら，小売経営論，国際流通論，国際マーケティング論等の多様な研究分野からのアプローチにより学際的な研究レベルへと移行しつつあり，定量的分析だけではなく定性的分析を必要とする段階にきているといえよう。

　そこで，「なぜ日本の小売企業は国際展開することができたのか？」という問いに対する解は，日本小売企業が当該進出先国・地域において「市場対応」をしてきた点を強調したい。そのロジックとして，小売企業が海外における当該事業を運営するうえで，保有する小売経営資源をベースに現地になかった仕組みを構築し，採用した業態を競争優位に展開するためにマーケティング戦略を積極的に駆使しながら，組織自らが現地での学習成果を「組織能力」として向上させてきたためである。

　本研究では，第3章から第6章にかけて取り上げたように，進出先国・地域の小売市場において，とりわけ日本小売企業が保有する有形・無形の小売経営資源を組織的に活用し，それを本国同様に進めながら，一方で事業システムとして運用できない場合には，現地に合わせた適応行動を採ることが明らかとなった。

　本章では最終到達目標として，改めて実証分析から得られた知見を既存の分析枠組みに組み込み，日本小売企業の海外進出モデルを提示し，新たな分析枠組みとしてまとめることにする。

第**2**節 ┃ 現地日系小売企業からの示唆

　本書では第Ⅱ部（第3～6章）において，主にアジア市場（地域）で展開している総合小売業に焦点を絞り分析してきた。ケーススタディとして取り上げた日系小売企業は新光三越，遠東SOGO（太平洋崇光），平和堂（中国），上海ローソン他である。各日系小売企業は異なる業態であるが，事業展開においていくつかの共通点が散見される。そこから見えてきたキーワードとして，日系小売企業の「保有資源」と「市場適応行動」をピックアップすることで，各業態の評価としてまとめることにする。

1 日系百貨店の保有資源と市場適応行動

　台湾で日系百貨店として認知され，多店舗展開している新光三越，遠東SOGO（太平洋崇光）は，1980年代後半に台湾に進出して以来，台湾小売業界ならびに台湾百貨店の牽引役として成長を遂げてきた。また両社は，台湾における「近代的小売セクター」[2]の代表格としての百貨店の存在を，より強固なものにしてきた。第3章で分析したように，遠東SOGO（太平洋崇光）は，戦後最も早い時期に台湾小売市場へ参入した日系百貨店であり，2002年からは台湾地元企業資本の傘下で「SOGO」ブランドを維持しながら営業を続けてきた。一方の新光三越は，遠東SOGO（太平洋崇光）から若干遅れて台湾小売市場へ参入し，台北市を中心に最も多くの店舗を保有する台湾筆頭の日系百貨店である。

　しかしながら，都心部における立地という意味では大きな相違はないものの，現地における両社の立地戦略は異なっていた。とりわけ新光三越は，1号店の開店（1991年）から短期間で「多店舗出店」を加速させ，台北市内の中心部である「信義地区」では「高密度集中出店」方式を採用した。このよ

216

うな出店方式は，台湾を除いてどの各国・地域の小売市場を探しても見当たらない。台湾という地理的に限られた狭い市場で，しかも1990年代からすでに過多傾向にあったと考えられる台湾の各百貨店の生き残りをかけた立地競争において，独自の立地戦略を採用している。

　次に，日系百貨店の商品販売事業として有名ブランドを取り揃え，その販売力が地場百貨店との集客力の差となっていることが明らかとなった。この点から，ブランドの知名度が店舗の知名度に直結し，ストア・ロイヤルティを向上させている点がうかがえる。しかし，単なるブランド品の陳列ではなく，日系百貨店でしか購入できない食材の提供や，地域ブランド品の導入，ディスカウント商品にも力点を置くことで，台湾の消費者から支持を集めている。もちろん，現地日本人駐在員や各国・地域からの観光客も標的としている。

　日系百貨店は，地場百貨店と比べて百貨店としての主要機能であるMDの優位性とそれを支える「仕入交渉力」および「販売管理力」としての優れた小売技術の存在が認められるのである。MDの優位性は「品揃えノウハウ」として日系百貨店の競争優位の源泉になっているのであるが，さらにいえば，この小売技術の源泉は，日本本社がこれまでに培ってきた各社の小売技術ということになる。

　さらに，日系百貨店の台湾における成功要因として，地場百貨店ではできなかった市場対応，すなわち，消費者ニーズの追求やその発掘に加えて，日系百貨店が保有する小売技術を，物流システム等が近代化しつつあった台湾の小売構造や流通システムにタイミングよく適合させてきたことも看過できない。

2　日系スーパーの保有資源と市場適応行動

　中国における日系小売企業の進出の歴史は長い。第1章で言及した通り，中国にはいくつかの日系百貨店が戦前から出店していたが，本格的な進出は

中国政府による1978年からの改革開放政策ならびに1992年の流通改革の実施以降である。とりわけ，外資にとって東部沿岸部の市場開放ならびに市場開拓が先行して行われてきたが，今後の成長市場として内陸部が注目されている。

　現時点における日系小売企業の海外進出は，大手小売企業を中心に行われているが，第4章で取り上げた中国内陸部に進出している平和堂は中堅小売企業である。平和堂は日本国内では主としてGMSや食品スーパーを展開しており，1998年に湖南省長沙市で開業した湖南平和堂（現平和堂（中国））は，いわば百貨店業態としての「異業態」による進出であった。

　中国連鎖経営協会が2021年6月に公表した「2020年中国連鎖百強」によれば，チェーン展開している日系スーパーとしてイオン（永旺（中国）投資有限公司）が25位，イトーヨーカ堂（成都伊藤洋華堂有限公司）が77位にランク(3)されている。ランク外ではあるが中国内陸部に展開している平和堂（中国）は，当時の中国流通改革期において，比較的早期に中国へ進出した日系小売企業の1つである。この点については，台湾における遠東SOGO（太平洋崇光）と共通している。また，次項でも言及するように，上海ローソンも日系CVSでは最も早く中国小売市場へ参入した小売企業である。

　湖南平和堂の開店当初の周辺環境は，都心の一等地であり交通の便こそよいものの，店舗周辺の他の商業施設が現在ほど密集した立地ではなかった。その後，いくつかの地場大手百貨店が出店することで激戦地となっていくが，基本的には「立地（場所）の優位性」が認められる。また年限（時間）経過とともに，2号店と4号店を地理的に近隣した地域（場所）へ立地させる「ドミナント出店戦略」を採用している。ドミナント出店は，隣接する店舗同士が同商圏の消費者を奪い合うことから，一般的には百貨店やGMSでは採用されないが，平和堂（中国）は敢えて慎重な商圏設定の下で，店舗間の差別化を図りながら複数店舗を開店させている。

　ストア・マネジメントについては，利益率向上の手段として売場の直営部分を変化させている。例えば，開店初期の頃は売場の直営比率が60％であ

ったとされるが，徐々にその比率を下げることで，安定した売り上げを達成することが可能となっている。つまり，テナントを精査しながらその入店率を上げることで，有名ブランド誘致と充実した品揃えの実現，集客の拡大につながったのである。

　しかも，競合他社との店舗差別化戦略は，高級化を志向するだけでなく，流行の発信基地として他店よりもいち早く販売することや，折り込み広告，季節ごとの催事の実施に欠かせないプロモーション，価格面でのディスカウントも含む小売ミックスがなされている。これらは，トータルコーディネートが求められるため，店舗全体におよぶストア・マネジメントの結果として評価することができよう。

　最後に，人的資源について言及しておきたい。売場の直営およびテナントに関係なく社員に対するミーティングや接客マナーのチェック（1日数回），日本本社への研修制度（年1・2回），さらには報奨制度（販売・接客優秀者）が確立している。まさに日本本社で培ってきたノウハウを，人材教育を通じて実践していたのである。

3 日系CVSの保有資源と市場適応行動

　日系CVSの海外進出は，1988年におけるファミリーマートの台湾への進出から始まった。第5章では，大手CVSであるローソンの中国進出を契機に東南アジア市場への展開と今後のCVSの成長可能性を論じた。百貨店やスーパーよりも小規模店舗で各地域において「点」ではなく「面」としての拡大が志向されているCVSの出店は「ドミナント出店戦略」が基本である。その目的は，同域内の消費者への認知度向上や他店舗よりもいち早く場所取りする意味もあるが，物流拠点からの「効率的配送」を意図しているところにある。

　またドミナント出店は，CVSの多頻度小口配送を成立させるための仕組みでもある。日系CVSのドミナント出店戦略は，進出先国・地域において

も踏襲されているが，売場面積が小規模で，店舗の改装や移転が比較的容易に行えるCVSだからこそ可能であった。ただし，表面上，現地の地元CVSやミニマーケット，同地域に進出している日系CVSにも模倣されやすいことは明らかである。

　日系CVSで最も早く中国市場へ参入したのがローソンであるが，進出当初から先発者優位を発揮できていたわけではない。ローソンが上海市に進出してから，上海聯華快客便利有限公司（1997年），上海可的便利店有限公司（1998年），上海良友金伴便利店連鎖有限公司（1998年），上海好徳便利有限公司（2001年）等のローカルCVSが設立され（柳，2007b，156頁），現地におけるCVSの出店競争が過熱していく。2004年にはファミリーマートが上海市に進出するなかで，その当時（2005年2月現在）でも，上海ローソンの店舗数は200店舗をやや超える程度[4]であった。

　その後の躍進は，端的に「カウンターパートとの資本関係における日本側の主導の回復」ならびに「各都市における各パートナーとの柔軟な関係性構築」に基づく，①FC店の店舗拡大スピードの向上，②現地化に向けた事業システムの改良，③迅速な商品開発と市場対応の成果であろう。

　ローソンは，中国（1996年）へ進出してから2010年代に入り，インドネシア（2011年），タイ（2013年），フィリピン（2015年）と，進出先を東南アジアへとシフトさせてきた。東南アジアにおける日系CVSのポテンシャルは未知数であるものの，少なくともローソンの海外店舗数の急激な拡大は，中国国内における店舗数増加の結果である。しかも，中国国内の各都市における進出戦略は，現地子会社の設立，現地子会社と地場小売企業とのメガフランチャイズ契約，エリア・ライセンス契約による出店方式を，適宜組み合わせながら柔軟な現地化を進めているのである。

　一方で，出店地域の拡大とともに，現地における人的資源管理や人材教育に関する課題も浮き彫りとなっている。鳥羽・劉［2016，243頁］のローソンの現地法人へのヒアリングから，加盟店に対して経営指導を行うスーパーバイザーの育成に苦戦している様子がうかがえる。また，鍾［2021］におい

ては，台湾ファミリーマートの事例から人材育成の現地化の必要性が問われている。つまり，CVSの進出先国・地域に応じた人材マネジメントが，CVSの成長に欠かせない要素であることが見えてくる。

第3節　日本小売企業の海外進出モデルの構築に向けて

1 小売企業の国際知識移転

　小売企業の内部環境で蓄積された有形・無形の資源は，外部環境としての競合企業に対して競争優位に働くことが証明されている。例えば，先行研究として企業行動や企業の成長を説明する際に，海外直接投資を事業機会の拡張と認識し，どのような資源が競争優位の獲得に有効であるかが論じられてきた（Penrose, 1956; Wernerfelt, 1984; Barney, 1991等）。資源ベース論（Resource-Based View：RBV）に依拠すれば，小売ノウハウをもつ子会社の設立，合弁事業の確立，フランチャイズ技術指導などの「移転」（Kacker, 1988），企業が保有する知識，ノウハウ，評判などの無形資源が他の企業に対して競争優位やレント（超過利潤）の源泉（Dierickx and Cool, 1989）となることが明らかになっており，小売企業にとっても該当する部分が多いのである。

　さらには，情報の「付加価値」による競争優位の獲得（Meyer and Boone, 1989），模倣困難な企業固有の持続的経営資源（Barney, 2002），移転不可能な「管理依存型小売ノウハウ」（金, 2008），情報の粘着性（Hippel, 1994; 小川, 2000ほか）等の独自の資源を保有することで，競争企業に対してポジティブな作用をもたらす場合もある。

　このように，企業の内部組織としての要因が経営成果に影響を与える（金, 2016）点は，事例を通じても明らかである。具体的には，前節で言及した各日系小売企業が保有する組織固有の経営資源が他社に対する競争優位と

図表終-1　小売企業における新たな国際知識移転

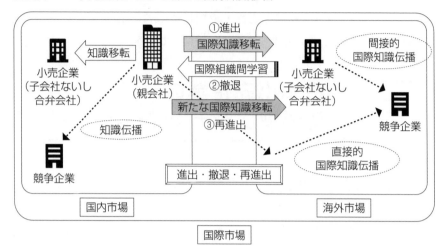

出所：柳［2017a］75頁を修正加筆。

して働いていると考えられる。

　本研究のモデルでは，図表終-1のように，小売企業の国際知識移転プロセスを捉えている。

　すなわち，第1に小売企業の「①進出」→「②撤退」→「③再進出」プロセスとして，国内市場から海外市場へともたらされた当該小売企業の「国際知識移転」が，第2に進出先国・地域における新たな経験や知見を踏まえて，独自の小売知識として「国際組織間学習」を通じて本国の親会社へとフィードバックされ，第3に時間（年）経過を経て「新たな国際知識移転」へと姿態変化することで，国内市場と海外市場の融合が図られ，新たに国際市場への対応が可能になると考えている。

　まず，第1段階である海外進出の初期段階は，親会社から海外の進出先国・地域における子会社ないし合弁会社の設立等を試み，海外店舗として1号店の開店をスタートさせるステージである。海外進出当初から本国親会社の国際的知識移転が現地へもたらされるか否かは，この段階において判断することは困難である。なお，現地の子会社ないし合弁会社の事業展開は競争

企業にとって「間接的国際知識伝播」の機会を与える可能性がある。そもそも，子会社ないし合弁会社にて海外市場へ展開せずとも海外の競争企業は本国親企業を直接模倣する等の「直接的国際知識伝播」が起こることもある。

　日系小売企業にとって海外進出後，現地における当該小売企業間で競争が激化した場合，早々に撤退を迫られることもある。また，進出先の海外市場において，ある時間（年）経過後に現地の事業展開の修正を余儀なくされる場合がある。もちろん，海外進出当初から意図した国際知識移転がスムーズに行うことができずに，小売業務不全に陥り，小売マネジメントの変更をせざるを得ないケースも想定される。

　次に第2段階は小売企業が海外進出後，数年ないし十数年かけて業績を黒字化させたり，多店舗展開を進展させたりする現地化段階とも呼ぶことができるステージである。小売現地法人の業績等のあるレベルの成果をもってして国際知識が移転したとの判断が必要となる。このステージでは，本社と小売現地法人における成功ならびに失敗（要因）に係る知識共有や，その時々のルーティンとしての小売業務の変更やオペレーションの修正をともなう組織間における学習が必須となる。そして，一定の時間（年）経過後に，親会社としての本社が，現地子会社ならびに合弁会社から国際組織間学習することで，組織内部における経験値を蓄積（海外進出の実績）していく。それと同時に国内市場における子会社ないし合弁会社への知識移転，競争企業においては知識伝播が起こる。

　第3段階としては，本国親企業にとって一定の時間（年）をかけて新たに獲得した知識や経験値の蓄積による新たな国際知識移転が起こるステージである。本社にとっては重大な意思決定が求められるが，国際組織間学習を踏まえて，一度撤退した現地へ再進出したり，あるいは別の新市場（国・地域）へ新規市場参入を試みたりすることが可能になる。

　なお，上記の図中の「①進出」→「②撤退」→「③再進出」プロセスは，一国・一地域においてループするものと考える。これまでの国際市場における小売企業の成長は，国内市場における「①進出→②撤退」はもとより，海

外市場においても「①進出→②撤退」でほぼ完結していた。新興市場を例に，小売企業の新たな海外市場（まだ進出していない国や地域）への進出は，新たな市場への「①進出」として捉えられてきたし，仮に当該市場からの「②撤退」は，それはそれで独立した事象（状態）であった。すなわち，新たな海外市場の数だけ「①進出→②撤退」が存在することになる。

　しかし，小売企業において当該国・地域へ「①進出」しても，必ずしも「②撤退」するわけではないことは周知の通りであろう。本研究で示したかった点は，「①進出」あるいは「①進出→②撤退」（新規「①進出」を含む）で完結していた小売企業の国際市場に向けた成長プロセスについて，「①進出→②撤退→③再進出」を経るケースを含めた，既存枠組みの再構築の必要性である。

2　日本小売企業の海外進出モデル

　これまでに国際展開する日本小売企業の国際市場における適応行動を明らかにしてきた。とりわけ，総合小売業の数社の事例では各社が保有する有形・無形の資源をベースに進出先国・地域における市場への対応が試みられている。ここで改めて，日本小売企業の海外進出プロセスを確認し，小売国際化を踏まえた新たなモデルの提示をしてみたい。

　これまでのいくつかの小売国際化に係るモデルや国際マーケティングのモデルを参考にすれば，小売企業が海外進出するプロセスは時系列で「進出前行動」→「進出時行動」→「進出後行動」をたどることになる。例えば，Alexander and Myers ［2000］の「小売国際市場概念モデル」では，経営資源をベースに「国内市場」→「1次市場」→「2次市場」→「3次市場」へと本国の小売企業が獲得した競争優位を国際展開させている。またDouglas and Craig ［1995］では，企業行動に着目して「初期参入」→「現地化」→「グローバル統合」の3段階の国際市場を分析している。これらの研究以外にも，川端［2009］では，「海外進出の諸側面」として「進出の意思決定」

から「店舗運営・管理」までの7段階のプロセスを設定した上で市場特性要素の説明している（図表1-2を参照）。それに加えて，柳［2012］では，「出店前行動」→「1号店の出店前後行動」→「多店舗展開行動」→「撤退行動」のプロセスで「進出の意思決定」から「撤退の意思決定」を6つの局面として捉えている（図表1-3を参照）。

　これらの先学のモデルをヒントに，本研究では以下のような「日本小売企業の海外進出モデル」を提示する（図表終-2）。日本小売企業の海外進出行動は「進出」→「撤退」→「再進出」プロセスをたどることから，左側から右側に向けて「1. 進出前行動」→「2. 進出時行動」→「3. 進出後行動」→「4. 撤退行動」→「5. 再進出行動」までの5段階の時系列で捉えることにする。

　1の進出前行動は，日本小売企業の本社（親会社）の進出先国・地域における現地法人の設立（子会社や合弁会社等）を中心とした，店舗の開店前の準備期間の活動である。それと同時に，2としての進出時行動は現地における1号店の出店に係る行動であり，商品調達先の選定等を中心としたMD活動が求められる。各社の事例では，初期参入時から現地顧客の店舗認知度の低さや不十分な販売促進により集客が不安定な場合も多い。その際には，小売

図表終-2　日本小売企業における海外進出モデル

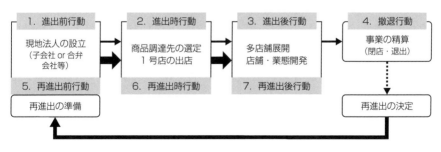

出所：筆者作成。

業務やオペレーションの都度修正や大幅な変更が必要となる時期である。そして，3の進出後行動は現地化を志向する段階であり，多店舗展開や店舗・業態開発など，進出先国・地域に適応化していく活動である。この段階から小売行動としては成長期に突入するが，この時期には同業態他社等の出店行動も活発化し，競争環境も大きく変化するため，魅力的な商品の品揃えの強化や差別化（CVSだとPB商品の開発等）を中心に，いかにストア・ブランドの構築を行えるかが要諦である。

　続いて，4の撤退行動は，進出先国・地域における閉店ないし退出による事業清算等を行い現地から撤退する行動である。撤退については，第7章と第8章で分析したように，Burt et al.［2003］による戦略の再検討レベルで，いくつかの選択肢があるものの「撤退」が選択され「完全退出」をもって，日本小売企業としての撤退行動が完結する。しかしながら，これまでの各社の事例では，完全退出に至らないケースが多く見られる。例えば，出資をともなう小売事業であれば「出資比率の低下」や「株式の一部譲渡」等により，「出資関係の解消」にまで行動が及ばないこともある。仮に現地における出資関係が解消されても，カウンターパートとの「商標貸与」や「業務提携」への変更により，関係性が維持されることも散見される。

　少なくとも，これまでの既存モデルでは，1〜3ないし4までを，小売企業の成長プロセスとして捉えてきた。本モデルで強調したいのは，日本小売企業の海外進出プロセスは，4の撤退行動でもって完結ではなく，4を経て5へ向かうプロセスがあり，再び元の1（再進出としては5）へと回帰することで，新たな成長ループを始めることもあるという点である。つまり，撤退行動から再進出行動までの小売企業の意思決定があり，「再進出の決定」を経た後に，再進出の準備期間としての「5. 再進出前行動」により，日本小売企業にとって成長サイクルの新たなステージを歩み始めることになる。

　さらに再進出行動は，当該進出先国・地域からの撤退（経験）を生かした新たな1（再進出としては5）への準備期間を含む小売企業の再出発行動であるとともに，「新たな知識」の移転プロセスでもある（図中の太い矢印）。そ

して，その後のプロセスとしては「6. 再進出時行動」→「7. 再進出後行動」へと進むことになる。

　上記のサイクルは，小売経営でも取り入れられる「計画段階」→「実行段階」→「評価段階」→「修正段階」，いわゆるPDCAサイクルをイメージすればわかりやすいだろう。

　1980年代以降の日本小売企業の海外進出行動は，当該進出先国・地域の小売市場において，単純な「進出」→「撤退」を繰り返してきたように見える。しかし，第9章でも分析したように，少ない事例ではあるが2000年以降，日本小売企業は一度撤退した小売市場へと「再進出行動」を見せている。そこで，日本小売企業の海外進出行動を，新たに「進出」→「撤退」→「再進出」という「新たな国際知識移転」のプロセスとして捉えることで，日本小売企業の海外進出モデルを提示した。

第 4 節　今後の検討課題

　小売企業が国際展開する場合，その方法は主として進出先国・地域における「実店舗の出店」を想定してきた。進出形態としては出資をともなう子会社や合弁会社の設立を契機に出店するケース，出資をともなわない場合では国際フランチャイジング（現地企業とのストレート・フランチャイジング等）や商標貸与，技術提携等の方法により出店するケースが模索されてきた。

　しかし，現実的には国内外にかかわらず，インターネット上で「仮想店舗の出店」がなされており，その仮想店舗における商品販売が急激に増加傾向にある。今や小売企業にとっては海外に店舗を構えずとも，海外市場へと商品を販売することが可能な時代となっている。

　いわゆる無店舗販売としての「インターネット通信販売」は，今後ますます進展すると考えられる。2020年における「企業と消費者との間の電子商取引（B to C EC）の市場規模」は，物販系分野が12兆2,333億円（63.5%），

サービス系分野が4兆5,832億円（23.8％），デジタル系分野が2兆4,614億円（12.8％）であり，合計19兆2,779億円（経済産業省商務情報政策局情報経済課，2021，32-34頁）となっている。このデータは，5年前の同調査と比べて約5.5兆円も全体で増えている。また同調査では，越境EC（アメリカ，中国）についても調査対象となっており，今後も国内市場と海外市場の動向が注目されている[5]。国際的にも物販系分野の拡大が顕著であるが，これからは予約等のサービス系分野や，動画・SNS等の配信を中心にデジタル系分野の拡大が見込まれている。

　これまでの小売国際化に係る議論の中心は有店舗販売，とりわけ百貨店，スーパーマーケット，CVS，専門店などであり，無店舗販売はその営業形態上の特性から議論の対象とされていなかったため（柳，2017a，79頁），今後，日本小売企業が国際展開する際には，その方法論も含めて議論する必要があろう。

　第2章でも触れたように，2019年以降，世界的な猛威を振るう新型コロナウイルスの感染拡大は，小売企業へ多大な影響を及ぼしている。とりわけ，海外進出を計画する小売企業においては，感染拡大が懸念される海外市場への進出リスクがともなうことは明らかであろう。すでに海外進出している小売企業にとっても，営業時間の短縮や入店者数の制限等をともなう営業上のリスクからは免れない。また，顧客との接点である店頭における感染拡大防止策（従業員・来店客の感染予防策）に係るコスト負担増や，外出制限（場合によっては，ロックダウンと呼ばれる都市の閉鎖）にともなう来店者数の激減による売上の低迷等で，進出先国・地域からの撤退を視野に入れるケースも考えられる。

　しかし，新型コロナウイルスに対するワクチン接種の浸透や新薬の開発により，小売企業が抱える懸念事項は徐々に低下するものと考えられる。むしろ，国際進出する小売企業にとっては，2021年のロシアのウクライナへの侵攻を契機に「地政学上のリスク」を認識することの方がより重要となりつつある。

　実店舗をベースとした小売企業の海外進出は，今日インターネット通販が
進展しているとはいえ，なくなることはないであろう。進出先国・地域の実
店舗の店頭における商品販売，その場でこそ可能な接客，種々の小売サービ
スの提供が，われわれにとっての小売企業の有用性や選択の基準であり，そ
れが小売企業の競争優位には欠かせない要素となっている。もちろん，メー
カーにとっても，現地の地場小売企業であろうと外資系小売企業であろう
と，「売買の集中」による個別的販売の偶然性が除去され，販売時間の短縮
や危険の軽減がもたらされる（森下，1960，132頁）点で，商業を通じた商品
販売をこれからも継続していくであろう。

　しかし，上述したように，国際展開を試みる小売企業にとって，海外市場
は魅力的な市場である一方で，必ずしも安定的な市場ではない。国際展開す
る日本小売企業において，1つの選択肢として，コミュニティ・ストアやテ
スト・ストア等を意図した「ポップアップ・ストア」による国際進出が注目
されている。そこで金澤・菊池［2021］が言及するように，とりわけアジア
市場への参入を試みる際には「ポップアップ・ストア」を活用することも有
効であると考えられる。

　とりわけ，1990年代以降，アジア市場においては外資系小売企業の市場
参入が活発に行われてきた。他の海外市場に比べて，アジア市場における魅
力度は非常に高く，外資系小売企業には商品販売のみならず流通分野のデジ
タル改革者として期待されており，「流通DX（デジタルトランスフォーメーシ
ョン）」を進める必要性がある。このようなタイミングで，日本小売企業が
国際進出の際のリスクを最小限に留めながら，積極的に国際市場への進出を
よりいっそう図ることで，持続的な成長を達成できるであろう。

　最後に，本書では，これまでの小売国際化研究をレビューしながら，「新
たな国際知識移転」プロセスを踏まえ，日本小売企業の海外進出モデルを提
示することを試みた。しかし，日系小売企業の再進出先国・地域における展
開状況や小売マーケティング戦略に関する詳細な分析はこれからである。今
後は，再進出を果たした日系小売企業が，現地でどのようにして小売事業を

展開させ，競合他社に対する競争優位を構築しながら「新たな国際知識移転」を継続させているのかについて，検証する必要があると考えられる。

注

(1)　小売分野における「国際化」は国境の存在や意義を意識し，国境を越えるごとに経営方法や販売する商品を変えて対応することを指し，「グローバル化」は国境の存在や意義を乗り越えたボーダーレスな行動であり，国境を越えても経営のやり方や販売商品を変えないことを指している（川端，2000，10頁）。

(2)　近代的小売セクターは，小売管理と小売マーケティング戦略のもとに計画的・組織的に運営されている，資本主義的事業体として企業化された小売業を指す（齋藤，2006，66-67頁）。

(3)　中国連鎖経営協会Webサイト「2020年中国連鎖百強」（http://www.ccfa.org.cn/por/article/downFiles.do?attaId=299188）より抽出。

(4)　株式会社ローソン『アニュアルレポート2005』25頁。

(5)　なお，日本の越境B to C EC（アメリカ，中国）の総市場規模は3,416億円であり，そのうちでアメリカ経由が3,076億円，中国経由が340億円であった（経済産業省商務情報政策局情報経済課，2021，107頁）。

参考文献

【英語文献】

Alexander, N.[1990]"Retailers and International Markets: Motives for Expansion", *International Marketing Review*, Vol.7,No.4,pp.75-85.

Alexander, N.[1997] *International Retailing*, Blackwell.

Alexander, N. and A.M. Doherty[2009] *International Retailing*, Oxford University Press.

Alexander, N. and A.M. Doherty[2010]"International Retail Research: Focus, Methodology and Conceptual Development", *International Journal of Retail & Distribution Management*, Vol.38,No.11/12,pp.928-942.

Alexander, N. and H. Myers[2000]"The Retail Internationalization Process", *International Marketing Review*, Vol.17,No.4/5,pp.334-353.

Alexander, N. and B. Quinn[2002]"International Retail Divestment", *International Journal of Retail & Distribution Management*, Vol.30,No.2,pp.112-125.

Ansoff, I.H.[1965] *Corporate Strategy: An Analytic Approach to Business Policy for Growth and Expansion*, McGraw-Hill.（広田寿亮訳[1981]『企業戦略論』産業能率大学出版部）

Bain, J.S.[1956] *Barriers to New Competition*, Cambridge, MA:Harvard University Press.

Bain, J.S.[1968]*Industrial Organization 2nd ed.*, John Wiley and Sons.（宮澤健一監訳[1970]『産業組織論（上・下）』丸善）

Barney, J.B.[1991]"Firm Resource and Sustained Competitive Advantage", *Journal of Management*, Vol.17,No.1,pp.99-120.

Barney, J.B.[2002] *Gaining and Sustaining Competitive Advantage, Second Edition*, Prentice Hall.（岡田正大訳[2003]『企業戦略論―競争優位の構築と持続―【上】基本編』ダイヤモンド社）

Bartels, R.[1970] *Marketing Theory and Metatheory*, Homewood, IL, USA: Richard D.Irwin.

Bartlett, C. and S. Ghoshal[1989] *Managing Across Borders: The Transnational Solution*, Harvard Business School Press.（吉原英樹監訳[1990]『地球市場時代の企業経営：トランスナショナル・マネジメントの構築』日本経済新聞社）

Bartlett, C. and S. Ghoshal[1992] *Transnational Management*, Richard D.Irwin,Inc.（梅津祐良訳[1998]『MBAのグローバル経営』日本能率協会マネジメントセンター）

Baek, J.[2006]"Global Retailing and Withdrawal of Global Retailers in Korea: Issues from the Case of Carrefour and Wal-Mart", *The Economic Review*, Otaru University of Commerce, Vol.57,No.2/3,pp.131-156.

Bianchi, C.C. and S.J. Arnold[2004]"An Institutional Perspective on Retail Internationalization Success: Home Depot in Chile", *The International Review of Retail, Distribution and Consumer Research*, Vol.14,No.2,pp.149-169.

Bianchi, C.C. and E. Ostale[2006]"Lessons Learned from Unsuccessful Internationalization Attempts: Examples of Multinational Retailers in Chile", *Journal of Business Research*, Vol.59,No.1,pp.140-147.

Burt, S., K. Mellahi, T.P. Jackson and L. Sparks[2002] "Retail Internationalization and Retail Failure: Issues from the Case of Marks and Spencer," *The International Review of Retail, Distribution and Consumer Research*, Vol.12,No.2,pp.191-219.

Burt, S., J. Dawson and L. Sparks[2003] "Failure in International Retailing: Research Propositions", *The International Review of Retail, Distribution and Consumer Research*, Vol.13,No.4,pp.355-375.

Burt, S., J. Dawson and L. Sparks[2004] "The International Divestment Activities of European Grocery Retailers", *European Management Journal*,Vol.22,No.5,pp.483-492.

Buzzell, R.D.[1968]"Can You Standardize Multinational Marketing?" *Harvard Business Review*, Nov-Dec,pp.102-113.（藤井健訳[1990]「多国籍マーケティングは標準化できるか」中島潤・首藤信彦・鈴木典比古・江夏健一監修『国際ビジネス・クラシックス』文眞堂, 372-394頁）

Calvelli, A. and C. Cannavale[2019] *Internationalizing Firms: International Strategy, Trends and Challenges*, Palgrave Macmillan.

Cao, L.[2011] "Dynamic Capabilities in a Turbulent Market Environment: Empirical Evidence from International Retailers in China", *Journal of Strategic Marketing*, Vol.19,No.5,pp.455-469.

Cateora, P.R. and J.M. Hess[1975] *International Marketing 3rd ed.*, Richard D. Irwin,Inc.（角松正雄・江夏健一・竹田志郎監訳[1979]『国際マーケティング管理』ミネルヴァ書房）

Cateora, P.R. and S. Keavency[1987] *Marketing：An International Perspective*, Richard D.Irwin,Inc.（角松正雄監訳, 大石芳裕・田端昌平・北原明彦・池田芳彦訳[1989]『マーケティングの国際化―グローバルな視野での行動―』文眞堂）

Cavusgil, S.T. and G.A. Knight[2009] *Born Global Firms: A New International Enterprise*, Business Expert Press, LLC.（中村久人監訳, 村瀬慶紀・萩原道雄訳[2013]『ボーングローバル企業論』八千代出版）

Cavusgil, S.T. and S. Zou[1994]"Marketing Strategy-Performance Relationship: An Investigation of the Empirical Link in Export Market Ventures", *Journal of Marketing*, Vol.58,No.1,pp.1-21.

Craig, C.S. and S.P. Douglas[2000]"Configural Advantage in Global Markets",

Journal of International Marketing, Vol.8,No.1,pp.6-26.

Dawson, J.A.[1994]"Internationalization of Retailing Operations", *Journal of Marketing Management*, Vol.10,No.4,pp.267-282.

Dawson, J.A.[2001] "Strategy and Opportunism in European Retail Internationalization", *British Journal of Management*, Vol.12,pp.253-266.

Day, G.S.[2011]"Closing the Marketing Capabilities Gap", *Journal of Marketing*, Vol.75,No.4,pp.183-195.

Deloitte Touche Tohmatsu Limited.[2017] *Global Powers of Retailing 2017*. (https://www2.deloitte.com/content/dam/Deloitte/global/Documents/consumer-industrial-products/gx-cip-2017-global-powers-of-retailing.pdf〔2021年8月13日閲覧〕)

Deloitte Touche Tohmatsu Limited.[2021] *Global Powers of Retailing 2021*. (https://www2.deloitte.com/content/dam/Deloitte/global/Documents/Consumer-Business/gx-global-power-retailing-2021.pdf〔2021年8月12日閲覧〕)

Dierickx, I. and K. Cool[1989]"Asset Stock Accumulation and Sustainability of Competitive Advantage", *Management Science*, Vol.35, No.12,pp.1504-1511.

Dinu, V.[2015]"Retail Innovation Technologies", *Amfiteatru Economic*, Vol.17,No.39,pp.516-518.

Douglas, S.P. and C.S. Craig[1995] *Global Marketing Strategy*, McGraw-Hill.

Douglas, S.P. and C.S. Craig[2011]"Convergence and Divergence: Developing a Semiglobal Marketing Strategy", *Journal of International Marketing*, Vol.19,No.1,pp.82-101.

Douglas, S.P. and Y. Wind[1987]"The Myth of Globalization", *Columbia Journal of World Business*, Vol.22,No.4,pp.19-29.

Drucker, P.F.[1973] *Management; Tasks, Responsibilities, Practices*, Harper&Row. (上田惇生訳[2008]『マネジメント―課題, 責任, 実践』ダイヤモンド社)

Dupuis, M. and N. Prime[1996]"Business Distance and Global Retailing: A Model for Analysis of Key Success / Failure Factors," *International Journal of Retail & Distribution Management*, Vol.24,No.11,pp.30-38.

Elinder, E.[1961]"How International can Advertising be?", *The International Advertiser*, December, pp.12-16.

Frasquet, M., J. Dawson and A. Mollá[2013]"Post-Entry Internationalisation Activity of Retailers: An Assessment of Dynamic Capabilities", *Management Decision*, Vol.51,No.7,pp.1510-1527.

Ghemawat, P.[2003]"Semiglobalization and International Business Strategy", *Journal of International Business Studies*, Vol.34,No.2,pp.138-152.

Ghemawat, P.[2007]"Managing Differences: The Central Challenge of Global Strategy", *Harvard Business Review*, Vol.85,No.3,pp.58-68.

Ghemawat, P.[2011] *World 3.0: Global Prosperity and How to Achieve It*, Harvard Business Review Press.

Ghosh, A.[1990] *Retail Management*, The Dryden.

Goldman, A.[2001] "The Transfer of Retail Formats into Developing Economies: The Example of China", *Journal of Retailing*, Vol.77,No.2,pp.221-242.

Harvi, A.[2017] "The Emerging Retail Market Entry Decisions", *Electronic Business Journal*, Vol.16,No.12,pp.19-33.

Hamel, G. and C.K. Prahalad[1985] "Do You Really Have A Global Strategy?" *Harvard Business Review*, Vol.63,No.4,pp.139-148.

Hippel, E.V.[1994] "Sticky Information and the Locus of Problem Solving: Implications for Innovation", *Management Science*, Vol.40,No.4,pp.429-439.

Hollander, S.C.[1970] *Multinational Retailing*, East Lansing, MSU Press.

Jackson, P. and L. Sparks[2005] "Retail Internationalization: Marks and Spencer in Hong Kong", *International Journal of Retail & Distribution Management*, Vol.33,No.10,pp.766-783.

Jain, S.C.[1987] *International Marketing Management 2nd ed.*, PWS-KENT.

Jain, S.C.[1989] "Standardization of International Marketing Strategy: Some Research Hypotheses", *Journal of Marketing*, Vol.53,January,pp.70-79.

Javalgi, R.R.G., S. Deligonul, A. Dixit and S.T. Cavusgil[2011] "International Market Reentry: A Review and Research Framework", *International Business Review*, Vol.20,No.4,pp.377-393.

Jefferys, J.B.[1954] *Retail Trading in Britain 1850-1950*, Cambridge.

Jonsson, A. and N.J. Foss[2011] "International Expansion through Flexible Replication: Learning from the Internationalization Experience of IKEA", *Journal of International Business Studies*, Vol.42,No.9,pp.1079-1102.

Kacker, M.[1988] "International Flow of Retailing Know-How: Bridging the Technology Gap in Distribution", *Journal of Retailing*, Vol.64,No.1,pp.41-67.

Kaynak, E.[1986] *Marketing and Economic Development*, New York, Praeger Publishers. (阿部真也・白石善章訳[1993]『マーケティングと経済発展』ミネルヴァ書房)

Keegan, W.J.[1974] *Multinational Marketing Management*, Prentice-Hall Inc.

Keegan, W.J.[1989] *Global Marketing Management 4th ed.*, Prentice-Hall.

Kent, T. and O. Omar[2003] *Retailing*, Palgrave Macmillan.

Kim, W.C. and R.A. Mauborgne[2005] *Blue Ocean Strategy: How to Create Uncontested Market Space and Make the Competition Irrelevant*, Harvard Business School Press. (有賀裕子訳[2013]『ブルーオーシャン戦略』ダイヤモンド社)

Kotabe, M. and K. Helsen[2001] *Global Marketing Management 3rd ed.*, John Wiley and Sons Inc. (横井義則監訳, 三浦俊彦他訳[2001]『グローバル・ビジネス戦略』

同文舘出版）

Kotabe, M. and K. Helsen[2008] *Global Marketing Management 4th ed.*, John Wiley and Sons Inc.（栗木契監訳[2010]『国際マーケティング』碩学舎）

Kotler, P.[1986]"Global Standardization-Courting Danger", *Journal of Consumer Marketing*, Vol.3,No.2,pp.13-15.

Kotler, P.[1999] *Marketing Management Millennium ed.*, Prentice-Hall.

Kotler, P., H. Kartajaya and I. Seitawan[2017] *Marketing 4.0: Moving from Traditional to Digital*, John Wiley and Sons,Inc..（恩蔵直人監訳，藤井清美訳[2017]『コトラーのマーケティング4.0—スマートフォン時代の究極的法則—』朝日新聞出版）

Levitt, T.[1983]"The Globalization of Market", *Harvard Business Review*, May-June, pp.92-102.（邦訳[1983]「地球市場は同質化へ向かう」『ダイヤモンド・ハーバード・ビジネス』8-9月号，9-22頁）

Levy, M. and B.A. Weitz[2009] *Retailing Management 7th ed.*, McGraw Hill.

Malayang, R.V.[1988]"The Distribution Industry in Asian NIES and ASEAN Countries and the Effects of the Entry of Japanese Retailers", *Management Japan*, Vol.21,No.2,pp.15-28.

Matusitz, J. and M. Forrester[2009]"Successful Glocalization Practices: The Case of Seiyu in Japan", *Journal of Transnational Management*, Vol.14,No.2,pp.155-176.

McCarthy, E.J.[1960] *Basic Marketing: A Managerial Approach*, Richard D. Irwin.（浦郷義郎・粟屋義純訳[1978]『ベーシック・マーケティング』東京教学社）

McGoldrick, P.J.[1995]"Introduction to International Retailing", in McGoldrick, P.J. and G. Davies(ed.),*International Retailing : Trends and Strategies*, Pitman Publishing, pp.1-3.

McGoldrick, P.J. and S.S.L. Ho[1992]"International Positioning: Japanese Department Stores in Hong Kong", *European Journal of Marketing*, Vol.26,No.8/9,pp.61-73.

Meyer, N.D. and M.E. Boone[1989] *The Information Edge*, Gage Publishing.（長谷川正治・北原康富訳[1991]『情報優位の企業戦略』TBSブリタニカ）

Meyer-Ohle, H.[2009]"Two Asian Malls: Urban Shopping Centre Development in Singapore and Japan", *Asia Pacific Business Review*, Vol.15,No.1,pp.123-135.

Mo, Z.[2015]"Internationalization Process of Fast Fashion Retailers: Evidence of H&M and Zara", *International Journal of Business and Management*, Vol.10,No.3,pp.217-236.

Morgan, N.A., H. Feng and K.A. Whitler[2018] "Marketing Capabilities in International Marketing", *Journal of International Marketing*, Vol.26,No.1,pp.61-95.

O'Grady, S. and H.W. Lane[1996]"The Psychic Distance Paradox", *Journal of International Business Studies*, Vol.27,No.2,pp.309-333.

Oviatt, B. and P. McDougall[1994]"Toward a Theory of International New Ventures", *Journal of International Business Studies*, Vol.25,No.1,pp.45-65.

Palmer, M.[2004]"International Retail Restructuring and Divestment: The Experience of Tesco," *Journal of Marketing Management*, Vol.20,No.9-10,pp.1075-1105.

Palmer, M. and B. Quinn[2007]"The Nature of International Retail Divestment: Insights from Ahold", *International Marketing Review*, Vol.24,No.1,pp.26-45.

Pellegrini, L.[1994]"Alternatives for Growth and Internationalization in Retailing", *The International Review of Retail, Distribution and Consumer Research*, Vol.4,No.2,pp.121-148.

Penrose, E.T.[1956]"Foreign Investment and the Growth of the Firm", *The Economic Journal*, Vol.66,No.262,pp.220-235.

Porter, M.E.[1980] *Competitive Strategy*, Free Press.（土岐坤ほか訳[1982]『競争の戦略』ダイヤモンド社）

Porter, M.E.[1985] *Competitive Advantage*, The Free Press.（土岐坤・中辻萬治・小野寺武夫訳[1985]『競争優位の戦略』ダイヤモンド社）

Porter, M.E. ed.[1986] *Competition in Global Industries*, Harvard Business School Press.（土岐坤・中辻萬治・小野寺武夫訳[1989]『グローバル企業の競争戦略』ダイヤモンド社）

Prahalad, C.K. and G. Hamel[1990] "The Core Competence of the Corporation", *Harvard Business Review*, May-June, pp.79-91.

Root, F.R.[1982] *Foreign Market Entry Strategy*, Amacom（中村元一監訳，桑名義晴訳[1984]『海外市場戦略―その展開と成功のノウハウ―』ホールトサンダーズ社）

Salmon, W.J. and A. Tordjman[1989]"The Internationalization of Retailing", *International Journal of Retailing*, Vol.4,No.2,pp.3-16.

Samli, A.C.[1995] *International Consumer Behavior: Its Impact on Marketing Strategy Development*, Quorum Press.（阿部真也・山本久義監訳[2010]『国際的消費者行動論―マーケティング戦略策定へのインパクト―』九州大学出版会）

Shoham, A.[1996]"Marketing-Mix Standardization: Determinants of Export Performance", *Journal of Global Marketing*, Vol.10,No.2,pp.53-73.

Siebers, L.Q.[2017]"Hybridization Practices as Organizational Responses to Institutional Demands: The Development of Western retail TNCs in China", *Journal of Economic Geography*, Vol.17,No.1,pp.1-29.

Sorenson, R.Z and U.E. Wiechmann[1975]"How Multinationals View Marketing Standardization", *Harvard Business Review*, May-June, pp.38-54.（茂木友三郎訳[1976]「マーケティングの標準化をめぐる多国籍企業の見解」『ダイヤモンド・ハーバード・ビジネス』11-12月号，72-80頁）

Sternquist, B.[2007] *International Retailing 2/E*, Fairchild Books.（若林靖永・崔容

薫他訳[2009]『変わる世界の小売業』新評論）

Takeuchi, H. and M.E. Porter[1986]"Three Roles of International Marketing in Global Strategy", Porter, M.E.ed., *Competition in Global Industries*, Harvard Business School Press, Chapter4.（土岐坤・中辻萬治・小野寺武夫訳[1989]『グローバル企業の競争戦略』ダイヤモンド社，第3章）

Teece, D.J.[2007]"Explicating Dynamic Capabilities: The Nature and Microfoundations of（Sustainable）Enterprise Performance", *Strategic Management Journal*, Vol.28,No.13,pp.1319-1350.

Teece, D.J.[2009] *Dynamic capabilities & Strategic Management*, London: Oxford University Press.（谷口和弘他訳[2013]『ダイナミック・ケイパビリティ戦略』ダイヤモンド社）

Treadgold, A.D. and R. Davies[1988] *The Internationalization of Retailing*, Longman.

Vida, I. and A. Fairhurst[1998]"International Expansion of Retail Firms: A Theoretical Approach for Future Investigations", *Journal of Retailing and Consumer Services*, Vol.5,No.3,pp.143-151.

Walters, D. and D. White[1987] *Retail Marketing Management*, Macmillan.（市川貢・来住元朗・増田大三監訳[1992]『小売マーケティング─管理と戦略─』中央経済社）

Wernerfelt, B.[1984] "A Resource-based View of the Firm", *Strategic Management Journal*, Vol.5,No.2,pp.171-180.

Wiechman, U.S.[1974]"Integrating Multinational Marketing Activities", *Columbia Journal of World Business*, Vol.9,Winter,pp.17-23.

Wrigley, N., C.M. Moore and G. Birtwistle[2005]"Product and Brand Critical Success Factors in the Internationalization of a Fashion Retailer", *International Journal of Retailing & Distribution, Management*, Vol.33,No.7,pp.531-544.

Williams, D.E.[1992]"Motives for Retailer Internationalization: Their Impact, Structure and Implications", *Journal of Marketing Management*, Vol.8,No.3,pp.269-285.

Zou, S. and T.S. Cavusgil[2002]"The GMS: A Broad Conceptualization of Global Marketing Strategy and Its Effect on Firm Performance", *Journal of Marketing*, Vol.66,No.4,pp.40-56.

【中国語文献】

台湾経済部統計処編『批発・零售及餐飲業動態統計年報』（各年版）。

中国国家統計局[2010]『2010中国統計年鑑』。

中国連鎖経営協会編[2011]『2011中国連鎖経営年鑑』中国商業出版社。

流通快訊雑誌社編『台湾地区大型店舗総覧』（各年版）。

遠東SOGOWebサイト（https://www.sogo.com.tw/〔2022年4月3日閲覧〕）

購物中心情報站Webサイト（https://sc2100.com/〔2022年5月6日閲覧〕）

新光三越Webサイト（https://www.skm.com.tw/〔2022年4月3日閲覧〕）

セブン‐イレブン成都Webサイト（http://www.7-11cd.cn/〔2022年4月4日閲覧〕）

台湾経済研究院Webサイト（https://www.tier.org.tw/〔2022年5月6日閲覧〕）

中国連鎖経営協会Webサイト（http://www.ccfa.org.cn/〔2022年5月6日閲覧〕）

【日本語文献】

青木均[2000]「小売業国際化の研究領域」『商学研究』（愛知学院大学）第43巻第1号，59-81頁。

浅岡柚美[2014]「家電量販店の国際展開―株式会社ベスト電器のインドネシア進出―」『流通科学研究』（中村学園大学）第13巻第2号，1-13頁。

阿部幸男[1981]『コンビニエンス参入成長戦略』ビジネス社。

阿部真也[2016]「ネット・イノベーションの世界再編成の未来像」阿部真也・江上哲・吉村純一・大野哲明編『インターネットは流通と社会をどう変えたか』中央経済社，221-236頁。

石原武政[1999]「小売業における業種と業態」『流通研究』（日本商業学会）第2巻第2号，1-14頁。

石川和男[2020]『現代マーケティング論』同文舘出版。

伊丹敬之[1984]『新・経営戦略の論理』日本経済新聞社。

今井利絵[2014]『グローバルリテーラー』中央経済社。

岩永忠康[2009]「小売企業の国際化」岩永忠康監修，西島博樹・片山富弘・宮崎卓朗編『流通国際化研究の現段階』同友館，1-25頁。

岩永忠康[2013]「大型店撤退問題」岩永忠康・佐々木保幸編『現代の流通政策』五絃舎，133-149頁。

岩永忠康[2014]『現代の商業論』五絃舎。

上村淳三[1993]「大型小売業の海外進出」日経流通新聞編『流通現代史』日本経済新聞社，88-100頁。

臼井哲也[2019]「国際マーケティング・ケイパビリティ研究―概念フレームワークの構築―」諸上茂登編『国際マーケティング・ケイパビリティ』同文舘出版，54-103頁。

渦原実男[2012]『小売マーケティングとイノベーション』同文舘出版。

宇野史郎[2005]『現代都市流通とまちづくり』中央経済社。

梅澤聡[2020]『コンビニチェーン進化史』イースト・プレス。

遠藤元[2010]『新興国の流通革命』日本評論社。

遠藤元[2017]「タイの流通とコンビニエンス・ストア」柳純・鳥羽達郎編『日系小売企業のアジア展開』中央経済社，177-192頁。

大石芳裕[1993]「国際マーケティング標準化論争の教訓」『佐賀大学経済論集』第26巻第1号，1-34頁。

大石芳裕[1996]「国際マーケティング複合化戦略」角松正雄・大石芳裕編『国際マーケティング体系』ミネルヴァ書房，126-149頁。

大石芳裕[2000]「グローバル・マーケティングの概念規定」高井眞編『グローバル・マーケティングへの進化と課題』同文舘　出版，33-53頁。

大石芳裕[2009]「問題意識と分析視角」大石芳裕編『日本企業の国際化』文眞堂，1-13頁。

大石芳裕編，グローバル・マーケティング研究会[2009]『日本企業のグローバル・マーケティング』白桃書房。

大林弘道[1984]「産業構造の変化と中小企業の存立条件」渡辺睦・前川恭一編『現代中小企業研究　上巻』大月書店，93-126頁。

片山富弘[2017]「小売マーケティング戦略のコンティンジェンシー性」『流通科学研究所報』第11号，85-89頁。

角松正雄[1983]『国際マーケティング論』有斐閣。

角松正雄・大石芳裕編[1996]『国際マーケティング体系』ミネルヴァ書房。

金子泰雄・中西正雄・西村林編[1998]『現代マーケティング辞典』中央経済社。

神谷渉[2019]「日系コンビニエンスストアの海外展開―中国での展開を中心に―」『流通情報』（流通経済研究所）第51巻第4号，41-49頁。

川端基夫[1999]『アジア市場幻想論』新評論。

川端基夫[2000]『小売企業の海外進出と戦略』新評論。

川端基夫[2005a]「日本小売業の多国籍化プロセス―戦後における百貨店・スーパーの海外進出史―」『経営学論集』（龍谷大学）第45巻第3号，76-91頁。

川端基夫[2005b]『アジア市場のコンテキスト【東南アジア編】』新評論。

川端基夫[2006]『アジア市場のコンテキスト【東アジア編】』新評論。

川端基夫[2009]「小売国際化とアジア市場の特性」向山雅夫・崔相鐵編『小売企業の国際展開』中央経済社，31-50頁。

川端基夫[2010]『日本企業の国際フランチャイジング』新評論。

川端基夫[2011]『アジア市場を拓く』新評論。

川端基夫[2021]「使用価値の国際的な差異に関する理論的考察―国際マーケティングのための新しい理論フレームの構築―」『商学論究』（関西学院大学）第69巻第1号，111-133頁。

川端庸子[2012]『小売業の国際電子商品調達』同文舘出版。

川端庸子[2017]「インドネシアの流通と日系コンビニエンス・ストア」柳純・鳥羽達郎編『日系小売企業のアジア展開』中央経済社，193-207頁。

川辺信雄[1994]『セブン－イレブンの経営史』有斐閣。

川邉信雄[2008]「コンビニエンス・ストアの中国進出」川邉信雄・樋山健介編『日系流通企業の中国展開』（産研シリーズNo.43）　早稲田大学産業経営研究所，87-135頁。

菊池一夫・詹欣玥・林婷・町田一兵[2019]「日系小売業の国際化の現状と課題―参入の側面を中心にして―」『企業診断』（同友館）第66巻第7号，46-49頁。

清成忠男［1980］『中小企業読本』東洋経済新報社。

金炯中［2016］『未来を創造する国際マーケティング戦略論』ミネルヴァ書房。

金亨洙［2008］『小売企業のグローバル戦略と移転』文眞堂。

金顕哲［2009］「セブン - イレブンの国際化プロセス」向山雅夫・崔相鐵編『小売企業の国際展開』中央経済社，205-233頁。

木綿良行［1980］「国際流通」伊藤文雄・江田三喜男・木綿良行・伊藤公一・川嶋行彦・西村文孝『テキストブック現代商業学』有斐閣，222-241頁。

久保村隆祐・荒川祐吉監修，鈴木安昭・白石善章編［1995］『最新商業辞典』同文舘出版。

経済産業省商務情報政策局情報経済課［2016］「平成27年度我が国経済社会の情報化・サービス化に係る基盤整備（電子商取引に関する市場調査）」。（http://www.meti.go.jp/press/2016/06/20160614001/20160614001-2.pdf〔2017年1月8日閲覧〕）。

経済産業省商務情報政策局情報経済課［2021］「令和2年度産業経済研究委託事業（電子商取引に関する市場調査）報告書」。（https://www.meti.go.jp/policy/it_policy/statistics/outlook/210730_new_hokokusho.pdf〔2021年8月10日閲覧〕）

経済産業省大臣官房調査統計グループ・経済産業省貿易経済協力局編［2012］「第41回我が国企業の海外事業活動—平成23年海外事業活動基本調査（平成22年度実績）—」経済産業統計協会。

経済産業統計協会編［2017］『第46回我が国企業の海外事業活動』経済産業統計協会。

経済産業統計協会編［2018］『第47回我が国企業の海外事業活動』経済産業統計協会。

経済産業統計協会編［2019］『第48回我が国企業の海外事業活動』経済産業統計協会。

経済産業統計協会編［2020］『第49回我が国企業の海外事業活動』経済産業統計協会。

経済産業統計協会編［2021］『第50回我が国企業の海外事業活動』経済産業統計協会。

経済産業省貿易経済協力局編［2013］「第45回外資系企業の動向—平成23年外資系企業動向調査（平成22年度実績）—」経済産業統計協会。

胡欣欣［2003］「国際小売企業の中国戦略—カルフールとイトーヨーカ堂の事例比較—」矢作敏行編『中国・アジアの小売業革新』日本経済新聞社，53-75頁。

黄磷［1993］「グローバル・マーケティングにおける標準化戦略と市場革新行動—多国籍企業のマーケティングに関する研究の考察—」『第1回国際地域経済ジョイントセミナー報告書』33-63頁。

黄磷［2003］『新興市場戦略論』千倉書房。

後藤康雄［2014］『中小企業のマクロ・パフォーマンス』日本経済新聞出版社。

齋藤雅道［2006］「小売の理論」加藤義忠監修・日本流通学会編『現代流通辞典』白桃書房，66-67頁。

坂田隆文［2009］「大丸の海外進出」向山雅夫・崔相鐵編『小売企業の国際展開』中央経済社，235-261頁。

佐藤肇［1974］『日本の流通機構』有斐閣。

佐々木保幸［2004］「小売マーケティング概念にかんする考察」『大阪商業大学論集』第133号，125-148頁。

嶋口充輝［1984］『戦略的マーケティングの論理』誠文堂新光社。

下田恭美［2021］「ムスリム社会の消費傾向とイートイン空間」佐藤寛＋アジアコンビニ研究会編『コンビニからアジアを覗く』日本評論社，184-197頁。

鍾淑玲［2005］『製販統合企業の誕生』白桃書房。

鍾淑玲［2014］「小売企業」マーケティング史研究会編『日本企業のアジア・マーケティング戦略』同文舘出版，133-153頁。

鍾淑玲［2016］「ファミリーマートの国際化戦略の変遷─日本型コンビニの国際化の理論構築に向けて─」日本流通学会編『流通』第39号，13-30頁。

鍾淑玲［2021］「浸透する日本型経営・流通システム─台湾のファミリーマート（全家便利商店）の事例─」佐藤寛＋アジアコンビニ研究会編『コンビニからアジアを覗く』日本評論社，96-108頁。

白石善章［2005］「WTO加盟後の中国流通構造」田中道雄・鄭杭生・栗田真樹・李強編『現代中国の流通と社会』ミネルヴァ書房，21-35頁。

白石善章・鳥羽達郎［2002a］「小売技術の海外移転に関する一考察(1)─文献レビューを中心として─」『流通科学大学論集　流通・経営編』第14巻第3号，41-51頁。

白石善章・鳥羽達郎［2002b］「小売技術の海外移転に関する一考察(2)─比較流通論の分析視角より─」『流通科学大学論集 流通・経営編』第14巻第3号，53-65頁。

秦小紅［2019］『現地市場における国際総合小売企業の発展プロセス研究』五絃舎。

JETRO編『ジェトロ世界貿易投資報告』（各年版）。

JETRO海外調査部［2008］『在アジア日系企業の経営実態─中国・香港・台湾・韓国編─（2007年度調査）』。

JETRO［2020］「2019年度日本企業の海外事業展開に関するアンケート調査─JRTRO海外ビジネス調査─」。（https://www.jetro.go.jp/ext_images/_Reports/01/1057c5cfeec3a1ee/20190037.pdf〔2021年9月24日閲覧〕）

ジョン・ドーソン［2008］「ヨーロッパ小売業の展開における根本的イノベーションの役割」マーケティング史研究会編『ヨーロッパのトップ小売業』同文舘出版，3-22頁。

鈴木安昭［1968］「小売業の『国際化』」『青山経営論集』第3巻第2号，115-132頁。

鈴木安昭［1978］「小売形態の多様化」『季刊消費と流通』第2巻第1号，61-66頁。

鈴木安昭［1999］『新・流通と商業（改訂版補訂）』有斐閣。

鈴木洋太郎・陳奕男［2009］「中国における日系小売業の現地適応化についての一考察」『経営研究』（大阪市立大学）第59巻第4号，155-169頁。

関根久雄［2021］「『タイ化』する日本型コンビニとは何か」佐藤寛＋アジアコンビニ研究会編『コンビニからアジアを覗く』日本評論社，80-91頁。

高嶋克義［2020］「国際化する小売業」高嶋克義・高橋郁夫『小売経営論』有斐閣，227-241頁。

高橋郁夫［1999］『消費者購買行動』千倉書房。

田口冬樹［1991］「日米企業のマーケティング比較─日本企業の強さの源泉─」田口冬樹・坪井順一『消費者のための経営学』新評論，112-131頁。

竹田志郎[1985]『日本企業の国際マーケティング』同文舘出版。

竹田志郎[1996]「国際マーケティングの特性」角松正雄・大石芳裕編『国際マーケティング体系』ミネルヴァ書房，62-84頁。

竹林祐吉[1967]「現代商業の形態」森下二次也編『商業概論』有斐閣，125-161頁。

田中道雄[2014]『中小企業マーケティング』中央経済社。

丹下英明・金子昌弘[2015]「中小企業による海外撤退の実態―戦略的撤退と撤退経験の活用―」『日本政策金融公庫論集』第26号，15-34頁。

中小企業庁[2014]『中小企業白書　2014年版』日経印刷。

土屋勉男[2015]「本研究の狙いと分析の方法」土屋勉男・金山権・原田節雄・高橋義郎『革新的中小企業のグローバル経営』同文舘出版，11-18頁。

土屋仁志[2000]「今日の百貨店の海外進出」加藤義忠・佐々木保幸・真部和義・土屋仁志『わが国流通機構の展開』税務経理　協会，207-225頁。

土屋仁志[2017]「台湾の流通と日系百貨店」柳純・鳥羽達郎編『日系小売企業のアジア展開』中央経済社，89-103頁。

東洋経済新報社編『海外進出企業総覧【会社別編】【国別編】』（各年版）東洋経済新報社。

東洋経済新報社編[2020]『海外進出企業総覧【会社別編】』東洋経済新報社。

東洋経済新報社編[2021]『会社四季報業界地図2022年度版』東洋経済新報社。

鳥羽達郎[2006]「国境を越える小売企業の『撤退』に関する一考察―日本市場における欧米小売企業の事例を通じて―」『商大論集』第57巻第4号，287-316頁。

鳥羽達郎[2008]「小売企業の国際化と撤退問題―負の経験を通じる学習の試み―」『大阪商業大学論集』第3巻第3号，129-147頁。

鳥羽達郎[2009a]「小売業の国際化と撤退の構造」日本流通学会編『流通』第24号，103-111頁。

鳥羽達郎[2009b]「国境を越える小売行動の本質的側面」岩永忠康監修，西島博樹・片山富弘・宮崎卓朗編『流通国際化研究の現段階』同友館，29-53頁。

鳥羽達郎[2014]「小売企業の国際展開とグローカル戦略に関する一考察―ウォルマートの国際展開にかかわる先行研究を素材として―」日本流通学会編『流通』第35号，53-70頁。

鳥羽達郎[2016]「小売企業の国際展開におけるネットワーク構築の視点」日本流通学会編『流通』第38号，57-73頁。

鳥羽達郎[2017a]「流通業の国際化―小売国際化研究の成果と課題―」日本流通学会編『流通』第40号，55-70頁。

鳥羽達郎[2017b]「東南アジアの流通と日系スーパー」柳純・鳥羽達郎編『日系小売企業のアジア展開』中央経済社，223-239頁。

鳥羽達郎・劉偉[2016]「日系コンビニエンス・ストアの国際戦略―株式会社ローソンの中国展開に関する事例研究―」『富大経済論集』第62巻第2号，225-251頁。

西島博樹[2009]「小売国際化における標準化―適応化問題―」岩永忠康監修，西島博

樹・片山富弘・宮崎卓朗編『流通国際化研究の現段階』同友館，55-78頁。

日経MJ編[2011]『日経MJトレンド情報源2012』日本経済新聞出版社。

日経MJ編[2013]『日経MJトレンド情報源2014』日本経済新聞出版社。

日経MJ編[2019]『流通・サービスの最新常識2019』日本経済新聞出版社。

日本政策金融公庫総合研究所[2012]「中小企業の海外進出に関する調査結果」『中小企業動向トピックス』第47号，1-4頁。

白貞壬[2003]「グローバル・リテイラーの現地適応化過程とその段階的解明」『流通研究』（日本商業学会）第6巻第2号，35-51頁。

白貞壬[2019]『小売業のグローバル・イノベーション』中央経済社。

橋本勲[1973]『現代マーケティング論』新評論。

浜本篤史・白貞壬・遠藤元[2021]「アジアにおける日系コンビニの展開状況」佐藤寛・アジアコンビニ研究会編『コンビニからアジアを覗く』日本評論社，36-59頁。

番場博之[1997]「小売業の海外出店の変遷と国際化」岩下弘編『流通国際化と海外の小売業』白桃書房，79-97頁。

福島勝義[2020]『コンビニ　はじまりと今』文芸社。

藤澤武史[2012]「グローバル・マーケティング・ミックス戦略の最適化」藤澤武史編『グローバル・マーケティング・イノベーション』同文舘出版，125-142頁。

洞口治夫[1992]『日本企業の海外直接投資』東京大学出版会。

堀出一郎[2003]「グローバル市場参入戦略」堀出一郎・山田晃久編『グローバルマーケティング戦略』中央経済社，95-126頁。

丸谷雄一郎[2012]『グローバル・マーケティング（第4版）』創成社。

宮澤永光監修[1999]『基本流通用語辞典』白桃書房。

向山雅夫[1996]『ピュアグローバルへの着地』千倉書房。

向山雅夫[2009]「小売国際化の進展と新たな分析視角」向山雅夫・崔相鐵編『小売企業の国際展開』中央経済社，1-30頁。

百瀬恵夫[1983]『コンビニエンスストア』日本経済新聞社。

森下二次也[1967]「商業の分化と商業組織」森下二次也編『商業概論』有斐閣，91-123頁。

森下二次也[1993]『マーケティング論の体系と方法』千倉書房。

谷ヶ城秀吉[2015]「日本型コンビニエンスストア・チェーンのアジア市場展開」橘川武郎・久保文克・佐々木聡・平井岳哉編『アジアの企業間競争』文眞堂，25-44頁。

保田芳昭[1992]「流通問題とマーケティング」保田芳昭編『マーケティング論』大月書店，193-212頁。

柳純[2007a]「台湾における日系百貨店の比較分析」『福岡女子短大紀要』第69号，13-26頁。

柳純[2007b]「日系コンビニエンス・ストアの中国への出店プロセス」田中冨志雄・安部文彦・岩永忠康・宇野史郎編『現代の流通と経済』創成社，151-170頁。

柳純[2009]「小売業の台湾直接投資における組織学習効果」実践経営学会編『実践経

営』第46号，45-51頁。

柳純［2011］「日系コンビニエンス・ストアの台湾展開」『福岡女子短大紀要』第75号，
　　1-16頁。

柳純［2012］「日系小売企業の海外展開と戦略」『佐賀大学経済論集』第45巻第1号，
　　193-218頁。

柳純［2013a］「中国内陸部に展開する日系小売企業の店舗戦略―平和堂を事例として
　　―」『日本産業科学学会研究論叢』第18号，111-115頁。

柳純［2013b］「台湾ファミリーマートの商品調達と現地化」『流通ネットワーキング』
　　（日本工業出版）第277号，5-9頁。

柳純［2017a］「小売国際化の論点と検討課題」岩永忠康監修，片山富弘・西島博樹・宮
　　崎卓朗・柳純編『アジアと欧米の小売商業』五絃舎，67-83頁。

柳純［2017b］「日系小売企業のアジア進出の軌跡と意義」柳純・鳥羽達郎編『日系小
　　売企業のアジア展開』中央経済社，68-85頁。

柳純［2019］「小売企業の海外撤退研究とその課題」『消費経済研究』（日本消費経済学
　　会）第8号，145-154頁。

柳純［2020］「日系小売企業の撤退インパクトに関する試論」『消費経済研究』（日本消
　　費経済学会）第9号，13-24頁。

柳純［2021］「日本小売企業の国際マーケティングの再考」『下関市立大学論集』第65
　　巻第2号，83-102頁。

柳純［2022］「日本小売企業の再進出モデルに係る検討」『日本産業科学学会研究論叢』
　　第27号，101-108頁。

簗場保行［2013］『企業の国際化，情報化と日本企業革新のトレンド』文眞堂。

矢作敏行［1994］『コンビニエンス・ストア・システムの革新性』日本経済新聞社。

矢作敏行［2001］「アジアにおけるグローバル小売競争の展開」ロス・デービス・矢作
　　敏行編，外川洋子監訳『アジア発グローバル小売競争』日本経済新聞社，11-37頁。

矢作敏行［2007］『小売国際化プロセス』有斐閣。

矢作敏行［2008］「中国における卸売業の展開可能性―総合商社の取り組みから―」『経
　　営志林』（法政大学）第45巻第3号，23-36頁。

矢作敏行［2011］「湖南平和堂―現地市場への適応化―」矢作敏行編『日本の優秀小売
　　企業の底力』日本経済新聞出版社，321-348頁。

吉田秀美［2021］「日系コンビニの苦戦とローカルコンビニの隆盛」佐藤寛＋アジアコ
　　ンビニ研究会編『コンビニからアジアを覗く』日本評論社，164-181頁。

米倉穣［2001］『21世紀型中小企業の国際化戦略』税務経理協会。

劉宗其［2001］「日系企業を脅かす台湾の巨大外資」ロス・デービス・矢作敏行編，外
　　川洋子監訳『アジア発グローバル小売競争』日本経済新聞社，197-210頁。

【Webサイト】
イオン株式会社Webサイト（https://www.aeon.info/〔2022年4月4日閲覧〕）

株式会社伊勢丹Webサイト（http://www.isetan.co.jp/icm2/html/com/jp/chengdu/index.html〔2012年5月22日閲覧〕）

株式会社イトーヨーカ堂Webサイト（http://www.itoyokado.co.jp/store/abroad.html#shisen〔2012年5月22日閲覧〕）

株式会社セブン＆アイ・ホールディングスWebサイト（https://www.7andi.com/group/group_list.html〔2022年4月4日閲覧〕）

株式会社セブン–イレブン・ジャパンWebサイト（http://www.sej.co.jp/company/summary.html〔2012年5月22日閲覧〕）

株式会社ZOZOWebサイト（https://corp.zozo.com/〔2021年4月20日閲覧〕）

株式会社平和堂Webサイト（http://www.heiwado.jp/〔2012年5月28日閲覧〕）

株式会社ベスト電器Webサイト（https://www.bestdenki.ne.jp/〔2021年10月17日閲覧〕）

株式会社ファミリーマートWebサイト（http://www.family.co.jp/company/familymart/store.html〔2014年3月20日閲覧〕）

株式会社ファミリーマートWebサイト「統合レポート2019」（https://www.family.co.jp/content/dam/family/ir/library/annual/document/UFHD_AR19J_all.pdf〔2021年12月11日閲覧〕）

株式会社ミニストップWebサイト（https://www.ministop.co.jp/〔2021年10月10日閲覧〕）

株式会社ミニストップWebサイト「ニュースリリース」（https://www.ministop.co.jp/corporate/release/assets/pdf/20190808_10.pdf〔2021年12月11日閲覧〕）

株式会社ローソンWebサイト（http://www.lawson.co.jp/company/corpcorpo/sales.html〔2012年5月22日閲覧〕）

株式会社ローソンWebサイト「アニュアルレポート2005（2005年2月期）」（https://www.lawson.co.jp/company/ir/library/pdf/annual_report/ar_2005.pdf〔2022年3月29日閲覧〕）

株式会社ローソンWebサイト「アニュアルレポート2012（2012年2月期）」（https://www.lawson.co.jp/company/ir/library/pdf/annual_report/ar_2012.pdf〔2021年12月6日閲覧〕）

株式会社ローソンWebサイト「会社情報」（https://www.lawson.co.jp/company/ir/library/annual_report/2021/pdf/ar2021_P71-72.pdf〔2021年12月3日閲覧〕）

株式会社ローソンWebサイト「第47期第2四半期報告書」（https://www.lawson.co.jp/company/ir/library/pdf/yuuka/yuuka_47q2.pdf〔2021年12月3日閲覧〕）

株式会社ローソンWebサイト「統合報告書2015」および「MD&A2015」（https://www.lawson.co.jp/company/ir/library/pdf/annual_report/ar_2015.pdf〔2021年12月6日閲覧〕）

J.フロントリテイリング株式会社Webサイト「大丸松坂屋百貨店News Release」（https://www.j-front-retailing.com/_data/news/syanhai.pdf〔2021年10月16日閲覧〕）

索　引

柳　　純（やなぎ・じゅん）

　下関市立大学経済学部教授　博士（学術）
　佐賀大学大学院工学系研究科博士後期課程修了
　2002年福岡女子短期大学秘書科専任講師，2007年同大学ビジネス学科准教授，
　2013年下関市立大学経済学部准教授を経て，2014年より現職

【主要業績】
著書『流通国際化研究の現段階』（共著）同友館，2009年
　　『激変する現代の小売流通』（編著）五絃舎，2013年
　　『中小企業マーケティングの構図』（共著）同文舘出版，2016年
　　『日系小売企業のアジア展開』（共編）中央経済社，2017年　ほか多数
論文「日系小売企業の海外展開と戦略」『佐賀大学経済論集』第45巻第1号，2012年
　　「台湾ファミリーマートの商品調達と現地化」『流通ネットワーキング』第
　　277号，2013年
　　「小売企業の海外撤退研究とその課題」『消費経済研究』（日本消費経済学会）
　　第8号，2019年
　　「日本小売企業の国際マーケティングの再考」『下関市立大学論集』第65巻第
　　2号，2021年　ほか多数
訳書『日本の反競争的商慣行』（共訳）同文舘出版，2000年

2022年9月30日　初版発行　　　　　　　略称：小売国際マーケ

日本小売企業の国際マーケティング
―アジア進出の軌跡と国際知識移転プロセス―

著　者　ⓒ　柳　　　純

発行者　　中　島　治　久

発行所　同 文 舘 出 版 株 式 会 社
　　　　東京都千代田区神田神保町1-41　　　〒101-0051
　　　　営業（03）3294-1801　　編集（03）3294-1803
　　　　振替 00100-8-42935　　http://www.dobunkan.co.jp

Printed in Japan 2022　　製版：朝日メディアインターナショナル㈱
　　　　　　　　　　　　　印刷・製本：萩原印刷

ISBN978-4-495-65017-9

JCOPY〈出版者著作権管理機構 委託出版物〉
本書の無断複製は著作権法上での例外を除き禁じられています。複製される
場合は，そのつど事前に，出版者著作権管理機構（電話 03-5244-5088，FAX
03-5244-5089，e-mail: info@jcopy.or.jp）の許諾を得てください。